Dietmar Paier

Quantitative Sozialforschung

Dietmar Paier

Quantitative Sozialforschung

Eine Einführung

facultas.wuv

Bibliografische Information Der Deutschen Nationalbibliothek

Die Deutsche Nationalbibliothek verzeichnet diese Publikation in der Deutschen Nationalbibliografie; detaillierte bibliografische Daten sind im Internet über http://dnb.d-nb.de abrufbar.

1. Auflage 2010

facultas.wuv Universitätsverlag, Berggasse 5, 1090 Wien, Österreich

Satz und Druck: Facultas Verlags- und Buchhandels AG
Printed in Austria
ISBN 978-3-7089-0630-0

Vorwort

Wissen und Kennnisse über quantitativ-empirische Arbeitsweisen sind in den Sozial- und Wirtschaftswissenschaften, in den Geistes- und Humanwissenschaften ebenso gefragt wie in unterschiedlichen Feldern beruflicher Praxis. Nur auf der Basis fundierten methodischen Wissens kann eine kritische Haltung gegenüber der Genese empirischer Untersuchungen inklusive der angewandten statistischen Methoden entwickelt und die Qualität der erzielten inhaltlichen Ergebnisse eingeschätzt und beurteilt werden. Dieses Grundverständnis teilen alle erfahrungswissenschaftlich orientierten Disziplinen. In diesem Bereich erworbene Kompetenzen sind eine ganz wesentliche Bedingung dafür, die tägliche Flut an Daten und Informationen im Studium und im Beruf sinnvoll und systematisch bewältigen zu können.

Hier setzt die vorliegende Arbeit an. Ihr zentrales Anliegen besteht darin, die Wege und Möglichkeiten, aber auch die Grenzen empirischer Forschung aufzuzeigen. Erst die Kenntnis der Logik methodengeleiteten wissenschaftlichen Arbeitens bietet die Sicherheit für die praktische Anwendung von Erhebungsmethoden, Instrumenten, statistischen Analyseverfahren sowie der Interpretation ihrer Kennzahlen.

Das Buch bietet eine praxisorientierte Einführung in die methodologischen und methodischen Grundlagen der quantitativen Sozialforschung. Im Zentrum der Darstellung stehen forschungspraktische Aspekte und konkrete Anwendungsgebiete. Der Aufbau des Buches und die zahlreichen Beispiele aus der angewandten Sozial- und Marktforschung sind so gestaltet bzw. ausgewählt, dass sie sowohl für Methodenlehrveranstaltungen der Bachelor- und Masterstudiengänge an der Wirtschaftsuniversität Wien als auch für vergleichbare Lehrveranstaltungen an anderen Universitäten und Fachhochschulen geeignet erscheinen.

Die Ausführungen sind ganz bewusst in einer leicht verständlichen Sprache gehalten und setzen keine spezifischen methodologischen und mathematisch-statistischen Kenntnisse voraus. Um den Leserinnen und Lesern die Lust und die Freude an quantitativer Forschung nicht zu verderben, sondern im Gegenteil ihr Interesse daran zu wecken, werden abstrakte methodologische Konzepte und Begriffe auf eine verständliche, aber nicht oberflächliche Art und Weise, erklärt. Von manchen als „sperrig“ empfundene Themenbereiche wie der Prozess der Operationalisierung, die Frage des adäquaten Stichprobenverfahrens, die Konstruktion und dramaturgische Gestaltung eines Fragebogens sowie die statistische Datenanalyse werden den Leserinnen und Lesern vorwiegend anhand von Beispielen nähergebracht.

Die Erfahrung beim empirischen Arbeiten zeigt, dass jede (wissenschaftliche) Fragestellung eine ihr angemessene spezifische Antwort und Umsetzung – formuliert im Untersuchungsdesign – erfordert. Obwohl es keine Patentrezepte geben kann, sind wir der Auffassung, dass Methodenbücher mit einer forschungspraktischen Ausrichtung eine wichtige Orientierungshilfe für Studierende und das interessierte Fachpublikum darstellen.

Abschließend noch ein paar Worte zur Entstehung des Buches. Als HerausgeberInnen haben wir das Buchprojekt im Auftrag des Departements für Sozioökonomie und des Instituts für Soziologie und empirische Sozialforschung der Wirtschaftsuniversität Wien über ein Jahr lang konzeptionell und wissenschaftlich begleitet. Dietmar Paier hat den Text verfasst und ist somit für den Inhalt verantwortlich. Bei ihm bedanken wir uns für die gute und gelungene Zusammenarbeit. Eva Hofmann und Martin Unger haben anregende Diskussionsbeiträge, Hinweise und Feedbacks gegeben. Last but not least möchten wir Hanne Esterwitsch für ihre Sorgfalt beim Lektorat, bei der Layoutierung sowie der Endredaktion des Textes danken.

Wien, im Frühjahr 2010 Horst Reiger und Barbara Haas

Inhaltsverzeichnis

1. Einführung

1.1. Ansätze der quantitativen Sozialforschung

Im täglichen Leben haben wir es mit einer Fülle von Informationen zu tun, die mit den Methoden der empirischen Sozialforschung erzeugt werden. Kaum eine Internet-Session, in der wir nicht durch Pop-Up-Fenster zur Teilnahme an einer User-Befragung gebeten werden; in Tageszeitungen werden wir über die aktuellen Sympathiewerte von PolitikerInnen informiert; mit Spannung erwarten wir die neuesten Konjunkturindikatoren und Geschäftsklimaindizes. Manche von uns haben auch bereits persönlich mit Forschungsinstituten Bekanntschaft gemacht, zum Beispiel in Form von freundlichen, aber bestimmten Telefonstimmen, die uns um unsere persönliche Meinung zu aktuellen Themen im Rahmen einer „Bevölkerungsumfrage" bitten. Diese Beispiele sind weit verbreitete Formen dessen, was landläufig „Umfrageforschung", „Marktforschung" oder „Meinungsforschung" genannt wird.

Diese Beispiele repräsentieren nur die Spitze des sozialwissenschaftlichen Eisbergs. Etwas weniger deutlich sichtbar, weil weniger oft in tagesaktuellen Medien publiziert, ist die Vielzahl von Erhebungen und Auswertungen, die in unterschiedlichsten Kontexten durchgeführt wird. So führen die Marktforschungsabteilungen vieler Unternehmen „Kundenzufriedenheitserhebungen" durch, um die Qualität ihrer Produkte und Services beurteilen zu lassen. Personalabteilungen führen MitarbeiterInnenbefragungen zur Motivation und Zufriedenheit von MitarbeiterInnen durch oder lassen diese - häufiger - von einem externen Institut durchführen. Internationale Organisationen wie die OECD oder die EU unterhalten ganze Stäbe von Sozial- und WirtschaftswissenschaftlerInnen, die damit beschäftigt sind, Untersuchungen über die wirtschaftliche, soziale, politische und kulturelle Entwicklung unterschiedlicher Länder durchzuführen.

Auch dabei handelt es sich noch um recht bekannte Beispiele. Tauchen wir noch etwas tiefer in die alltäglichen Manifestationen der empirischen Sozialforschung ein, dann zeigt sich, dass auch im Controlling, Qualitätsmanagement, in der Politikwissenschaft, in der Prüftechnik, im Schulwesen, in den Umweltwissenschaften, in der Verkehrspolitik, der Werbung und einer Fülle von weiteren Arbeitsbereichen Erhebungen und Auswertungen von Daten durchgeführt werden.

Das ist die gute Nachricht. Die weniger gute Nachricht besteht darin, dass die Methoden der empirischen Sozialforschung nicht immer ganz im Sinne ihrer ErfinderInnen, also nicht immer korrekt, verwendet werden. Manche der uns präsentierten Ergebnisse von Umfragestudien sind durchaus der Kategorie „unterhaltsames, aber nutzloses Wissen" zuzuordnen. Nicht in jeder „Studie", die vorgibt, epochale Ergebnisse zutage gefördert zu haben, steckt auch jene empirische Sozialforschung drin, die den Anspruch erheben kann, wissenschaftlichen Kriterien zu entsprechen und damit valide, zuverlässige und wissenschaftlich gesicherte Ergebnisse darzustellen.

Damit ist auch ein grundlegendes Ziel dieser Einführung in die quantitative empirische Sozialforschung angesprochen: Sie sollen am Ende der Lektüre in der Lage sein, korrekte empirische Sozialforschung von pseudowissenschaftlichen „Untersuchungen" zu unterscheiden.

1.2. Makro- und Mikro-Ebene

Die Analysen der Sozial- und Wirtschaftswissenschaften beziehen sich auf sehr unterschiedliche Ebenen. Eine grundlegende Unterscheidung in der Betrachtung ist die zwischen Makro- und Mikroperspektive. So können beispielsweise die Merkmale der sozialen und wirtschaftlichen Struktur ganzer Gesellschaften untersucht werden. Zu den interessierenden Themen zählen beispielsweise der ökonomische Wandel von der Feudalgesellschaft zur Industriegesellschaft, die Bevölkerungs- und Altersstruktur, die Besonderheiten des politischen Systems, der Bildungsinstitutionen und andere Merkmale von Gesellschaften. In solchen Studien richtet sich das wissenschaftliche Interesse auf die Ebene großer Kollektive, Systeme und Institutionen und ihrer besonderen Merkmale und Entwicklung. Diese Betrachtungsperspektive wird daher auch „Makro"-Perspektive genannt. Derartige Studien unterscheiden sich ganz offenkundig von Analysen, die das Verhalten, die Meinungen und Einstellungen von Individuen im Zusammenhang mit kleineren sozialen Einheiten zum Gegenstand haben. In diesem Fall richtet sich das Interesse auf die „Mikro"-Ebene des sozialen Geschehens. Studien, die der Mikroperspektive folgen, setzen analytisch bei den kleinsten sozialen Einheiten an.

Die Grenzen zwischen der Mikro- und Makroperspektive sind fließend und nicht immer klar umrissen, weil zwischen Makro- und Mikro-Ebene vielfältige Wechselwirkungen bestehen. Die Weltwirtschaftskrise der Jahre 2008/09 zeigt dies deutlich: Bricht das globale Wirtschaftswachstum ein, zeitigt dies auch Konsequenzen für die einzelnen Menschen, ihr Verhalten und ihre Einstellungen, z.B. gegenüber der Politik. In welcher Art und Weise das globale Geschehen jedoch auf den einzelnen Menschen in den betroffenen Ländern wirkt, wird von einer Reihe weiterer Faktoren beeinflusst, z.B. von der spezifischen Verfassung des Sozialsystems, der Krisenfestigkeit der Unternehmen und der Reaktion der Politik; um nur einige Faktoren zu nennen.

Die Unterscheidung zwischen Mikro- und Makro-Ebene ist auch für die quantitative empirische Sozialforschung bedeutsam, vor allem in Bezug auf die verwendeten Daten. Mikrosoziologische Untersuchungen stützen sich in der Regel auf so genannte Primärdaten: Befragt wird in der Regel eine bestimmte Anzahl von Einzelpersonen. Das kennzeichnet auch groß angelegte Datenerhebungen. Ein Beispiel dafür ist der „European Social Survey" (ESS).[1] In dieser europaweit durchgeführten Längsschnittbefragung werden in jedem Land unter Verwendung eines einheitlichen Fragebogens einzelne BürgerInnen zu Themen wie soziale und politische Werte, Vertrauen in Institutionen, Bildung und Erwerbstätigkeit, Lebensstandard und ihre Teilnahme an gesellschaftlichen Aktivitäten befragt. Die kleinste Untersuchungseinheit ist das Individuum. Auch Unternehmensbefragungen zur Entwicklung der wirtschaftlichen Lage der Unternehmen selbst zählen zu Analysen, die der Mikroperspektive folgen. Die kleinste Untersuchungseinheit ist in diesem Fall das Unternehmen. Bekannte Beispiele für Analysen, die auf unternehmensbezogenen Mikrodaten aufbauen, sind etwa der Konjunkturtest des Instituts für Wirtschaftsforschung an der Universität München (ifo). Für den Konjunkturtest werden regelmäßig Unternehmen zu Themen wie aktueller Geschäftslage, Geschäftserwartungen, Entwick-lung der Beschäftigten etc. befragt.[2]

---

1 Genauere Informationen zu den Fragestellungen und zur Methodik bietet die Website des ESS; http://www.europeansocialsurvey.org (05.03.2010).

2 Eine detaillierte Darstellung des ifo-Mikrodatenpools bieten Abberger et al. 2007.

Im Unterschied dazu werden bei makrosoziologischen Studien besonders häufig so genannte Makro-Daten wie z.B. Bevölkerungs-, Wirtschafts-, Arbeitsmarkt- und Gesundheitsdaten verwendet. Solche Daten sind nicht das Ergebnis von Befragungen; es handelt sich um sogenannte Sekundärdaten, die von unterschiedlichen Institutionen (z.B. Sozialversicherungen, Finanzämter, Arbeitsmarktservice) generiert werden. Derartige Daten bieten eine Vielzahl an Informationen, die aufgrund ihrer meist ähnlichen Struktur Betrachtungen über längere Zeiträume erlauben (z.B. Entwicklung des Bruttoinlandsproduktes) und bieten, da sie in unterschiedlichen Ländern weitgehend gleichartig erfasst werden, wichtige Grundlagen für historische und Länder vergleichende Analysen. Ein Beispiel für eine Analyse, die eine Makroperspektive verfolgt, ist die Studie „Die Sozialstruktur Europas“.[3] Darin werden unter anderem die ungleichen Bildungschancen in den EU-27-Ländern anhand des Anteils der Studierenden an der Gesamtbevölkerung analysiert.

1.3. Hypothesen, Theorien, Variable

1.3.1. Hypothesen

Die empirische Sozialforschung will nicht verstreute Einzelinformationen zusammentragen, sondern gesellschaftliche Zusammenhänge systematisch, auf begründete Weise und gestützt auf empirische Tatsachen erklären.[4] Solche wissenschaftlichen Aussagen werden in Form von *Hypothesen* und *Theorien* formuliert. Beschäftigen wir uns zunächst mit Hypothesen.

Hypothesen werden in den Sozialwissenschaften etwas „schwächer“ formuliert als beispielsweise in den Naturwissenschaften, in denen **deterministische Hypothesen,** die von empirisch gut bestätigten Gesetzmäßigkeiten ausgehen, vorherrschen. Im Unterschied zu natürlichen Erscheinungen kann soziales Verhalten zwar gewisse Regelmäßigkeiten aufweisen, es folgt aber nicht bestimmten Gesetzmäßigkeiten. Daher werden in den Sozialwissenschaften **probabilistische Hypothesen** (Wahrscheinlichkeitshypothesen) verwendet. Aus diesem Grund spielt auch die Wahrscheinlichkeitsrechnung bzw. die Statistik für die quantitative empirische Sozialforschung eine bedeutende Rolle.

! Eine Hypothese ist eine **begründete Vermutung** oder **Behauptung** über einen **Zusammenhang** von mindestens zwei Variablen. Genauer gesagt: Eine Hypothese ist eine Aussage über den Zusammenhang der Merkmalsausprägungen von mindestens zwei Variablen. Hypothesen sind immer „Unterschieds- oder Zusammenhangshypothesen“.

Betrachten wir ein Beispiel für eine Hypothese in der Makro-Ökonomie: Die OECD kommt in einer Studie über die Ursachen des ökonomischen Wachstums in OECD-Staaten[5] zum Ergebnis, dass das Wirtschaftswachstum von unterschiedlichen Variablen beeinflusst wird. Dazu zählen v.a. Investitionen in Bildung und Humankapital, die politischen Rahmenbedingungen für öffentliche und private Investitionen, Forschungs- und Entwicklungsausgaben, die Größe nationaler IKT-Industrien und die Adoption von Informations- und Kommunikationstechnologien in anderen Sektoren.

---

3 Mau/Verwiebe 2009
4 Vgl. Kromrey 2008: 52f.
5 OECD 2008: bes. 51ff., 89ff.

> Somit kann die folgende Hypothese formuliert werden: Das Wirtschaftswachstum steigt, wenn in den OECD-Ländern in die genannten Faktoren investiert wird. Umgekehrt: Wird nicht in diese Faktoren investiert, wird das Wirtschaftswachstum stagnieren bzw. sogar sinken.

Dieses Beispiel enthält bereits die grundlegende Struktur einer Hypothese: Es wird ein Zusammenhang zwischen Ursache und Wirkung dargestellt. Eine Vermutung über einen Ursache-Wirkungs-Zusammenhang nennen wir **Kausalhypothese**. In dieser Art von Hypothese bezeichnet die Wenn-Komponente immer eine Ursache oder Bedingung (= unabhängige Variable UV), die Dann-Komponente immer eine Wirkung (= abhängige Variable AV). Eine Kausalhypothese sollte jedoch keinesfalls vorschnell als direkte, „ursächliche" Beeinflussung der AV durch die UV interpretiert werden, weil dafür eine Reihe von weiteren Einflüssen und bestimmte Interpretationsregeln berücksichtig werden muss (➔ Abschnitt 10.1).

In unserem Beispiel liegt eine einfache **Wenn-dann-Hypothese** vor, die abstrakt lautet: „Wenn A gegeben ist, dann tritt B ein" (Implikationsbeziehung). Wir können diese Hypothese auch noch etwas schärfer formulieren: „Wenn und nur wenn A gegeben ist, dann tritt B ein" (Äquivalenzbeziehung). Nehmen wir an, in dieser Variante sind beide Variablen (UV und AV) dichotom, d.h. jede Variable besitzt nur zwei Merkmalsausprägungen. Für die Variable „Investition in Forschung und Entwicklung (F&E)" würde das bedeuten: Es wird investiert oder es wird nicht investiert; für die Variable „Wirtschaftswachstum": die Wirtschaft wächst oder sie wächst nicht.[6]

Ob eine Wenn-dann-Hypothese als Implikationsbeziehung oder Äquivalenzbeziehung formuliert wird, hat erhebliche Bedeutung für ihre Überprüfung. Das wird klarer, wenn die hypothetische Aussage in Form einer so genannten *Kreuztabelle* schematisiert wird. Bleiben wir bei unserem Beispiel. Die dichotomen Ausprägungen der beiden Variablen (A: Investition gegeben, ¬ A: Investition nicht gegeben), B: Wirtschaftswachstum gegeben, ¬ B: Wirtschaftswachstum nicht gegeben) ermöglichen vier Kombinationsmöglichkeiten: I. (A, B); II. (¬ A, B); III. (A, ¬ B), IV. (¬ A, ¬ B). Jede einzelne dieser Kombinationsmöglichkeiten muss nun daraufhin untersucht werden, ob sie die Hypothese bestätigt (dann ist sie ein Konfirmator K) oder widerlegt (in diesem Fall ist sie ein Falsifikator F).

Je nachdem, ob wir die Hypothese als Implikationsbeziehung oder als Äquivalenzbeziehung formulieren, ergeben sich unterschiedliche Arten der Bestätigung bzw. Falsifikation:

---

6 In diesem Beispiel handelt es sich um eine zu Veranschaulichungszwecken vereinfachte Verwendung des Begriffs „Investition". Genau genommen ist „Investition" ein theoretischer Begriff, dessen Bedeutungsdimensionen im Detail zu klären sind: Darunter werden z.B. Investitionen in Produktions- und Konsumgüter ebenso verstanden wie Investitionen in Humankapital. Je nachdem müssen auch unterschiedliche Indikatoren für die Erfassung dieser spezifischen Investitionen entwickelt werden. Für die Variable „Investition in F&E" werden beispielsweise häufig die Ausgaben der öffentlichen Hand für Forschung (gemessen als Anteil der gesamten Bruttoinlandsausgaben für F&E am BIP) ebenso wie die Ausgaben von Betrieben (gemessen als Anteil der betrieblichen Ausgaben für F&E am Gesamtumsatz eines Unternehmens) als Indikatoren verwendet.

Abb. 1: Darstellung von Hypothesen in Form von Kreuztabellen

		wenn Investitionen	
		A	¬ A
dann Wachstum	B	K I	K II
	¬ B	F III	K IV

(1) Wenn-dann-Hypothese (Implikation)

		nur wenn Investitionen	
		A	¬ A
dann Wachstum	B	K I	F II
	¬ B	F III	K IV

(2) Wenn-und-nur-wenn-dann-Hypothese (Äquivalenz)

Quelle: Diekmann 2008: 126

Im Fall der *Implikation* ist im Sinne der Beispielhypothese nur die Kombinationsmöglichkeit III logisch „ausgeschlossen". Gemäß Formulierung der Hypothese besteht die Möglichkeit II, dass B (Wirtschaftswachstum) auch dann eintritt, wenn A (Investition) nicht gegeben ist. Die Hypothese behauptet schließlich nur, dass, wenn A gegeben ist, auch B eintritt, aber nicht, dass B nicht eintritt, wenn A nicht gegeben ist. Auch die Kombinationsmöglichkeit IV verhält sich konform mit unserer Hypothese: Wenn es keine Investitionen gibt, dann gibt es auch kein Wirtschaftswachstum. Die drei genannten Kombinationsmöglichkeiten würden also die Hypothese nicht widerlegen, sie sind vielmehr Konfirmatoren (K). Die Hypothese schließt aber Kombinationsmöglichkeit III aus, nämlich, dass zwar Investitionen getätigt werden, aber kein Wirtschaftswachstum resultiert. Dies wäre eine eindeutige Falsifikation (F) der Hypothese.

Im Fall der *Äquivalenz*-Formulierung ist unsere Hypothese schärfer formuliert. Aus diesem Grund wird auch die Kombinationsmöglichkeit II ausgeschlossen: Im Sinne der „Wenn-und-nur-wenn-dann"-Formulierung widerspricht es unserer Hypothese mit Notwendigkeit, dass Wirtschaftswachstum eintritt, wenn keine Investitionen getätigt werden. Nur die Kombinationsmöglichkeiten I und II wären in diesem Fall Konfirmatoren.

Diese Struktur der Zusammenhänge von Merkmalsausprägungen zweier Variablen ist aus zwei Gründen wichtig: Zum einen zählt sie zu den am häufigsten verwendeten Verfahren für die logische Überprüfung von Hypothesen. Zum anderen beruhen auch die meisten statistischen Verfahren der Hypothesenprüfung auf dieser Logik (➔ Kapitel 8.).

Wie bereits erwähnt, sind sozialwissenschaftliche Hypothesen probabilistisch. Das bedeutet, dass in den Feldern der Falsifikatoren nicht, wie es bei deterministischen Hypothesen sein müsste, Nullen gegeben sein müssen, sondern, dass die Anteile der Falsifikatoren im Verhältnis zu denen der Konfirmatoren gering sein sollten. Umgekehrt formuliert: Unsere Hypothese wäre bestätigt, wenn die Wahrscheinlichkeiten der konfirmatorischen Fälle höher sind als die der falsifikatorischen Fälle. Das - rein fiktive - empirische Ergebnis eines Vergleichs des Zusammenhangs von Investitionen und Wirtschaftswachstum in 20 Ländern könnte in diesem Fall folgendes Aussehen haben (vgl. Abb. 2):

Abb. 2: Länderanteile nach Merkmalsausprägungen

		wenn Investitionen	
		A	¬ A
dann Wachstum	B	45% I	5% II
	¬ B	5% III	45% IV

(2) Wenn-und-nur-wenn-dann-Hypothese (Äquivalenz)

Je-desto-Hypothesen können einen monotonen (linearen) Zusammenhang ausdrücken. Der lineare Zusammenhang kann entweder positiv (steigend) oder negativ (fallend) sein. Im Hinblick auf das Wirtschaftswachstum würden wir uns auf den positiv linearen Zusammenhang freuen, wenn unsere Je-desto-Hypothese empirisch dahingehend bestätigt wird, dass das Wirtschaftswachstum umso höher ausfällt, je höher die angesprochenen Investitionen sind. RaucherInnen hingegen müssen sich mit einer negativ linearen Hypothese anfreunden: „Je höher der Zigarettenkonsum, desto niedriger die Lebenserwartung".

Über die bisherigen Arten von Hypothesen hinaus treffen wir in den Sozialwissenschaften auf einige weitere Arten. Hypothesen müssen nicht immer in Form von Kausalbeziehungen formuliert werden, auch wenn sie Zusammenhangshypothesen darstellen. In diesem Fall sprechen wir von *Merkmals-assoziationen*. Viele Aussagen in den Sozialwissenschaften beziehen sich auf längerfristige Entwicklungen, zum Beispiel die Hypothese wachsender Bildungs- und Mobilitätschancen, die die Entwicklung von modernen Gesellschaften kennzeichnen. Allerdings werden wir den Faktor „Zeit" kaum als „Ursache" im Sinne einer Kausalbeziehung interpretieren. Hypothesen, in denen die „Zeit" die Position einer UV einnimmt, werden als *Entwicklungshypothesen* oder *Trendhypothesen* bezeichnet.

Darüber hinaus werden in den Sozialwissenschaften Hypothesen nach der Merkmalsebene unterschieden. Wenn es sich bei unabhängigen und abhängigen Variablen um Individualmerkmale handelt, liegen *Individualhypothesen* vor. Individualhypothesen formulieren Zusammenhänge zwischen zwei oder mehreren Individualmerkmalen. Solche Individualmerkmale sind etwa in der Schweizer Umweltstudie (➔ Abschnitt 9.3) genannt, wie das Alter oder das Einkommen einer Person. Werden in einer Hypothese Zusammenhänge zwischen zwei oder mehreren Kollektivmerkmalen formuliert, handelt es sich um *Kollektivhypothesen*. Wir finden in derselben Studie etwa Aussagen über den Zusammenhang des Wohnorts (Stadt/Land) und der subjektiv gefühlten Umweltbelastung der Wohnbevölkerung.

Einen letzten Typ von Hypothesen bilden die so genannten *Kontexthypothesen*. Sie verbinden die gesellschaftliche, kollektive Ebene mit der individuellen Ebene und sind durch die Verbindung von Kollektivmerkmal (als UV) und Individualmerkmal (als AV) gekennzeichnet. Ein Beispiel wäre etwa: Je größer die Akzeptanz von religiösen Glaubenseinstellungen in einer Gesellschaft (= Kollektivmerkmal), desto geringer ist die Wahrscheinlichkeit, dass ein Mitglied dieser Gesellschaft auf die Erkenntnisse der Wissenschaft vertraut (=Individualhypothese).

1.3.2. Theorien

Bei *Theorien* handelt es sich im Unterschied zu Hypothesen um Aussagen, die bereits empirische Gültigkeit besitzen, weil das Vorliegen des behaupteten Zusammenhangs durch entsprechende Untersuchungen bestätigt werden konnte. Wir sprechen auch von *empirischen Theorien*.[7] Hypothesen können somit den Rang von Theorien annehmen, wenn sie empirisch bestätigt werden (oder, wie wir in ➔ Abschnitt 1.5 sehen, nicht widerlegt wurden). Eine Theorie stellt also, im Idealfall, das Ergebnis einer empirischen Untersuchung dar.

Zunächst beziehen sich Theorien auf eingegrenzte Gegenstandsbereiche der Realität und sie beschreiben reale Zusammenhänge auf systematische Weise. Eine Theorie ist somit ein vereinfachtes *Modell eines Ausschnitts der Realität*. Der inhaltliche Bezug einer Theorie zu diesem Realitätsausschnitt ist an ihren spezifischen Bezeichnungen erkennbar: Die „Humankapitaltheorie" beispielsweise beschäftigt sich schwerpunktmäßig mit dem Zusammenhang von Investitionen in Bildung, Produktivität und Wachstum, also mit ausgewählten Aspekten der wirtschaftlichen Realität. Wachstumstheorie, Investitionstheorie, Theorie der rationalen Entscheidung (rational choice), Theorie der sozialen Ungleichheit, Theorie des abweichenden Verhaltens, Verhaltens- und Gruppentheorie sind weitere Beispiele für spezifisch abgegrenzte Erklärungsmodelle aus den Wirtschafts- und Sozialwissenschaften.

Theorien sind komplexer aufgebaut als einzelne Hypothesen und enthalten mehrere *Bestandteile*: (1) unabhängige Grundannahmen bzw. Aussagen (Axiome), die selbst nicht weiter aus anderen Aussagen ableitbar sind; diese Annahmen müssen logisch sein und sind „selbstevident"; (2) mehrere Hypothesen, die aus diesen Grundannahmen mittels (3) bestimmter Regeln abgeleitet werden; (4) Grundbegriffe und Definitionen der wesentlichen Begriffe.

Wissenschaftliche Theorien müssen zumindest zwei grundlegende *Kriterien* erfüllen[8]:

(1) Kriterium der Prüfbarkeit: Theorien dürfen nur Begriffe und Aussagen mit empirischem Bezug enthalten. Die Richtigkeit einer Theorie muss somit an der Empirie überprüft werden können.

(2) Kriterium der internen Konsistenz: Die Begriffe und Hypothesen einer Theorie stehen in einem systematisch aufeinander bezogenen und logisch widerspruchsfreien Zusammenhang.

Für die Arbeit mit Theorien in der Forschungspraxis können die folgenden Ratschläge hilfreich sein, die sich auf die Explikation, auf die Übertragbarkeit und Selektivität sowie auf die Rolle von Theorien im Forschungsprozess beziehen.

Nur selten können wir aus dem Fundus des vorhandenen Wissens die nächstbeste Theorie herausgreifen und sie für eigene Forschungszwecke benutzen. Dazu ist der Fundus meist zu groß und wir müssen zuerst durch Literaturarbeit herausfinden, welche Theorien wir zu den akzeptierten Erklärungsmodellen zählen können. Haben wir eine überschaubare Anzahl von theoretischen Erklärungsmodellen gefunden, stehen wir vor der Frage, ob wir eine spezifische Theorie auf jenen Untersuchungsgegenstand anwenden können, der für uns relevant ist. Dazu ist es notwendig, die Grundan-

---

7 Vgl. Kromrey 2008: 52.

8 Ebenda, S. 54. Manche Autoren betonen zusätzliche Kriterien wie z.B. semantische Kriterien (sprachliche Exaktheit) oder methodologische Kriterien (z.B. Einfachheit), die jedoch durchaus als Ableitungen aus den oben genannten Hauptkriterien verstanden werden können; vgl. Abel et al. 1998: 19.

nahmen, ihren Erklärungsanspruch (welche Phänomene will die Theorie überhaupt erklären?) und die inhaltlichen Bezüge der ausgewählten Theorie zu überprüfen.

Wenn wir uns mit diesen Fragen beschäftigen, sind wir eigentlich schon mitten in jenem Prozess, den wir *Explikation* von Theorien nennen. Der Kern dieses Arbeitsschritts besteht darin, die inhaltliche Struktur einer Theorie, die Kausalbeziehungen der in ihr enthaltenen Hypothesen „freizulegen" (zu explizieren).

In vielen Fällen zeigt die Explikation einer Theorie, ob sie auf den eigenen Untersuchungsgegenstand anwendbar ist oder ob aus ihr passende Hypothesen ableitbar sind. Diese Vorgehensweise schärft auch den Blick dafür, welche Aspekte der Realität wir mit dem eigenen Erklärungsmodell erfassen wollen. Dies erleichtert uns auch die Selektion derjenigen Merkmale, die für den eigenen Forschungsgegenstand relevant sind und durch noch zu entwickelnde Instrumente erhoben werden sollen. Theorie und Empirie stehen also in einer Wechselwirkung: Je besser unsere theoretischen Kenntnisse, desto leichter können wir ein Schema jener Variablen entwickeln, die für unseren Untersuchungsgegenstand wesentlich sind.

Am *Beginn* eines Forschungsprozesses stützen wir uns auf bestehende Theorien. Diese Theorien fokussieren unsere Beobachtungsperspektive, sie zwingen uns zur Präzisierung des Untersuchungsgegenstandes und ermöglichen uns die Ableitung von Hypothesen, die unsere Untersuchung leiten. Gegen Ende des Forschungsprozesses überprüfen wir anhand der gewonnenen Daten, ob unsere Hypothesen widerlegt oder bestätigt werden können. Können wir sie bestätigen, haben wir zum bestehenden Fundus des theoretischen Wissens neue, empirisch bestätigte Teile hinzugefügt. Diese modifizierte Theorie kann selbst wiederum zum Ausgangspunkt weiterer Untersuchungen werden.

Abb. 3: Schema des hypothesenprüfenden Vorgehens

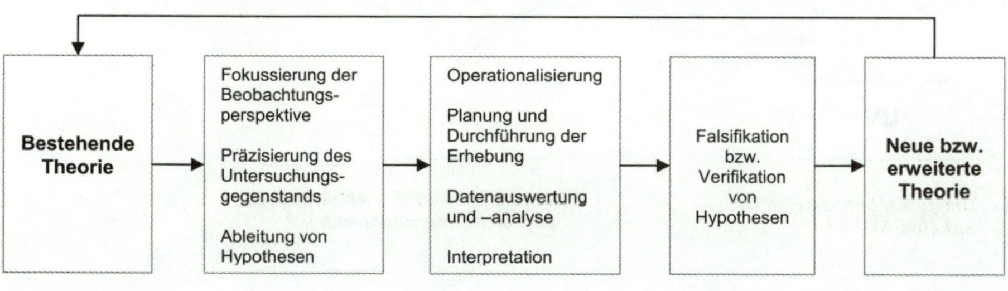

Quelle: Eigene Darstellung

1.3.3. Variable

In den Sozial- und Wirtschaftswissenschaften werden Aussagen über reale Zusammenhänge zwischen zwei oder mehreren Variablen gemacht. Variable sind Bestandteile von Hypothesen: Sie drücken Zusammenhänge zwischen (mindestens zwei) Variablen aus. So lautet etwa eine Hypothese in der Nationalökonomie, dass Wirtschaftswachstum von mehreren, unterschiedlichen Faktoren verursacht wird; ebenso wird in MitarbeiterInnenbefragungen beispielsweise Arbeitszufriedenheit auf bestimmte Faktoren zurückgeführt. Diese Beispiele zeigen die typische Struktur des Zusammenhangs von zwei oder mehreren Variablen. Die so genannten unabhängigen Variablen (in Folge kurz: UV) üben einen Einfluss auf die so genannte abhängige Variable (kurz: AV) aus.

> **!** Ein spezifisches Merkmal eines Merkmalsträgers bezeichnen wir als **Variable**. Eine Variable kann mindestens zwei **Merkmalsausprägungen** annehmen. Diese Merkmalsausprägungen werden im numerischen Sinn **Variablenwerte** genannt, wenn sie, wie es in der empirischen Sozialforschung für Zwecke der statistischen Analyse üblich ist, mit Zahlen verkodet werden.

Variable und ihre Merkmalsausprägungen sind immer eine Frage der Definition, sie existieren nicht an sich. Welche Variable die unabhängige und welche die abhängige Variable ist, wird durch die Formulierung der Hypothese festgelegt; und diese geht wiederum aus dem Erkenntnisinteresse und dem Literaturstudium hervor. Somit gibt es auch keine vorgefertigte Definition dessen, was als UV und was als AV zu gelten hat, das sind vielmehr Fragen, die auf der Grundlage der inhaltlichen Überlegungen entschieden werden müssen, die für eine Forschungsarbeit relevant sind.

Grundsätzlich gilt, dass der Einfluss einer oder mehrerer UV auf eine oder mehrere andere Variablen, eben die AV, untersucht wird (s. Abb. 4)

Abb. 4: Beziehung zwischen UV und AV

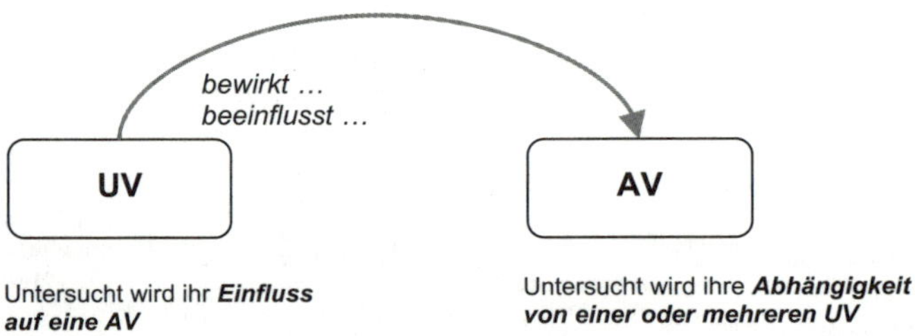

Quelle: Eigene Darstellung

Die Frage, welche und wie viele Merkmalsausprägungen Variable haben sollen, ist nicht im Sinne einer vorgefertigten Regel beantwortbar, sondern von inhaltlichen Überlegungen abhängig. Auch wie genau wir die Merkmalsausprägungen einer Variablen definieren müssen, hängt von der jeweiligen Forschungsfrage und der Frage ab, wie genau ein Sachverhalt untersucht werden soll. Danach bestimmt sich auch das Messniveau einer Variablen und die benötigte Datenqualität (➔ Kapitel 4).

1.4. Entdeckung und Überprüfung von Hypothesen

Eine Hauptaufgabe der empirischen Sozialforschung ist es, hypothetische und theoretische Zusammenhänge zu *erklären*.[9] Zu diesem Zweck müssen zuerst Hypothesen formuliert werden, die dann mittels entsprechender Verfahren anhand von empirischen Daten überprüft werden. Die Hypothesen prüfende Vorgehensweise ist zweifellos die gebräuchlichste innerhalb der quantitativen Sozialforschung. Jedoch sollten wir daraus keine starre Trennung zwischen einer vermeintlich auf Hypothesen*generierung* fixierten qualitativen Sozialforschung einerseits und einer auf Hypothesen*prüfung* fixierten quantitativen Sozialforschung andererseits ableiten, auch wenn diese Gegenüberstellung manchmal in Lehrbüchern der empirischen Sozialforschung zu finden ist.

Diese Gegenüberstellung zwischen quantitativer und qualitativer Methodik entspringt letztlich dem in den 1960er Jahren entflammten „Methodenstreit" in den Sozialwissenschaften. Dessen Kern bestand in der Auseinandersetzung zwischen Naturwissenschaften, die die Übernahme des naturwissenschaftlichen Methodenideals in die Sozialwissenschaften verfochten, und den Sozialwissenschaften, die für ihre Disziplinen eine eigenständige Methodologie beanspruchten. Der Methodenstreit lieferte in den folgenden Jahrzehnten die Impulse für eine in der Gegenwart zwar abgemilderte, dennoch weiter andauernde Auseinandersetzung zwischen qualitativ und quantitativ orientierter Sozialforschung.[10] Mit der Zeit wurden jedoch auch alternative Konzepte formuliert, die vom Bemühen um eine „Integration" von qualitativer und quantitativer Sozialforschung geprägt sind.[11]

Eine der vielen Facetten dieses Methodenstreits bezieht sich auf die Funktion von Hypothesen in der empirischen Sozialforschung. Traditionell wird der quantitativen Sozialforschung eine Hypothesen prüfende Rolle zugesprochen, der qualitativen Sozialforschung eine Hypothesen generierende Rolle. Neueren Auffassungen zufolge wird diese Trennung weniger strikt und etwas stärker pragmatisch aufgefasst. So wird die Möglichkeit der Überprüfung von Hypothesen auf Grundlage des Prinzips der Deduktion und in Verbindung mit bestimmten qualitativen Methoden auch von Vertretern der qualitativen Sozialforschung betont, z.B. im Rahmen der qualitativen Inhaltsanalyse.[12]

Auch innerhalb der quantitativen Sozialforschung finden sich Belege, die zeigen, dass die Aufrechterhaltung einer starren Gegenüberstellung von qualitativer und quantitativer Sozialforschung, speziell im Hinblick auf die Rolle von Hypothesen, nicht zutreffend ist. So werden Methoden der Datenauswertung auch als Instrumente für Formulierung bzw. für die Entdeckung von Hypothesen genutzt. Die quantitative Sozialforschung verfügt somit über Methoden, denen eine explorative Funktion für die

---

9 Die empirischen Wissenschaften verfügen über zwei grundlegende Arten der Gewinnung von Erkenntnissen: Induktion und Deduktion. Induktion meint den Schluss von Einzelfällen auf allgemeine Aussagen (Gesetze, Theorien). Deduktion meint die Ableitung von Einzelerkenntnissen aus allgemeinen Theorien. In den Sozial- und Wirtschaftswissenschaften ist als Erklärungsmodell das sog. induktiv-statistische Erklärungsmodell (IS-Modell) vorherrschend, das davon ausgeht, dass Aussagen auf der Grundlage von Einzelfällen nur als Wahrscheinlichkeitsaussagen formuliert werden können.

10 Vgl. Homann 1989

11 Vgl. Kelle 2007

12 So weist Mayring 2007: 22 explizit auf die Bedeutung der deduktiven Kategorienbildung für die Überprüfung von Hypothesen hin. Beispielsweise beruht die Methodik des *problemzentrierten Interviews* auf der Verbindung von deduktiven und induktiven Verfahren. Spezifische Erhebungsformen, insbesondere Interviewtechniken, wurden ebenfalls explizit für die Überprüfung von Hypothesen entwickelt, so etwa das von Merton & Kendall (1956) entwickelte „Fokussierte Interview" (Lamnek 1995: 78). Darüber hinaus erfolgt die Analyse des so genannten Tiefeninterviews auf der Basis des Theorierahmens der Psychoanalyse, also auf der Grundlage von bereits bestehenden theoretischen Modellen.

Gewinnung von Hypothesen zukommt.

Beispiele dafür kennen wir aus der Arbeit mit Daten, die eigentlich für andere als für Forschungszwecke erhoben wurden, wie dies bei Daten der amtlichen Statistik oder bei Sozialversicherungsdaten der Fall ist (*Sekundärdaten*). Auch die Datensätze von bereits abgeschlossenen Bevölkerungsumfragen eignen sich oft für die Untersuchung von Zusammenhängen, an die vor der Datenerhebung noch nicht gedacht wurde. Häufig werden auf Grundlage solcher *Sekundäranalysen* - Ex post-Hypothesen formuliert und manchmal können auch bestimmte Zusammenhänge erklärt werden.

Im Besonderen stehen in der quantitativen Sozialforschung so genannte *strukturentdeckende Verfahren* zur Verfügung, die für die Entdeckung von Zusammenhängen zwischen Variablen und in weiterer Folge für die Formulierung von Hypothesen genutzt werden. Dazu zählen in der multivariaten Statistik vor allem die Clusteranalyse, Faktorenanalyse, die multidimensionale Skalierung und die Korrespondenzanalyse (➔ Abschnitt 8.5).

Auch ein Blick in die Geschichte der empirischen Sozialforschung zeigt, dass am Anfang der modernen Soziologie ein breiteres und integrativeres Methodenverständnis stand und eine Kombination von qualitativen und quantitativen Ansätzen durchaus selbstverständlich war. Die berühmte Studie „Die Arbeitslosen von Marienthal" aus dem Jahr 1933[13] ist ein anschauliches Beispiel dafür, dass quantitative Erhebungsmethoden im Rahmen von explorativ-deskriptiven Ansätzen und in befruchtender Wechselwirkung mit qualitativen Verfahren für die Gewinnung von Hypothesen genutzt wurden. In den letzten Jahren wurde diese ursprüngliche Idee in Gestalt des Konzepts der „Mixed Methodology" wieder belebt, welches die Wechselbeziehungen zwischen vier grundlegenden Forschungsdesigns - exploratives Design, deskriptives Design, Zusammenhangsanalysen und Kausalanalysen - betont.[14]

1.5. Reichweite und Aussagekraft quantitativer Sozialforschung

Die Reichweite und die Aussagekraft der Ergebnisse empirischer Sozialforschung beanspruchen nicht universelle Gültigkeit. Dafür gibt es im Besonderen drei Gründe.

Der erste Grund hängt mit der Abgrenzung von wissenschaftlichen Erklärungen zusammen. Wir haben bereits gesehen, dass die zur Erklärung verwendeten Theorien und Hypothesen sich auf klar abgegrenzte Sachverhalte beziehen müssen. Die Sozial- und Wirtschaftswissenschaften gehen zwar von allgemeinen Theorien und Hypothesen aus, ihre Richtigkeit muss aber immer unter Verwendung von systematischem, methodisch kontrolliertem Vorgehen an der Empirie bestätigt werden. Somit ist es das primäre Ziel der sozial- und wirtschaftswissenschaftlichen Forschung, empirisch bestätigte Theorien zu gewinnen.

Dabei ist - erstens - zu beachten, dass die Gegenstände der Sozial- und Wirtschaftswissenschaften Veränderungen unterliegen, weil Gesellschaften und das Denken, Fühlen und Handeln der Menschen von Wandlungen gekennzeichnet sind. Daher muss angegeben werden, unter welchen Bedingungen

---

[13] Jahoda et al. 1975 [1933]
[14] Mayring 2007

die angestrebten Ergebnisse überhaupt Geltung *beanspruchen*. Führen wir beispielsweise eine MitarbeiterInnenbefragung im Unternehmen X durch, dann wird die Gültigkeit unserer Erkenntnisse von spezifischen Randbedingungen abhängen, z.B. von der aktuellen Wirtschaftslage, der Struktur des Unternehmens, der jeweiligen Führungskultur und anderen Faktoren. Somit können die Ergebnisse Gültigkeit eben für dieses Unternehmen X zum Zeitpunkt t_0 der Untersuchung beanspruchen, nicht aber direkt auf ein anderes Unternehmen übertragen werden, für das mögllicherweise ganz andere Randbedingungen gelten. Das muss uns allerdings nicht daran hindern, aus den Ergebnissen dieser oder anderer Befragungen die Hypothese abzuleiten, dass es sich in einem anderen Unternehmen so oder ähnlich verhalten *könnte* - was natürlich auf Basis von entsprechend modifizierten Hypothesen erst empirisch zu prüfen wäre.

Zweitens folgt daraus, dass ein früher unter bestimmten Bedingungen gültiges Erklärungsmodell nicht mehr ungeprüft aufrechterhalten werden kann, wenn sich diese Bedingungen ändern.

Drittens müssen wir berücksichtigen, dass die Gültigkeit einer wissenschaftlichen Erklärung nicht nur von der korrekten Anwendung der Methoden abhängt, mit denen sie empirisch überprüft wird, sondern auch von dem Ausmaß, in dem die zugrunde liegende Theorie empirisch bestätigt ist.[15]

Auch für die Interpretation von Prozentwerten, die tagtäglich in Medien präsentiert werden, haben diese Einschränkungen Bedeutung. Was bedeutet es beispielsweise, wenn eine Umfrage zu Parteipräferenzen zum Ergebnis führt, dass 31% die Partei X wählen würden oder wenn 56% der Klein- und Mittelunternehmen (KMU) für die nächsten sechs Monate eine Verbesserung der Auftragslage erwarten? Im Lichte des induktiv-statistischen Modells muss davon ausgegangen werden, dass das Ergebnis in 69% bzw. 44% der Fälle nicht zutrifft oder, anders formuliert, dass diese Werte auch die Wahrscheinlichkeit angeben, mit der man sich mit einer Aussage eben auch irren kann.

Zusätzlich ist in Verbindung mit den oben genannten Einschränkungen auch aus einem anderen Grund Vorsicht bei der Interpretation von Zahlen geboten, denn, wie gesagt, ihre Gültigkeit hängt immer von bestimmten Randbedingungen ab. Eben diese Randbedingungen werden jedoch bei der medialen Präsentation von Umfrageergebnissen nur selten angeführt und genau aus diesem Grund kann es bei vorschneller Interpretation leicht zu falschen Schlussfolgerungen über die Aussagekraft von sozial- und wirtschaftswissenschaftlichen Forschungsergebnissen kommen.

Damit sind in Kürze wichtige *methodologische* und *methodische Voraussetzungen* genannt, die die Aussagekraft von wissenschaftlichen Ergebnissen beeinflussen. Aber auch dann, wenn diese Kriterien erfüllt sind, müssen wir uns in der Wissenschaft stets mit *vorläufig* gültigen Erkenntnissen zufrieden geben. Dies wiederum hängt mit der Natur des wissenschaftlichen Erkenntnisfortschritts zusammen.

Dass die Sozialwissenschaften empirische Erklärungen anstreben, wurde bereits betont. Für den Empirismus, der auf Aussagen über beobachtbare Tatsachen aufbaut, besteht das Ziel der Wissenschaft in der Gewinnung von allgemeingültigen Aussagen aufgrund von Einzelerfahrungen. Wissenschaftliche Erklärungen können jedoch nicht auf einer Sammlung von Einzelbeobachtungen fußen, allzu schnell könnte ein einzelnes Gegenbeispiel gefunden werden, dass die Erklärung falsifiziert. Gegen diese vereinfachende Vorgehensweise hat der so genannte „Kritische Rationalismus" das Prinzip der

---

[15] Bortz & Döring 2006: 17

Falsifikation (Widerlegung) von bestehenden wissenschaftlichen Aussagen entwickelt. Sein Hauptvertreter, Karl Popper, geht davon aus, dass am Anfang jeglicher Wissenschaft die Theorie steht und einzelne Beobachtungen nur im Lichte dieser Theorie vorgenommen werden können.[16] Wenn die methodisch korrekt erfasste Beobachtung der Theorie entspricht, können wir weiterhin von ihrer Gültigkeit ausgehen; wird eine Theorie nach korrekter Anwendung wissenschaftlicher Methoden durch eine Beobachtung widerlegt, müssen wir - so Popper weiter - die Theorie verwerfen und versuchen, sie zu modifizieren oder eine neue, bessere an ihre Stelle zu setzen.

Wissenschaftlicher Fortschritt besteht demnach in der Eliminierung von falschen Aussagen bzw. Theorien durch die empirische Falsifikation. Im Sinne des kritischen Rationalismus müssen wir uns damit zufrieden geben, dass nur die Falsifikation einer Theorie logisch zwingend möglich und endgültig ist, ihre Bewährung dagegen immer nur *vorläufig*. Erkenntnisse sind daher nur vorläufig gültig, eben so lange, bis sie nicht durch neue empirische Erkenntnisse widerlegt werden. Der kritische Rationalismus hat sich in der quantitativen sozial- und wirtschaftswissenschaftlichen Forschung als leitendes Wissenschaftsprogramm durchgesetzt.

Dennoch können die Sozialwissenschaften auf bestimmten Ebenen die Gültigkeit von Erkenntnissen im Sinne von Regelmäßigkeiten beanspruchen. Dies gilt speziell für jene Art von Theorien, die Robert K. Merton „Theorien mittlerer Reichweite" (engl. *middle range theories*) genannt hat.[17] Diese sind zwischen Zusammenhängen, wie sie in „kleineren Arbeitshypothesen" über empirische Regelmäßigkeiten formuliert werden, und so genannten „großen" Theorien über soziales Geschehen angesiedelt. Als Beispiele für derartige Theorien mittlerer Reichweite wird auf Leon Festingers Theorie der kognitiven Dissonanz[18], Mertons Theorie der Bezugsgruppe, die Theorie der rationalen Entscheidung (Rational Choice)[19] oder arbeitsmarkttheoretische Ansätze[20] verwiesen (s. auch ➔ Abschnitt 1.3.2). In diesem Sinne können Theorien mittlerer Reichweite von den „großen" Theorien, die teils auf abstrakten, nicht weiter überprüfbaren Prämissen beruhen wie dem Strukturfunktionalismus Talcott Parsons oder der Systemtheorie Niklas Luhmanns sowie von Theorien, die langfristige gesellschaftliche Entwicklungen und Zusammenhänge zum Gegenstand haben, abgegrenzt werden. Häufig entziehen sich derart komplexe Theorien einer empirischen Überprüfung; jedoch besitzen sie in der Regel wichtige Funktionen im Sinne der Bereitstellung von Orientierungswissen über sozio-ökonomische und gesellschaftliche Prozesse. Formulieren wir hingegen auf der Grundlage von empirisch gut bestätigten Theorien Hypothesen „mittlerer Reichweite" über soziales und wirtschaftliches Handeln, können wir, korrektes methodisches Vorgehen vorausgesetzt, innerhalb der gegebenen Einschränkungen, empirisch gesicherte Erkenntnisse erwarten.

---

16 Popper 2005 [1934]
17 Merton 1995: 39
18 Festinger 1957
19 Esser 2002
20 Diekmann & Voss 2004: 20

2. Der Forschungsprozess

2.1. Der Forschungsprozess als Abfolge von Entscheidungen

In der Methodenliteratur hat sich ein *Schema* etabliert, das den Forschungsprozess in *Phasen* und diese wiederum in einzelne *Arbeitsschritte* untergliedert[21]. Allerdings muss beachtet werden, dass es für sozialwissenschaftliche Forschungsprojekte kein Standardprozedere im Sinne eines für alle Zwecke passenden Patentrezeptes gibt. Der Grund dafür liegt darin, dass die Planung und der konkrete Ablauf eines sozialwissenschaftlichen Forschungsprojekts von einer Reihe unterschiedlicher Faktoren abhängen. Dazu zählen vor allem das spezielle Erkenntnisinteresse, die verfügbaren Ressourcen, die Komplexität der Fragestellung sowie die Art der benötigten Daten. Auch die jeweiligen Bestimmungen für eine Diplomarbeit oder Dissertation, die speziellen Interessen eines Auftraggebers sowie zeitliche und organisatorische Vorgaben können das Vorgehen in der Praxis beeinflussen.

!	Der sozialwissenschaftliche Forschungsprozess ist gekennzeichnet von der **Abfolge einzelner Phasen** mit spezifischen Arbeitsschritten, die eine „Reihe von ineinander verzahnter Entscheidungen" darstellen. Die in jeder Phase getroffenen Entscheidungen bestimmen jeweils die Vorgehensweise in den nächsten Phasen.

In den meisten Fällen muss ein für das jeweilige Forschungsproblem passendes Untersuchungsdesign erst entwickelt werden. Jedoch bietet das in den nachfolgenden Abschnitten beschriebene Phasenmodell (s. Abb. 5, S. 25) des Forschungsprozesses eine verlässliche Orientierung für die korrekte Durchführung eines Forschungsprojekts.

Die Einhaltung des Phasenschemas besitzt zudem einige wesentliche Vorteile: Zunächst gewährleistet die Bearbeitung eines Projekts entlang der einzelnen Phasen und Arbeitsschritte eine systematische Durchführung des gesamten Projekts. Dadurch werden am Ende des Prozesses die Auswertung und Interpretation der Befunde wesentlich erleichtert und die Gewinnung von Ergebnissen unterstützt, die wissenschaftlichen Gütekriterien entsprechen. Nicht zuletzt unterstützt dieses Schema eine *effiziente* Vorgehensweise im Sinne des bestmöglichen Verhältnisses von Ressourceneinsatz und validen Ergebnissen.

Eine Bemerkung zur praktischen Durchführung eines Forschungsprojekts: Nicht selten startet ein Projekt nach einem kurzen Brainstorming gleich mit der Zusammenstellung von einigen „Inhalten" oder „Ideen" für einen Fragebogen. Ein derartiges Vorgehen kann nur auf schwerwiegende Missverständnisse und/oder gar Ahnungslosigkeit zurückgeführt werden, weil entscheidende Schritte der theoretischen und methodischen Vorbereitung der Erhebung übersprungen werden. Ein derartiges Vorgehen führt oft zu unklaren, schwer auswertbaren und interpretierbaren Daten, weil der hypothetische Bezug der Daten schwer oder gar nicht begründbar ist. Kurz: Was in den ersten Phasen des Forschungspro-

21 Vgl. dazu exemplarisch Diekmann 2008: 187ff; Schnell/Hill/Esser 2008: 7ff., Kromrey 2008: 76ff.

zesses (s. Abb. 5) verabsäumt wurde, kann in den Phasen der Auswertung und Interpretation kaum angemessen „korrigiert" werden.

Noch ein Tipp: Häufig wird die eigene Arbeit in den ersten Phasen, z.B. die Literaturarbeit und die Operationalisierung von Begriffen nur kursorisch festgehalten, weil davon ausgegangen wird, dass ja schlussendlich hauptsächlich die Ergebnisse zählen. Falsch! Wir haben bereits gesehen, dass das vorrangige Anliegen empirischer Sozialforschung darin besteht, die aus Theorien abgeleiteten Hypothesen zu prüfen. Die Beschäftigung mit bestehenden Theorien im Rahmen der Literaturarbeit, ihre Diskussion und die Ableitung eigener Forschungshypothesen bilden das inhaltliche „Herz" jedes Forschungsprojekts. Daher sollten diese Schritte genauso wie alle anderen Schritte eines Forschungsprojekts von Beginn an genau dokumentiert und verschriftlicht werden.

2.2. Phasen und Arbeitsschritte

Phase I: Präzisierung des Forschungsproblems

Am Beginn jeder empirischen Untersuchung steht ein Forschungsproblem. Egal, ob Sie vor einer akademischen Untersuchung oder einer Auftragsstudie stehen, die Präzisierung des Forschungsproblems ist eine unabdingbare Voraussetzung für die weitere Arbeit. Und, ja: Es sollte ein echtes *Problem* formuliert werden (Schritt 1). Das ergibt sich schon aus der Struktur von wissenschaftlichen Erklärungen (➔ Abschnitt 1.4). Darüber hinaus sollte die mit der Hypothesenbildung verfolgte Zielsetzung angegeben werden. Diese kann darin bestehen[22]

(1) die Geltung einer oder mehrerer Hypothesen zu prüfen

(2) zwischen „konkurrierenden" Hypothesen eine Entscheidung herbeizuführen

(3) bestehende, empirisch bereits bewährte Theorien einer genaueren Prüfung zu unterziehen, um sie weiterzuentwickeln sowie

(4) eine neue hypothetische Interpretation von Ergebnissen früherer Untersuchungen auf ihre allgemeine Gültigkeit hin zu untersuchen.

Die Ergebnisse einer Untersuchung können entsprechend als Lösung eines Problems aufgefasst werden: Entschieden wird, ob die ursprünglich formulierte Vermutung empirisch bestätigt werden kann oder verworfen werden muss.

Die Präzisierung des Forschungsproblems erfolgt im Rahmen der *Literaturarbeit*. Durch Literaturarbeit finden wir heraus, welche empirischen Theorien und Hypothesen, welche Methoden für die Bearbeitung unseres Forschungsproblems bzw. ähnlicher Probleme bereits entwickelt wurden und welche potenziellen Schwierigkeiten auftreten können. Gerade bei Abschlussarbeiten und Projekten der Grundlagenforschung wird eine Begründung vorausgesetzt, ob es sich bei einer Forschungsfrage überhaupt um ein relevantes Problem handelt, ob durch die Lösung des Problems ein Erkenntnisfortschritt erzielt oder eine „Wissenslücke" geschlossen werden kann (Schritt 1).

---

[22] Vgl. Kromrey 2006: 90

Das Ergebnis der Präzisierung des Forschungsproblems sind meist mehrere ausgearbeitete Hypothesen (Schritt 2) in Form eines so genannten Hypothesenkatalogs.

> **!**
>
> Drei Tipps für die Literaturarbeit, die auch für Abschlussarbeiten nützlich sind:
>
> Erstens: Suchen Sie **wissenschaftliche Literatur** in anerkannten wissenschaftlichen Zeitschriften oder Verlagen. Speziell Zeitschriften mit einem Gutachtersystem stellen gute Quellen dar, weil die publizierten Artikel von unabhängigen KritikerInnen meist anonym begutachtet wurden. Solche Quellen gewährleisten ein hohes Maß an wissenschaftlicher Qualität und repräsentieren anerkanntes Wissen.[23]
>
> Zweitens, starten Sie Ihre **Literaturarbeit am Beginn** des Projekts. Die Zeit, die Sie hier investieren, gewinnen Sie mehrfach zurück, weil Sie vorhersehbare Probleme und Frustration vermeiden und frühzeitig **wichtige Erkenntnisse** gewinnen: Frühere Studien haben mitunter bereits wichtige Begriffe definiert, Hypothesen entwickelt und Probleme aufgezeigt, die eine wichtige Orientierung bieten und an die Sie eventuell noch nicht gedacht haben und die dabei helfen, Schwierigkeiten des Forschungsdesigns frühzeitig zu umgehen.
>
> Drittens, suchen Sie zu allererst nach **Literaturübersichten** zu Ihrem Thema: Viele wissenschaftliche Artikel stellen eine Literaturübersicht an den Beginn Ihrer Präsentation. Zusätzlich gibt es Übersichtsartikel, die den theoretischen und methodischen Stand der Forschung (state of the art) in einem Gebiet zusammenfassend darstellen und Diskussionen über die Stärken und Schwächen von allgemein anerkannten Theorien und Methoden enthalten.

Phase II: Erhebungsplanung - Konzeptspezifikation und Operationalisierung

An dieser Stelle des Forschungsprozesses liegt ein präzisiertes Forschungsproblem vor; auch die Hypothesen sind formuliert. Welche Schritte sind als nächstes durchzuführen?

Betrachten wir dazu Hypothesen etwas genauer. Diese enthalten Begriffe (auch Konzepte, oder Konstrukte genannt) und wie wir wissen, werden Begriffe nicht immer eindeutig und einheitlich verwendet. Theoretische Begriffe können nicht einfach mit einem Fragebogen „abgefragt" werden; dazu sind sie zu abstrakt. Vielmehr müssen erst die Bedeutungen und die konkreten *empirischen Bezüge* jedes theoretischen Begriffs geklärt werden, indem wir bestimmen, auf welche konkret beobachtbaren Sachverhalte er sich bezieht. Es ist also notwendig, den theoretischen und empirischen Bedeutungsgehalt von theoretischen Begriffen möglichst genau festzulegen (= Schritt 3).

---

[23] Daraus folgt auch, dass schnelle „Internet-Recherchen" niemals die systematische Literaturarbeit ersetzen können.

Abb. 5: Der Forschungsprozess: Fünf Phasen und zehn Schritte

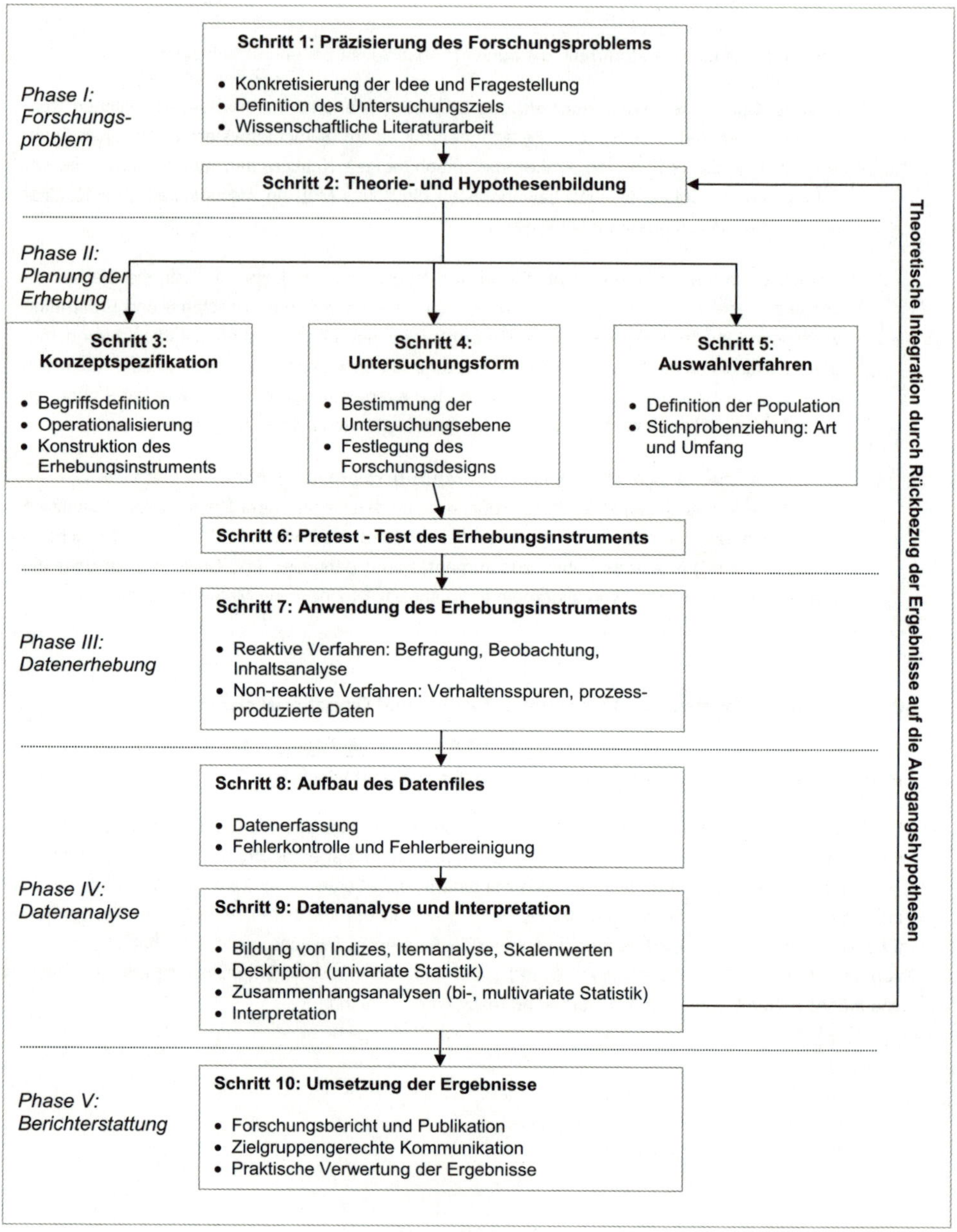

Quelle: Eigene Darstellung in Anlehnung an Diekmann 2008: 192ff.

Schritt 3 umfasst auch die Aufgabe, die definierten Begriffe und ihre Bezüge auf reale Sachverhalte messbar bzw. erfassbar zu machen, indem konkrete Forschungsoperationen festgelegt werden, die die Entscheidung erlauben, ob der gemeinte Sachverhalt in der Realität vorliegt oder nicht. Es müssen also die Operationen festgelegt werden, wie die realen Sachverhalte, auf die sich die Begriffe beziehen, möglichst genau erfasst bzw. gemessen werden können. Dazu ist es notwendig, Anweisungen zu formulieren, indem wir definieren, mit welchen Messoperationen und Skalierungen diese Begriffe konkret erfasst werden sollen; dieser Schritt wird als *Operationalisierung* bezeichnet (➔ Kapitel 4).

Schritt 4 - die Auswahl des *Forschungsdesigns* - kann je nach Fragestellung und Operationalisierung ganz unterschiedliche Gestalt annehmen. Ein Forschungsdesign legt die *logische Struktur* einer Untersuchung fest (Schritt 4). Auch die Wahl des Forschungsdesigns ist abhängig vom jeweiligen Forschungsproblem und den formulierten Hypothesen. Dabei sind Fragen wie die Häufigkeit und Zeitpunkte der Erhebungen, die geeigneten Untersuchungspopulationen, die spezifischen Messverfahren und Erhebungsmethoden zu entscheiden.

Die Wahl des Forschungsdesigns hat erhebliche Konsequenzen für den weiteren Forschungsprozess, weil sie im Besonderen die Stichprobenziehung, die Erhebungsmethode und die statistischen Auswertungsverfahren beeinflusst und im Wesentlich determiniert.

Die nächste Aufgabe besteht in der Klärung der Frage, welche „Untersuchungseinheiten" und in welchem Umfang diese erhoben werden sollen (Schritt 5). Hier steht die Entscheidung für ein Auswahl- bzw. Stichprobenverfahren im Mittelpunkt, mit dem Typ und Größe (Umfang) der zu erhebenden Merkmalsträger festgelegt wird. Das Spektrum der Auswahlverfahren reicht von der Erhebung aller Elemente einer Grundgesamtheit (Totalerhebung) bis zur Ziehung einer Stichprobe. Dafür stehen wiederum eine Reihe von Methoden zur Verfügung.

Am Ende dieser Phase steht Schritt 6: Bevor das Erhebungsinstrument in der Felderhebung zum Einsatz kommt, wird das Instrument an einer kleinen Zahl von Personen getestet (Pretest), um vor dem Feldeinsatz eventuell erforderliche Korrekturen vornehmen zu können.

Phase III: Datenerhebung

Nach dem Abschluss dieser „vorbereitenden" Arbeiten, stehen Feldarbeit und Datenerhebung am Programm (Schritt 7). Unmittelbar vor der Erhebung sollte geprüft werden, ob die organisatorischen Rahmenbedingungen eine möglichst problemlose Erhebung gewährleisten. Zu klären ist auch, ob die Erhebung selbst durchgeführt oder z.B. an ein Erhebungsinstitut ausgelagert werden soll. Das ist auch von den eigenen Ressourcen abhängig. Im Fall der eigenständigen Erhebung ist es erforderlich, gegebenenfalls Fragebogendruck, Schulung und Kontrolle der InterviewerInnen sicherzustellen. Im Falle der Erhebung durch ein externes Institut sollten die Rahmenbedingungen wie Dauer der Erhebung, Leistungsmerkmale (z.B. Anzahl der Kontaktversuche bei telefonischen Erhebungen), Format der Erfassung, Lieferung der Rohdaten, anfallende Kosten und anderes mehr vereinbart werden.

Phase IV: Datenanalyse und Interpretation

In der Phase der Datenauswertung sind unterschiedliche Schritte zu bedenken. Zunächst müssen die Rohdaten auf Fehlerhaftigkeit und Vollständigkeit überprüft werden. Auf Grundlage der Fehler*kontrolle* muss eine Fehler*bereinigung* durchgeführt werden, sodass ein korrektes Datenfile für Auswertungszwecke zur Verfügung steht (Schritt 8). Sehr empfehlenswert ist die Erstellung eines Codeplans, der die Bezeichnungen der einzelnen Variablen und ihrer Antwortkategorien enthält.

Vor der anschließenden statistischen Auswertung sind einige Fragen zu klären. Zu überlegen ist, ob für die eigentliche Datenanalyse die Konstruktion von Skalen und Indizes erforderlich ist. Des Weiteren ist zu entscheiden, welche statistischen Verfahren für die Deskription und für die Prüfung von Hypothesen geeignet sind und verwendet werden können.

Die Interpretation der Ergebnisse ist ein Schritt, der nicht mit der Datenauswertung gleichzusetzen ist, sondern einen eigenständigen Bestandteil des Forschungsprozesses bildet. In der Interpretation ist zu klären, ob die ermittelten Daten und Ergebnisse tatsächlich zuverlässige Aussagen über die formulierten Hypothesen erlauben bzw. ob der Geltungsbereich der Ergebnisse eventuell eingeschränkt werden muss. In weiterer Folge können die gewonnenen Erkenntnisse mit den am Beginn des Projekts formulierten Hypothesen in Beziehung gesetzt und die eigenen Erkenntnisse in Auseinandersetzung mit den bestehenden Theorien diskutiert werden (Schritt 9).

Phase V: Berichterstattung, Dokumentation, Kommunikation

Auf die Bedeutung einer durchgängigen Dokumentation des gesamten Forschungsprozesses wurde bereits hingewiesen. Erst dadurch wird eine sachgerechte, für andere nachvollziehbare Auseinandersetzung mit den Ergebnissen ermöglicht.

Die Gestalt des Forschungsberichts kann unterschiedliche Schwerpunktsetzung und Stile aufweisen. Im Falle der Grundlagenforschung bieten die Hinweise, die Fachzeitschriften und Verlage für AutorInnen bereitstellen, eine wichtige Orientierungshilfe für Publikationen. Für Abschlussarbeiten stellen die meisten Studiengänge und Institute spezielle Empfehlungen oder Gestaltungs- und Dokumentationshinweise bereit.

Eine wichtige Frage der Berichterstattung betrifft auch die Präsentation und Kommunikation von Ergebnissen. In jedem Fall sollte in der Präsentation und Kommunikation der Ergebnisse auf die Interessen und Bedürfnisse der Zielgruppen, Auftraggeber und Interessensgruppen Bedacht genommen werden. Dadurch wird die Verwertbarkeit der Ergebnisse wesentlich unterstützt (Schritt 10).

2.3. Exkurs: Reaktive und nicht-reaktive Verfahren

In der empirischen Sozialforschung werden drei grundlegende Arten der Datenerhebung (*engl. data collection*) verwendet: Befragung, Beobachtung und Inhaltsanalyse (s. Abb. 6). Jede Art der Datenerhebung kann wiederum die Form von spezifischen Methoden annehmen.

Abb. 6: Verfahren der Datenerhebung

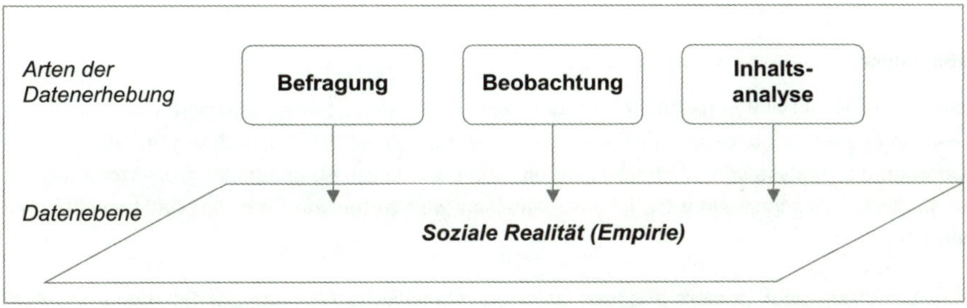

Quelle: Eigene Darstellung

Ein grundlegender Unterschied zwischen diesen drei Arten der Datenerhebung bezieht sich auf die *Reaktivität* (*engl. reactivity*) der „Untersuchungsobjekte": Oft wissen Untersuchungspersonen, dass ihre Einstellungen und Verhaltensweisen etc. Gegenstände einer Untersuchung sind und genau aus diesem Grund verhalten sie sich unter Umständen anders als ohne dieses Wissen. Die Möglichkeit, dass „Untersuchungsobjekte" reagieren, ist bei manchen Methoden gegeben, bei anderen überhaupt nicht. Aus diesem Grund wird zwischen so genannten *reaktiven* und *nicht-reaktiven* Verfahren der Messung bzw. der Datenerhebung unterschieden (*engl. obtrusive* und *unobtrusive measures*).[24]

> **!** Als „reaktive Messverfahren" werden Methoden der Datenerhebung bezeichnet, „bei denen sich die befragten (bzw. beobachteten; D.P.) Personen bewusst darüber sind, dass sie Gegenstand einer Untersuchung sind und die Möglichkeit haben, auf die Datenerhebungsvorgänge selbst zu reagieren".[25]

Befragung

Die „Reaktivität" kann bei der Befragung problematische Effekte bewirken, die durch eine Reihe von Faktoren verursacht werden können. Dazu zählen die Besonderheiten der Befragungssituation. So ist es etwa nicht für alle Befragungspersonen selbstverständlich, in künstlichen Gesprächssituation authentisch zu antworten. Auch die Art des persönlichen Kontakts zwischen Befragten und InterviewerIn, die Merkmale von InterviewerInnen, die besonderen Merkmale des Befragungsinstruments,

---

24 Eine klassische Zusammenstellung nicht-reaktiver Verfahren bieten Webb et al. 1975.
25 Schnell/Hill/Esser 2008: 353

aber auch die jeweilige Stimmung der befragten Person, die Erhebungssituation selbst oder soziale Normen können das Antwortverhalten von Befragungspersonen beeinflussen. Beispielsweise kann die Antwort einer Befragungsperson etwa durch sozial erwünschtes Antwortverhalten verzerrt werden.

Die potenziellen Fehlerquellen, die aus der Reaktivität der Befragung resultieren, werden in Zusammenhang mit dem Kapitel „Befragung" gesondert dargestellt (➔ Kapitel 6). An dieser Stelle soll nur festgehalten werden, dass *alle* Formen der Befragung reaktive Erhebungs- und Messvorgänge darstellen. Somit sind nicht nur die in der quantitativen Sozialforschung verwendeten Befragungsinstrumente und experimentelle Untersuchungen, sondern auch die in der qualitativen Sozialforschung eingesetzten Methoden der Befragung reaktiv (z.B. Einzel-, Gruppen-, ExpertInneninterviews).

Inhaltsanalyse

Um die mit der Reaktivität verbundenen Probleme zu minimieren bzw. zu eliminieren, werden in der empirischen Sozialforschung auch nicht-reaktive Verfahren verwendet. Dazu zählen vor allem die Inhaltsanalyse, die Analyse von „Verhaltensspuren" und die Analyse so genannter prozessproduzierter Daten. In diesem Abschnitt steht die Inhaltsanalyse als weit verbreitete Form der Datenerhebung im Vordergrund.

Die Inhaltsanalyse (engl. *content analysis*) ist eine systematische Methode zur Erhebung und Auswertung von Text-, Ton- und Bilddokumenten.[26] Hierbei handelt es sich um Daten, die, im Unterschied zur Befragung, als Folge von alltäglichem Handeln und somit - wie dies generell bei nicht-reaktiven Verfahren der Fall ist - nicht bewusst für Forschungszwecke *produziert* wurden. Die Inhaltsanalyse wurde ursprünglich als „Forschungstechnik für die objektive, systematische und quantitative Beschreibung des manifesten Inhalts von Kommunikation"[27] definiert. Während dieser Ansatz vorwiegend die formalen Aspekte von Kommunikation sowie ihre statistische Auswertung betont, fand die Inhaltsanalyse auch in der qualitativen Sozialforschung für die „systematische, intersubjektiv nachvollziehbare Beschreibung inhaltlicher und formaler Merkmale von Mitteilungen"[28] schnelle Verbreitung. Die beiden grundlegenden Ziele der Inhaltsanalyse bestehen darin, (1) anhand der in den Dokumenten enthaltenen Daten auf manifeste und latente Bedeutungen in diesen selbst zu schließen, um (2) auf Grundlage der so ermittelten Informationen Schlussfolgerungen auf die soziale Realität außerhalb des Dokuments vorzunehmen (z.B. über den Produzenten eines Textes, über seine AdressatInnen, über den sozialen Kontext oder auf die Kommunikationssituation, die der Entstehung des Dokuments zugrunde lag). Die Inhaltsanalyse ist somit vom Analyseprozess her betrachtet ein *exploratives* Verfahren mit dem Ziel, empirisch gesicherte *Schlussfolgerungen* zu ziehen.[29]

Ein Hauptanwendungsgebiet für Inhaltsanalysen ist die Medien- und Kommunikationsforschung. So können - im Sinne der quantitativen Sozialforschung - Sitzungsprotokolle oder TV-Diskussionen beispielsweise danach untersucht werden, wer was zu wem wie oft und mit welcher Wirkung sagt.[30] Am

---

26 Häufig werden auch die Ausdrücke „Dokumentenanalyse" oder „Bedeutungsanalyse" verwendet.
27 Berelson 1952: 18
28 Früh 2007: 27
29 Krippendorf 2004
30 Diese bereits in den 1940er Jahren pointiert formulierte Fragestellung der Inhaltsanalyse ist auch für die moderne Medien- und Kommunikationsforschung grundlegend; vgl. dazu Melischek et al. 2007. Einfache Ausprägungen der quantitativen Inhaltsanalyse stellen die Ansätze zur Messung der Medienpräsenz von PolitikerInnen dar. In Österreich wird eine auf der Nennung von PolitikerInnen in österreichischen Tageszeitungen basierende Inhaltsanalyse kontinuierlich von der Austria Presseagentur (APA) durchgeführt,

bekanntesten ist wohl die Nutzung der Inhaltsanalyse für die Untersuchung der Medienpräsenz von PolitikerInnen. Die Inhaltsanalyse wird auch in der qualitativen Sozialforschung eingesetzt, hier mit Bezug auf verbale Daten, die Aufschlüsse über subjektive Bedeutungs- und Sinnstrukturen von Befragten liefern.[31]

Beobachtung

Während die Inhaltsanalyse zu Gänze zu den nicht-reaktiven Verfahren gezählt wird, sind die unterschiedlichen Techniken der Beobachtung *überwiegend* den reaktiven Verfahren zuzuordnen. Als Methode bedeutet Beobachtung das systematische „Erfassen von Ablauf und Bedeutung einzelner Handlungen und Handlungszusammenhänge".[32] Für die Erfassung dieser Gegenstände wird ebenfalls ein Kategorienschema verwendet, das in der Regel auf Grund der Nicht-Reproduzierbarkeit und der selektiven Wahrnehmung von BeobachterInnen besondere methodische Anforderungen mit sich bringt. Ein klassisches Schema für ein Beobachtungsschema wurde von Robert F. Bales in den 1940er Jahren für die Interaktionsprozessanalyse (IPA) von kleineren Gruppen entwickelt.[33]

Das Verfahren der Beobachtung kann nach mehreren Gesichtspunkten unterschieden werden. Eine grundlegende Unterscheidung ist die zwischen offener und verdeckter Beobachtung. Bei der *offenen* Beobachtung wissen die beobachteten Personen, dass sie beobachtet werden; bei der *verdeckten* Beobachtung ist ihnen der Beobachtungsvorgang nicht bewusst. Die spezifischen Beobachtungsmethoden können auch nach dem Status des Beobachters gegliedert werden. Bei der *teilnehmenden* Beobachtung ist der/die BeobachterIn gleichzeitig Interaktionspartner der beobachteten Personen; bei der *nicht-teilnehmenden* Beobachtung werden die Interaktionen lediglich protokolliert. Weitere Unterscheidungen sind jene zwischen *strukturierter* (auch systematischer B.; unter Einsatz eines standardisierten Schemas) und *unstrukturierter* (unsystematischer) Beobachtung sowie zwischen Beobachtung in *natürlichen* und *künstlichen* Situationen (z.B. Interaktionen unter Laborbedingungen).

Unter den genannten Arten der Beobachtung handelt es sich nur bei der verdeckten Beobachtung um eine nicht-reaktive Form der Beobachtung. Die Frage der Reaktivität von Datenerhebungsmethoden ist keine rein akademische Frage. Für die Praxis der Sozialforschung bringt jede Variante unterschiedliche Anforderungen an die Objektivität, Reliabilität (Zuverlässigkeit) und Validität (Gültigkeit) mit sich. Im Hinblick auf die standardisierte Befragung werden diese Gütekriterien in einem eigenen Abschnitt ausführlich besprochen (➔ Abschnitt 4.4.4.). Weiterführende Hinweise zu den anderen, hier nur erwähnten Methoden und den spezifischen Gütekriterien bietet die Übersicht über die weiterführende Literatur.

---

http://www.apa-mediawatch.at/cms/mediawatch (02.07.2009).

31 Mayring 2008

32 Kromrey 2008: 346

33 Eine Darstellung des IPA-Beobachtungsschemas enthält Friedrichs 1990: 278

3. Erhebungsplanung und Forschungsdesigns

In der empirischen Sozialforschung gibt es nicht nur unterschiedliche Arten der Forschung (→ Kapitel 2), sondern auch unterschiedliche Arten von Forschungsdesigns. Denken wir an einige Beispiele in der Praxis, z.B. an ein medizinisches Experiment zur Testung der Wirksamkeit eines Medikaments, an die Evaluierung einer Qualifizierungsmaßnahme für arbeitslose Personen oder an eine Befragung von Erwerbstätigen zu ihrer Beteiligung an beruflicher Weiterbildung. Betrachten wir zwei der oben genannten Beispiele, das medizinische Experiment und die Beteiligung an beruflicher Weiterbildung, um diese grundlegenden Unterschiede genauer herauszuarbeiten.

> Wie geht man bei einem medizinischen Experiment vor? In der Regel werden *vor* der Erhebung bzw. Messung zwei Gruppen gebildet, eine Experimentalgruppe und eine Kontrollgruppe. Die Experimentalgruppe erhält ein bestimmtes Medikament, dessen Wirkung geprüft werden soll; die Kontrollgruppe erhält hingegen ein Placebo. Die Experimentalgruppe wird somit einem gezielten Stimulus, eben der Verabreichung eines Medikaments, ausgesetzt; die Kontrollgruppe jedoch nicht. Nach einer bestimmten Zeit wird der Zustand beider Gruppen verglichen. Vermutlich hat sich die Situation der Experimentalgruppe deutlich verbessert, die der Kontrollgruppe sollte hingegen keine oder nur geringe Veränderungen aufweisen.
>
> Ein derartiges Vorgehen wäre bei einer Befragung von zufällig ausgewählten Erwerbstätigen zu ihrer Beteiligung an Weiterbildungsveranstaltungen nur schwer vorstellbar. Es ist nicht möglich, vor der Erhebung die Befragungspersonen in Gruppen zu trennen, einfach, weil die konkrete Weiterbildungsbeteiligung ja noch nicht bekannt ist, sondern erst im Rahmen der Befragung herausgefunden bzw. erfasst werden kann. Wer und wie häufig jemand an Weiterbildungsmaßnahmen teilgenommen hat (z.B. in hohem, mittleren, niedrigem Ausmaß), stellt sich erst im Zuge der Datenauswertung heraus. Vergleiche zwischen Gruppen können somit erst *nach* der Erhebung im Zuge der Datenauswertung vorgenommen werden.

Die beiden Beispiele verweisen auf drei grundsätzliche Unterschiede von Forschungsdesigns: Erstens, in ihrer *logischen* Organisation bzw. in ihrer Untersuchungs*anordnung*; zweitens, in ihrer *praktischen* Durchführung, und drittens, in ihren Konsequenzen für die *statistische Auswertung* und *Interpretation*. Genau das sind die springenden Punkte, die beachtet werden müssen, wenn wir vor der Entscheidung stehen, welches Forschungsdesign für das eigene Projekt das zweckmäßigste ist.

An dieser Stelle des Forschungsprozesses müssen somit Entscheidungen getroffen werden, auf *welche Weise* die Messung erfolgen soll, konkret: „wann, wo, wie und wie oft die empirischen Indikatoren an welchen Objekten erfasst werden sollen".[34]

!	Die Wahl des Forschungsdesigns hat erhebliche Bedeutung für das gesamte Gelingen eines Forschungsprojekts. Das Forschungsdesign ist das **„methodische Arrangement"**, das festlegt, wie die Elemente eines Projekts - Vergleichsgruppen, Messoperationen und -instrumente, Stichprobenziehung sowie Art, Ort und Häufigkeit der Erhebungen - zusammengefügt werden müssen, um die Beantwortbarkeit der Fragestellungen auf der Grundlage zuverlässiger Daten sicherzustellen und einen möglichst hohen Grad an Gewissheit zu erzielen.

[34] Schnell/Hill/Esser 2008: 211

Die Wahl des Forschungsdesigns folgt letztlich einem grundsätzlichen *methodologischen Ziel:* Hypothesen beanspruchen, Zusammenhänge möglichst eindeutig zu *erklären*. Wir gehen somit von der Richtigkeit *einer* bestimmten Erklärung aus. In Wirklichkeit ist aber - für den gleichen Zusammenhang - eine Vielzahl an *alternativen* Erklärungen denkbar: die interessierende Wirkung könnte auch auf andere Ursachen zurückgeführt werden. Beispielsweise können für die Gesundung von PatientInnen auch andere Variable als das jeweilige Medikament Ausschlag gebend sein, etwa die Veränderung der Ernährungsgewohnheiten. Damit eine favorisierte Erklärung überhaupt Gültigkeit beanspruchen kann, muss das Forschungsdesign die Möglichkeit gewährleisten, alternative Erklärungen (also den Einfluss anderer unabhängiger Variablen, sogenannter „dritter" Variablen) zu kontrollieren und gegebenenfalls auszuschließen. Eben diese „Drittvariablenkontrolle" ist ein grundlegendes methodologisches Ziel der Ausarbeitung von Forschungsdesigns.[35]

Um dieses Ziel zu verwirklichen, muss ein Forschungsdesign Vorkehrungen für die Eliminierung oder die systematische Kontrolle von Drittvariablen und anderen verzerrenden Störfaktoren beinhalten. Diese Vorkehrungen beeinflussen wiederum die *wissenschaftlichen Gütekriterien* - Objektivität, Reliabilität und Validität (➔ Abschnitt 4.4.4.).

3.1. Arten von Forschungsdesigns

In der empirischen Sozialforschung gibt es drei grundsätzliche Arten von Forschungsdesigns. Diese Forschungsdesigns können mit Hilfe von zwei Kriterien unterschieden werden: Durch den *Modus* der Bildung von Vergleichsgruppen und durch den *Zeitpunkt* ihrer Bildung[36].

Beim Experiment werden Vergleichsgruppen vor, bei Befragungsprojekten nach der Erhebung bzw. Messung gebildet. Nach dem Zeitpunkt der Vergleichsgruppenbildung wird zwischen *Ex-ante-Designs* und *Ex-post-facto-Designs* unterschieden (s. Abb. 7). Somit sind experimentelle Designs immer *Ex-ante-Designs*; klassische Bevölkerungsbefragungen hingegen *Ex-post-facto-Designs*. So kann beispielsweise bei einer Befragung zur Weiterbildungsbeteiligung erst im Nachhinein festgestellt werden, ob sich die Motivation der Befragten zur Teilnahme an beruflicher Weiterbildung im Sinne der Varianz des interessierenden Merkmals unterscheidet. Erst dann ist es möglich, Befragte mit „hoher", „mittlerer" oder „niedriger" Motivation zusammenzufassen, also Vergleichsgruppen zu bilden, weil die tatsächliche Verteilung der Merkmalsausprägungen der UV „Motivation" im Vorhinein nicht bekannt ist.

Mit dieser Unterscheidung gehen auch Unterschiede im *Modus* der Bildung von Vergleichsgruppen einher. Bei Ex-ante-Designs werden die Vergleichsgruppen nicht nur vorher gebildet; es wird dafür auch ein bestimmtes Verfahren, die so genannte *Randomisierung* (R) verwendet, bei der eine Zuweisung von Untersuchungspersonen zur Experimental- oder Vergleichsgruppe nach dem Zufallsprinzip vorgenommen wird. Die Vergleichsgruppen werden somit zuerst bewusst „konstruiert" und erst im nächsten Schritt wird an diesen Gruppen eine Messung vorgenommen. Bei Ex-post-facto-Designs erfolgt die nachträgliche Bildung von Vergleichsgruppen hingegen mit Hilfe von statistischen Verfahren.

---

[35] Ebenda
[36] Diekmann 2008: 329

Abb. 7: Schematische Darstellung von Ex-ante-Designs und Ex-post-facto-Designs

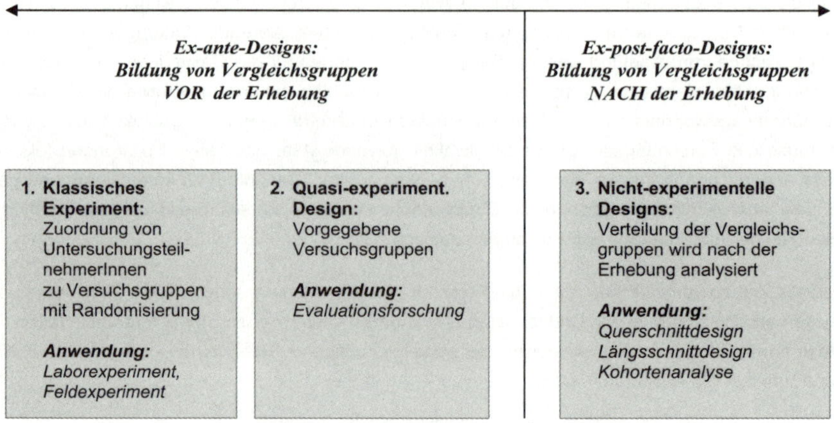

Achtung: Das wesentliche **Kriterium für die Unterscheidung von Forschungsdesigns** ist der Zeitpunkt, zu dem die Varianz der UV in den Vergleichsgruppen bekannt ist.

Darüber hinaus können einzelne Forschungsdesigns durchaus Anleihen voneinander nehmen: Experimentelle Anordnungen können z.B. als Zeitreihenexperimente organisiert werden, indem dieselben PatientInnengruppen zu mehreren Zeitpunkten befragt/getestet werden. Elemente der einzelnen Forschungsdesigns können also mit anderen Forschungsdesigns kombiniert werden.

Quelle: Eigene Darstellung

Zwischen experimentellen und nicht-experimentellen Designs liegen die so genannten *quasi-experimentellen* Designs. Sie sind charakteristisch für die Evaluationsforschung. Diese Designs sind davon gekennzeichnet, dass unterschiedliche Versuchsgruppen bereits in ihrer „natürlichen" Zusammensetzung gegeben sind[37]; somit erfolgt keine Randomisierung vorab. Das ist beispielsweise bei Evaluierungen von Qualifizierungsmaßnahmen des Arbeitsmarktservices der Fall: Hier werden beispielsweise häufig die Beschäftigungschancen von arbeitslosen Personen, die eine Qualifizierungsmaßnahme besuchen mit denen von Arbeitslosen, die keine Qualifizierungsmaßnahme besuchen, verglichen. Beide Gruppen stehen vorher bereits fest.

Ex-ante-Designs weisen gegenüber Ex-post-facto-Designs zwei wesentliche, statistisch und methodologisch bedeutsame Vorteile auf. Durch die Randomisierung, also die Zufallsaufteilung der Untersuchungspersonen zu Versuchsgruppen, ist auch die Verteilung der Merkmalsausprägungen der unabhängigen Variablen, ihre *Varianz*, im Voraus bekannt. Beim medizinischen Experiment wissen wir, wie viele Personen ein wirksames Medikament (Experimentalgruppe) erhalten und wie viele Personen ein wirkungsloses Placebo erhalten (Vergleichsgruppe). Somit wird die Varianz der UV bereits vor der Datenerhebung kontrolliert.

---

[37] Bortz/Döring 2006: 525

Randomisierung berechtigt zur Annahme, dass die Vergleichsgruppen die *gleiche Verteilung* aufweisen und in beiden Gruppen *gleichartig wirken*. Das berechtigt uns zur Annahme, dass Drittvariable *keinen verzerrenden Einfluss* auf eine der beiden Gruppen haben und, noch wichtiger, dass die Veränderung der AV mit großer Sicherheit auf den Stimulus zurückgeführt werden kann. Die Randomisierung erhöht somit die Möglichkeit der Drittvariablenkontrolle durch Ausschluss alternativer Erklärungen und damit auch die Gültigkeit des Erklärungsmodells. Bei Ex-post-facto-Designs treten, wie in den Abschnitten über Quer- und Längsschnittanalysen gezeigt wird (➔ Abschnitt 3.3), hingegen das Problem der „Scheinkorrelation" sowie Interpretationsprobleme in deutlich stärkerem Maße auf.

Bei Ex-post-facto-Designs ist die Varianz der interessierenden Merkmale hingegen erst im Nachhinein bekannt. Die damit verbundene Problematik besteht darin, dass die hier fehlende Randomisierung im Zuge der Datenauswertung „auch durch statistische Kontrollverfahren der multivariaten Datenanalyse (...) nur unzureichend und allenfalls näherungsweise kompensiert werden kann".[38] Auf diese Probleme wird genauer in Abschnitt 8 eingegangen.

Das Experiment ist also die Idealform der Prüfung von Kausalhypothesen und sollte überall, wo dies möglich ist, genutzt werden. Leider liegt genau darin die Crux der Sache: Die soziale Wirklichkeit ist oft zu komplex, als dass sie im Rahmen einer so zuverlässigen Untersuchungsanordnung untersucht werden könnte. Daher werden in der Regel andere Designs verwendet.

3.2. Ex-ante-Designs: Experimentelle und quasi-experimentelle Designs

3.2.1. Das Experiment

Die Kontrolle von verzerrenden Einflüssen verleiht dem Experiment eine besondere „Stabilität". Wietere Vorteile sind die leichte Reproduzierbarkeit von experimentellen Versuchsanordnungen im Vergleich zu Survey-Studien und, daraus resultierend, bessere Möglichkeiten zur Überprüfung von Ergebnissen. Das ist auch in der Praxis sehr wichtig, etwa bei der Patentierung von pharmazeutischen Wirkstoffen: Jede Pharmafirma muss für die Erlangung eines Patents exakte experimentelle Tests durchführen und die Versuchsanordnung inklusive detaillierter Ergebnisse dem zuständigen Patentamt zur Nachprüfung übermitteln. Besonders in den Naturwissenschaften, der Medizin und in der Psychologie werden experimentelle Designs eingesetzt, aber auch in der Sozialpsychologie und in der experimentellen Ökonomie, seltener in der empirischen Sozialforschung.

Die drei wichtigsten Merkmale des klassischen Experiments sind (s. Abb 8):[39]

1. Vor der Erhebung werden mindestens zwei Versuchsgruppen gebildet
2. Die Versuchspersonen werden diesen Gruppen nach einem Zufallsverfahren zugewiesen (Randomisierung R)
3. Die unabhängige Variable (X) wird experimentell verändert (*Treatment*).

---

38 Diekmann 2008: 330

39 Vgl. die kompakten Darstellungen in Häder 2006: 338-348 mit mehreren Varianten des klassischen Experiments und einem Beispiel für ein sozialwissenschaftliches Experiment aus der Marktforschung, sowie in Bortz/Döring 2006: 54-59.

Im Zuge der Weiterentwicklung des experimentellen Designs wurde das klassische Modell im gegenwärtig weit verbreiteten Standardmodell um die Messung der Ausgangsbedingungen vor dem Treatment (O) erweitert.

Abb. 8: Klassisches Modell und Standardmodell des experimentellen Designs:

		Standardmodell des experimentellen Designs		
			Klassisches Experiment	
			Zeitpunkt	
		t_0	t_1	t_2
R	Experimentalgruppe	Messung (O)	Experimentelle Veränderung (X)	Messung (O)
R	Vergleichsgruppe	Messung (O)	-	Messung (O)

Quelle: In Anlehnung an Diekmann 2008: 337ff.

Das Standardmodell ist ein Beispiel für eine „Vorher-Nachher-Messung" (engl. *Pretest-posttest-Design*). Es kann natürlich auf unterschiedliche Weise variiert werden. Möglicherweise muss oder kann auf die Messung vor dem Treatment verzichtet werden; in diesem Fall sprechen wir von einem *Posttest-Design*. Darüber hinaus können als Spezialfall des Pretest-Posttest-Designs nach dem Treatment auch mehrere Messungen zu mehreren Zeitpunkten vorgenommen werden, etwa um den Wirkungsverlauf einer Therapie längerfristig zu untersuchen.

Schließlich können auch mehrere (z.B. vier) Versuchsgruppen angeordnet werden, von denen ein Teil einem Pretest-Posttest, und ein Teil nur einem Post-Test unterzogen wird (Solomon-Viergruppen-Versuchsplan, Abb. 9). Das ist zum Beispiel notwendig, wenn ausgeschlossen werden soll, dass der Effekt des Treatments auch durch die Wechselwirkung mit den Methoden der Messung und/oder der Messsituation selbst entsteht bzw. umgekehrt formuliert, dass der Effekt unbeeinflusst von Methoden und Situation der Messung erfassbar ist.[40]

Abb. 9: Solomon-Viergruppenversuchsplan

			Zeitpunkt	
		T_1	T_2	t_3
R	Experimentalgruppe 1	O	X	O
R	Vergleichsgruppe 1	O	-	O
R	Experimentalgruppe 2	-	X	O
R	Vergleichsgruppe 2	-	-	O

Quelle: Schnell/Hill/Esser 2008: 225

[40] Schnell/Hill/Esser 2008: 225.

Die sehr strikten Voraussetzungen führen dazu, dass das echte Experiment in der klassischen empirischen Sozialforschung eingeschränkt Verwendung findet. Häufiger wird das experimentelle Design in der Marktforschung und Untersuchungen in der experimentellen Ökonomie eingesetzt, die auf spieltheoretischen Überlegungen beruht. Das breite Spektrum der experimentellen Untersuchungen auf Grundlage des Rational Choice-Ansatzes und der Spieltheorie umfasst versicherungstheoretische Untersuchungen, Analysen des Anlageverhaltens auf Finanzmärkten und Analysen des Risikoverhaltens ebenso wie Untersuchungen der Preisbildung.[41] Ein bekanntes Beispiel für ein experimentelles Design in der Sozialpsychologie ist das Milgram-Experiment, mit dem die Bereitschaft getestet wurde, ob und in welchem Ausmaß Versuchspersonen autoritären Anweisungen, unbekannte Personen mittels Elektroschocks zu „bestrafen", auch dann Folge leisten, wenn diese im Widerspruch mit dem persönlichen Gewissen stehen.[42]

Ein Beispiel aus der Marktforschung zeigt, dass die Verwendung des experimentellen Designs in der Marktforschung auch technisch sehr aufwändig sein kann. Im Unterschied zum klassischen Laborexperiment muss der zu untersuchende Gegenstand nicht immer aus seinem natürlichen Kontext herausgelöst werden.[43]

> Beispiel: Die Untersuchung der Wirksamkeit von Werbung ist ein zentrales Thema in der Marktforschung. Das Marktforschungsunternehmen GfK betreibt zu diesem Zweck reale Testmärkte. In Experimentalhaushalten (n = 2500) werden, durch entsprechende technische Vorkehrungen ermöglicht, die regulär laufenden Werbespots durch spezielle Testwerbespots überstrahlt, in der Gruppe der Vergleichshaushalte (n = 1000) werden die normalen Spots gesendet. Beide Gruppen, die das Randomisierungskriterium eines sonst gleichartigen Konsumverhaltens aufweisen, legen bei ihren Einkäufen spezielle Identifikationskarten vor. Dadurch kann das Kaufverhalten beider Gruppen erfasst und im Sinne eines Ursache-Wirkungsverhältnisses interpretiert werden: Greift die Experimentalgruppe tatsächlich verstärkt zu den in den speziellen Spots beworbenen Produkten, während die Vergleichsgruppe (normale Spots) dies nicht tut, kann auf die Wirkung des Testwerbespots als unabhängige Variable bzw. Treatment geschlossen werden (vorausgesetzt, alle Störvariablen wurden kontrolliert).

Eine Stärke des experimentellen Designs liegt in den Möglichkeiten, Störfaktoren zu eliminieren, was wiederum seine Validität erhöht. Welche Faktoren können grundsätzlich „störend" wirken?[44]

- Zum einen können während des Experiments Ereignisse eintreten, die zusätzlich zum Stimulus die AV beeinflussen könnten. Diese „Zeiteinflüsse" (engl. *history* genannt) können in unserem Beispiel der Prüfung der Medikamentenwirksamkeit in einer Veränderung der Ernährungsgewohnheiten liegen. Die Wirkung eines Blutdruck senkenden Medikaments ist nicht mehr eindeutig feststellbar, wenn die Untersuchungspersonen während der Testphase ihre Ernährungs- und Konsumgewohnheiten verändern, von denen bekannt ist, dass sie zur Senkung des Blutdrucks beitragen (z.B. körperliche Bewegung, Gewichtsreduktion, etc.).

---

41 Z.B. Selten 1998, Rothschild/Stiglitz 1976
42 Milgram 1974
43 Vgl. Häder 2006: 346; einige nicht ganz vollständige Ausführungen zur Versuchsanordnung bietet auch die Website des Marktforschungsunternehmens: http://www.gfk.com/group/services/instruments_and_services/contact_dates/00141/index.de.html (05.03.2010)
44 Ebenda, 217ff.

- Die Untersuchungspersonen können „reifen" (engl. *maturation* bzw. *decay*). So können die Wirkungen der UV durch „intrapersonale" Prozesse bedingt sein, z.B. durch autogenes Training zur Verminderung des Stresserlebens, was wiederum Blutdruck senkend wirken kann.

- Auch Messeffekte (engl. *testing*) stören das Ergebnis. Die bei der Vorher-Nachher-Messung festgestellte Wirkung der experimentellen Veränderung könnte in Wirklichkeit eine Auswirkung des ersten Messvorgangs sein. Diese Beobachtung wird vor allem bei Intelligenztests gemacht, wenn in Pretest und Posttest mit dem gleichen Test gemessen wird: Die Probanden lernen in der Zwischenzeit aus den Aufgabenstellungen des ersten Tests und damit steigt die Wahrscheinlichkeit, bei der Posttest-Messung die eigenen Resultate zu verbessern. Auch die Veränderung von Messinstrumenten können derartige Wirkungen hervorrufen.

- Weiters können verzerrte Auswahlen (*engl. selection*) und Ausfälle (*engl. mortality*) eine Rolle spielen. Experimentalgruppe und Kontrollgruppe können sich auch durch bestimmte Merkmale unterscheiden, die ebenfalls die AV beeinflussen. So können in der Experimentalgruppe für Bluthochdruck anfällige Risikogruppen stärker vertreten sein als in der Kontrollgruppe. Auf diese Weise würde die verzerrte Auswahl auch die Resultate des Experiments beeinflussen. Im Sinne der Mortalität können UntersuchungsteilnehmerInnen die Teilnahme am Experiment abbrechen. Auch hier können Verzerrungen entstehen, wenn dies bei bestimmten Gruppen gehäuft auftritt.

- Darüber hinaus können natürlich alle Faktoren das Ergebnis beeinflussen, die auf Seite der Versuchsleitung oder der Probanden liegen. So können UntersuchungsteilnehmerInnen ihr Verhalten während des Experiments verändern, wenn sie vom experimentellen Setting ahnen (Hawthorne-Effekt). Aus diesem Grund werden - vor allem in der medizinischen Forschung - sehr oft sog. Blind-Double-blind-Experiments durchgeführt. Bei diesen wissen weder VersuchsleiterIn noch VersuchsteilnehmerInnen, wer das Placebo und wer den Wirkstoff bekommt. Allgemein werden Blind-Double-blind-Versuche als die verlässlichste und objektivste Methode mit der höchsten Aussagefähigkeit betrachtet, weil sie die geringste Anfälligkeit für Verzerrungen (*bias*) durch eine der beiden Seiten haben.[45]

Die hier aufgelisteten Faktoren können die *interne Validität* (auch „interne Gültigkeit" genannt) eines Experiments verletzen, weil damit das Treatment (bzw. die UV) nicht mehr alleine und eindeutig für die Variation der AV verantwortlich wäre. Ist das der Fall, ist auch die Verallgemeinerbarkeit der Ergebnisse nicht gesichert: Es könnte nicht angenommen werden, dass die Effekte nur auf die UV (bzw. das treatment) zurückgeführt werden könnte. Interne Validität ist hingegen gegeben, wenn - ohne zusätzlichen Einfluss von Störfaktoren - ausschließlich das Treatment für die Variation der AV verantwortlich ist. Eine Verletzung der internen Validität ist auch gegeben, wenn Treatment und Störfaktoren gemeinsam für die Wirkung auf die AV verantwortlich sind. Diese Kombination wird „Konfundierung" der Effekte genannt.

Darüber hinaus sind Faktoren der *äußeren Validität* zu berücksichtigen. Diese Effekte können in *reaktiven Effekten* des Messens bestehen, z.B. wenn Personen durch kurzfristige Änderung der Ernährungsgewohnheiten unmittelbar vor einem Test ein etwas besseres Ergebnis erzielen wollen. Darüber hinaus gibt es auch *reaktive Effekte der experimentellen Situation*: Für manche Untersuchungsteil-

---

45 Kleist 2006

nehmerInnen kann eine Erhebungs- oder Messsituation selbst Stress auslösend wirken.

Es sind noch zwei wichtige Fragen zu klären: Wie kann die „Randomisierung“ vorgenommen werden? Wie wird die Wirkung des Treatments statistisch festgestellt und interpretiert?

Techniken der Bildung von Kontrollgruppen

Für die Bildung von Kontrollgruppen stehen zwei Techniken zur Verfügung: Randomisierung und Matching (zum Matching s. S. 36).[46] Die *Randomisierung* (engl. *randomization, random assignment*[47]) ist die gebräuchlichste Technik und in der Praxis gut durchführbar. Nehmen wir an, für den Test der Medikamentenwirksamkeit stehen 200 PatientInnen als UntersuchungsteilnehmerInnen zur Verfügung. Aus diesen 200 UntersuchungsteilnehmerInnen müssen je 100 zur Experimentalgruppe und zur Vergleichsgruppe zugeordnet werden. Es ist nicht erforderlich, dass diese beiden Gruppen identische Merkmale aufweisen. Entscheidend ist, dass jede Versuchsperson die gleiche Chance hat, einer der beiden Gruppen zugewiesen zu werden und dadurch die Merkmale statistisch vergleichbar sind. Jedoch können die Versuchspersonen nach bestimmten Merkmalen, die für den Ausgang des Experiments bedeutsam sind, vorgruppiert bzw. geschichtet werden, z.B. nach Alter, Geschlecht und Bildung. Im Fall der Schichtung werden *danach* aus jeder Schicht mittels Zufallsverfahren Personen einer Gruppe zugeordnet. Praktisch kann folgendermaßen vorgegangen werden: Die Personen werden fortlaufend nummeriert, die ungeraden Nummern kommen in die Experimentalgruppe, die geraden Nummern in die Vergleichsgruppe; im Falle der Schichtung kann mit der gleichen Methode innerhalb jeder Schicht vorgegangen werden.[48]

Interpretation

Auf welchen Zahlen beruht die Interpretation der Resultate eines Experiments? Die Wirkung des Treatments wird natürlich durch eine genaue Messung, in unserem Beispiel eben des Blutdrucks, festgestellt. Für die Beurteilung, ob das Treatment wirkt, werden in der Regel arithmetische Mittelwerte verwendet. Zunächst werden die Werte aller Versuchspersonen gemessen und daraus für die Experimentalgruppe und die Vergleichsgruppe die Mittelwerte errechnet. Liegt zwischen den Mittelwerten keine Differenz vor (und unter der Voraussetzung, dass das Experiment korrekt durchgeführt wurde), muss davon ausgegangen werden, dass das Medikament wirkungslos ist. Ist der Mittelwert der Experimentalgruppe niedriger und der Mittelwert der Vergleichsgruppe höher, kann eine Wirkung des Medikaments angenommen werden. Die Interpretation dieser Mittelwertdifferenzen steht in direktem Zusammenhang mit der in der Ausgangshypothese formulierten Kausalbeziehung: Aus der Differenz der Mittelwerte schließen wir, ob die in der Ausgangshypothese formulierte Kausalbeziehung vorliegt oder nicht. Voraussetzung ist natürlich, dass diese Mittelwertdifferenzen statistisch signifikant sind, dass also mit hoher Wahrscheinlichkeit ein Zusammenhang zwischen zwei Variablen besteht.

---

46 Vgl. Schnell/Hill/Esser 2008: 222ff.

47 Achtung: „Randomisierung“ in der experimentellen Versuchsanordnung bedeutet nicht dasselbe wie „Zufallsauswahl“ (*engl. random sample, random selection*) in der Stichprobenziehung. Bei der Randomisierung erfolgt eine *Zuweisung* von UntersuchungsteilnehmerInnen zu Gruppen, bei der Zufallsauswahl eine *Auswahl* einer Teilmenge von Untersuchungspersonen aus einer Grundgesamtheit. Vgl. Abschnitt 5 „Auswahlverfahren“).

48 Genauso könnten die zufällige Zuweisung dadurch vorgenommen werden, dass die VersuchsteilnehmerInnen Zettelchen, von denen 100 den Buchstaben E für Experimentalgruppe und 100 den Buchstaben V für Vergleichsgruppe tragen, aus einer Lostrommel ziehen.

3.2.2. Das Quasi-Experiment

Die wesentlichen Unterschiede zwischen einem echten Experiment und einem Quasi-Experiment bestehen vorrangig in zwei Punkten: Zum einen fehlt beim Quasi-Experiment die Randomisierung, also die zufällige Aufteilung von Versuchspersonen in Vergleichsgruppen; zum anderen ist es nicht immer möglich, einen Posttest (Vorher-Messung) durchzuführen.

Somit *orientieren* sich Quasi-Experimente zwar an der Logik des Experiments, sie weisen aber *faktisch* nicht alle entsprechenden Voraussetzungen auf. Derartige Konstellationen sind besonders häufig in der Evaluationsforschung anzutreffen. Evaluationsforschung ist nicht auf spezifische Themen begrenzt, sondern bezeichnet alle wissenschaftlichen Verfahren, mit denen die Wirksamkeit von Maßnahmen auf der Grundlage empirischer Informationen *bewertet* werden soll. Dazu zählen beispielsweise die Bewertung der Wirksamkeit von Maßnahmen zur Unfallvermeidung, von Maßnahmen zur Gesundheitsprävention in Unternehmen, von politischen Reformen oder sozialen Maßnahmen zur Verbesserung der sozialen Situation von bestimmten Bevölkerungsgruppen. Solche Maßnahmen werden in der Fachliteratur auch zusammenfassend als „Programme" bezeichnet.[49]

Entscheidendes Merkmal der Evaluationsforschung ist es, dass die Maßnahme bzw. das Programm Handlungen im Sinne einer verursachenden Variablen (UV) darstellen, mit denen bestimmte Ziele bzw. Effekte beabsichtigt werden. Evaluierung setzt die zu evaluierenden Handlungen und die beabsichtigten Ziele methodisch kontrolliert miteinander in Beziehung und bewertet die Handlungen im Hinblick darauf, ob durch sie die definierten Ziele auch tatsächlich erreicht werden, also, ob sie - gemessen an einem bestimmten Maßstab - erfolgreich sind. Es liegt also eine bestimmte Logik der Bewertung in Form einer Kausalbeziehung vor[50] (s. Abb. 10):

---

49 Einen sehr guten ersten Einblick in die mannigfaltigen Einsatzbereiche der Evaluationsforschung, wissenschaftlichen Standards und unterschiedliche Verfahren der Evaluationsforschung bietet die Website der Deutschen Gesellschaft für Evaluierung e.V.: www.degeval.de (30.07.2009).

50 Diese Definitionskriterien ermöglichen es auch, Evaluierungen im wissenschaftlichen Sinn vom alltäglichen Verständnis des Ausdrucks „Evaluierung" abzugrenzen. Bei diversen „Checklisten" zur „Evaluierung" des Energieverbrauchs von Häusern, der Ergonomie von Arbeitsplätzen oder der Arbeitszufriedenheit in Unternehmen handelt es sich nicht um Evaluierungen, weil sie meist deskriptiven Charakter besitzen und eine Ursachen-Wirkungs-Konstellation als Gegenstand der Bewertung nicht vorliegt. Eine sehr kompakte Darstellung des Begriffs „Evaluation" und der grundlegenden Verfahrensweisen der Evaluationsforschung bietet Kromrey 2001.

Abb. 10: Schema der Evaluationsforschung

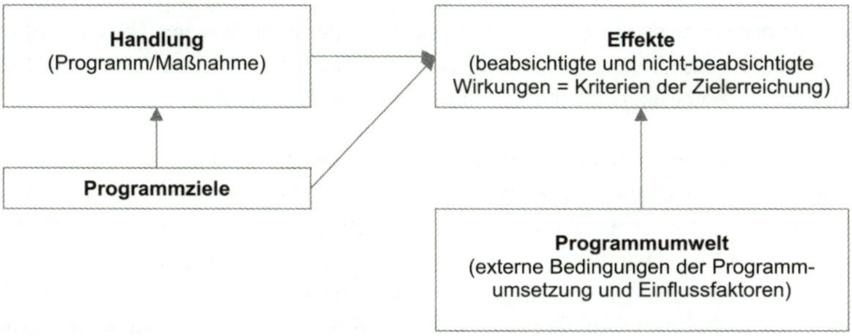

Quelle: In Anlehnung an Kromrey 2001: 116

Betrachten wir einige Herausforderungen der Evaluationsforschung an einem konkreten Beispiel.

> Beispiel: In der Arbeitsmarktpolitik wird versucht, durch spezielle Qualifizierung von arbeitslosen Personen deren Chancen für die Wiedererlangung eines Arbeitsplatzes zu erhöhen. Um die Wirksamkeit dieser Programme zu bewerten, werden häufig Evaluierungen in Auftrag gegeben.[51]
>
> Um die Frage, ob durch ein Schulungsprogramm die Beschäftigungschancen von SchulungsteilnehmerInnen erhöht werden, mit Sicherheit beantworten zu können, ist es nicht ausreichend, wenn wir dabei nur die SchulungsteilnehmerInnen und ihre Entwicklung nach Beendigung der Schulung betrachten. Auf den ersten Blick könnte es als Erfolg bewertet werden, wenn beispielsweise drei Monate nach Schulungsende 70% der TeilnehmerInnen einen Arbeitsplatz gefunden haben, was durch empirische Forschung relativ leicht herausgefunden werden könnte. Jedoch haben wir in diesem Fall noch keine Kriterien, die es uns erlauben, diese Quote als „Effekt" der Schulungsteilnahme und als zufrieden stellenden Wert im Sinne eines „Erfolgs" zu bewerten. Was fehlt, ist eine systematische Vergleichsmöglichkeit.
>
> Diesen Fragestellungen entsprechend wurden in einer Studie die Arbeitslosen der Jahre 1993 und 1995 im Bundesland Steiermark einer Gruppe von SchulungsteilnehmerInnen (n = 4997) und einer Gruppe ohne SchulungsteilnehmerInnen (n = 2500) zugewiesen. Die Daten erlaubten einen systematischen Vergleich der Beschäftigungsverhältnisse beider Gruppen vor und nach dem Zeitpunkt der Schulungsteilnahme der „Experimentalgruppe" und, Eliminierung von Störfaktoren vorausgesetzt, die Beantwortung der Frage, ob die Teilnahme an Schulungsmaßnahmen höhere Chancen auf Erlangung eines Arbeitsplatzes bewirkt.[52]

Im Unterschied zum klassischen Experiment zum Quasi-Experiment beruht das Zustandekommen von Vergleichsgruppen im Quasi-Experiment nicht auf dem Verfahren der Randomisierung: Die Vergleichsgruppen werden nicht durch Losentscheid oder ein anderes Zufallsverfahren ausgewählt; vielmehr sind Arbeitslose mit und ohne Schulungsteilnahme bereits gegeben. In Fall unseres Beispiels ist die logische Struktur des Quasi-Experiments identisch mit der des Experiments, weil auch das interessierende Merkmal „Liegt Arbeitslosigkeit vor: ja/nein" sowohl vor als auch nach dem Treatment erfasst werden kann.

---

[51] Einsicht in eine Vielzahl von Evaluationsstudien im arbeitsmarktpolitischen Bereich bietet das Forschungsnetzwerk des AMS – Arbeitsmarktservice Österreich, www.ams-forschungsnetzwerk.at (10.08.2009).

[52] Zilian et al. 1999

Bezogen auf das Beispiel könnte im Zuge der Evaluierung festgestellt werden, dass die Beschäftigungschance der „Experimentalgruppe“ (mit Schulungsteilnahme) tatsächlich größer ist als die der Vergleichsgruppe. Es müsste also der Beschäftigungszuwachs O_2 - O_1 in der Experimentalgruppe deutlich größer sein als der Zuwachs O_4 - O_3 in der Vergleichsgruppe. Kann in einem solchen Fall davon ausgegangen werden, dass die Schulungsteilnahme im Sinne eines Kausaleffekts tatsächlich höhere Beschäftigungschancen bewirkt? Die Antwort lautet: Nicht mit Sicherheit. Warum?

Ein wesentlicher Grund für die Unsicherheit liegt darin, dass auch andere Faktoren die Vergleichbarkeit der Gruppen beeinträchtigen können. Es könnte z.B. die persönliche Motivation zur Teilnahme an Schulungsmaßnahmen ein Faktor für die Zuweisung zu einer Schulungsmaßnahme sein (z.B. aufgrund entsprechender psychologischer Tests). In diesem Fall wären die SchulungsteilnehmerInnen auch die motivierteren Personen und die Erlangung eines Arbeitsplatzes könnte auch auf stärkere Motivation zurückgeführt werden. Auch könnte der Fall eintreten, dass motiviertere Personen die Schulungsteilnahme eher abbrechen, weil sie einen Arbeitsplatz gefunden haben. Im ersten Fall würde der Einfluss der Drittvariablen „Motivation“ eine *Nichtvergleichbarkeit von Gruppen* erzeugen; im Fall des Schulungsabbruchs läge ein *systematischer Ausfall* von Untersuchungspersonen vor (mortality). In beiden Fällen würden Verzerrungseffekte durch eine Drittvariable auftreten. Die Schwierigkeit der Drittvariablenkontrolle ist das „zentrale Problem“[53] bei quasi-experimentellen Designs (und auch bei nicht-experimentellen Designs).

Wie kann man mit diesem Problem in der Forschungspraxis umgehen? In der Praxis wird mittels zweier Verfahren versucht, das Problem der Drittvariablenkontrolle zu mildern: (1) durch Matching der Vergleichsgruppe, (2) durch nachträgliche Kontrolle von Drittvariablen mit multivariaten statistischen Verfahren.[54]

Die Logik des *Matching* besteht darin, im Sinne einer Parallelisierung mit einer Ausnahme möglichst identische Vergleichsgruppen zu bilden: Bis auf das interessierende Merkmal, das den Unterschied ausmacht (Schulungsteilnahme ja/nein) würde eine möglichst große Gleichheit anderer Merkmalsausprägungen der beiden Versuchsgruppen die Sicherheit erhöhen, dass eventuelle Effekte ausschließlich auf das interessierende Merkmal (das Treatment) zurückgeführt werden können. Deshalb werden - in Bezug auf die relevanten Merkmalsausprägungen - Personenpaare mit gleichen Merkmalsausprägungen („matched pairs“ bzw. „passende Paare“) gebildet und je eine Person des betreffenden Paares der Experimental- und eine der Vergleichsgruppe zugeordnet: Jeder Person in der Maßnahmengruppe wird beispielsweise bezüglich der Kriterien Alter, Geschlecht, Motivation (sofern vorher messbar) exakt ein „Zwilling“ in der Vergleichsgruppe zugeordnet. Aufgrund dieser exakten Zuordnung wird das paarweise Matching auch „Präzisionskontrolle“ genannt. Auf diese Weise können die beim Matching erfassten Merkmalsausprägungen „konstant“ gehalten werden, wie es in der Sprache der Methodik heißt, und potenzielle Verzerrungseffekte neutralisiert werden.[55] Eine korrekte Durchführung des Matchings von statistischen „Zwillingspaaren“ erfordert die Auswahl von geeigneten Variablen, die einen Einfluss auf die abhängige Variable haben können, weiters die Auswahl eines geeigneten Suchverfahrens nach „Zwillingen“ und die Auswahl eines Verfahrens zur Berechnung der

53 Diekmann 2008: 356.
54 Ebenda: 359.
55 Matching-Verfahren sind in der empirischen Sozialforschung eher gering verbreitet. Als Grund dafür wird auch das Fehlen entsprechender Module in Statistik-Programmen gesehen.

Ähnlichkeit der Paare bezüglich der relevanten Merkmalsausprägungen.[56]

Bei jeder Matching-Technik bleibt das grundlegende Problem bestehen, dass möglicherweise nicht alle potenziellen „Drittvariablen" bekannt sind oder erfasst werden können und somit eine Verzerrung ausüben können. Für die Bereinigung möglicher Verzerrungseffekte durch nicht bekannte oder erfasste Drittvariable müssen daher nachträglich im Zuge der Datenauswertung bestimmte Verfahren der multivariaten Statistik herangezogen werden (➔ Abschnitt 8.5).

3.3. Ex-post-facto-Designs

3.3.1. Quer- und Längsschnittstudien

Je näher wir den gebräuchlichsten Forschungsdesigns in der empirischen Sozialforschung kommen, desto weiter entfernen wir uns vom Ideal der Hypothesen prüfenden Verfahren. Die Voraussetzungen für die Durchführung von (Quasi-)Experimenten sind bei fast allen „Befragungen" in der Umfrageforschung nicht gegeben. Daher hat sich für Ex-post-facto-Forschungsdesigns auch der etwas missverständliche Begriff „Survey-Design" eingebürgert, obwohl Ex-post-facto-Designs nicht ausschließlich auf Befragungsdaten beruhen müssen, sondern auch auf prozessproduzierten Daten[57] aufbauen können.

Die wichtigsten Typen der Ex-post-facto-Designs sind Querschnitt- und Längsschnittstudien. Reicht es für die eigenen Forschungszwecke aus, die interessierenden Merkmale zu einem einmaligen Zeitpunkt zu erheben, wählen wir ein *Querschnitt*design. Im Englischen hat sich dafür der Ausdruck „One-shot survey design" etabliert. Die Datenerhebung findet zu einem Zeitpunkt bzw. innerhalb einer relativ kurzen Zeitspanne statt und bildet den aktuellen Zustand der Untersuchungsobjekte (z.B. die Meinungen der Befragten zu einem bestimmten Thema) quasi als fotographische Momentaufnahme ab. Methodologisch ist das Querschnittdesign (im Unterschied zu experimentellen Designs) somit dadurch gekennzeichnet, dass (natürlich auch mehrere) UV und AV zum selben Zeitpunkt erfasst werden:

---

[56] Ein weiteres Matching-Verfahren ist die Technik der parallelisierten Gruppen (matched groups). Es wird dabei nicht die Bildung von matched pairs vorausgesetzt, sondern lediglich verlangt, dass die Häufigkeitsverteilungen der parallelisierten Merkmale in den Vergleichsgruppen identisch sein müssen. In unserem Beispiel würde das bedeuten, dass in der Maßnahmengruppe und in der Vergleichsgruppe die Anteile (Prozentsätze) der Geschlechtergruppen, Altersgruppen etc. gleich sein müssen. Allerdings erlaubt das Gruppenmatching weniger Kontrolle als die Technik der „matched pairs". Die Durchführung von statistischem Matching ist ein komplexer Prozess, der einige statistische Erfahrung benötigt. Für weitere Informationen siehe Bacher 2002.

[57] Prozessproduzierte Daten sind solche, die nicht bewusst für Forschungszwecke produziert, aber häufig für analytische Zwecke herangezogen werden. Beispiele für solche, sehr oft von öffentlichen Stellen produzierte Daten sind die Statistiken des Arbeitsmarktservice Österreich, die Hochschulstatistik des Bundesministeriums für Wissenschaft und Forschung, Gesundheitsstatistiken und viele andere.

Abb. 11: Schemata von Quer-, Panel- und Trenddesigns

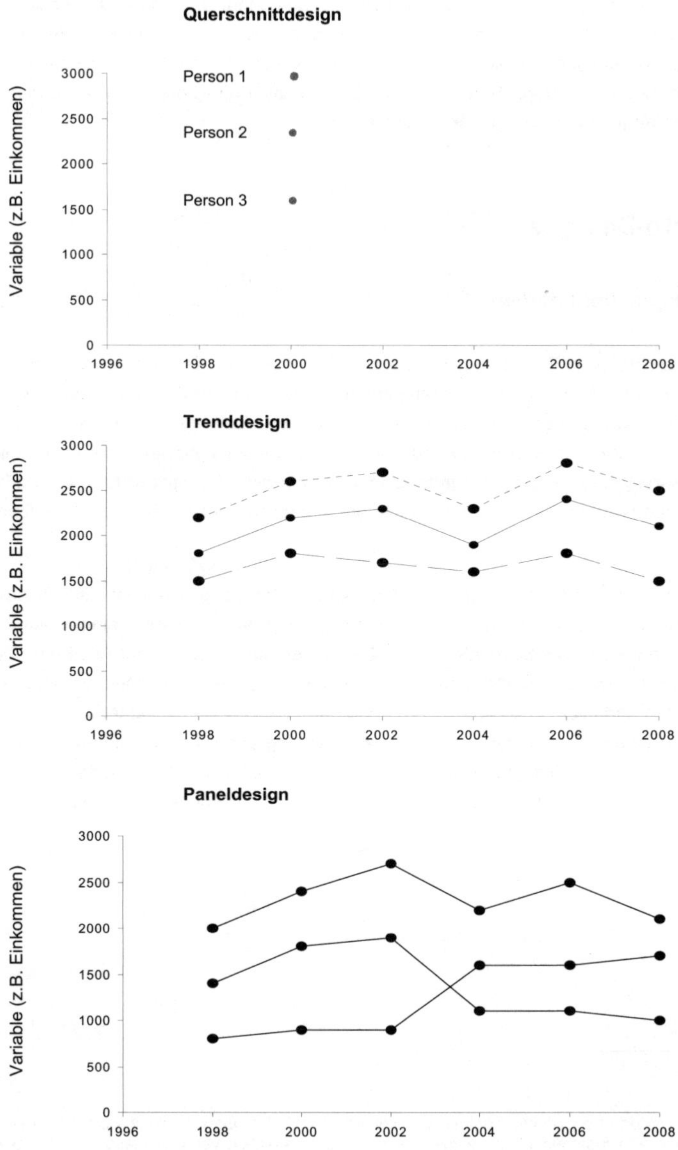

Quelle: in Anlehnung an Diekmann 2008: 305f

Ist eine wiederholte Erhebung der interessierenden Merkmale, also zu mehreren Zeitpunkten, erforderlich, verwenden wir ein *Längsschnitt*design. Das ist dann der Fall, wenn zeitbezogene Hypothesen formuliert wurden, die Aussagen über soziale Prozesse, also Veränderungen, enthalten. Die Längsschnittanalyse kann wiederum unterschieden werden in die *Panel-Analyse*, die dann gewählt wird, wenn die *gleichen* Untersuchungseinheiten (z.B. Personen, Haushalte, Organisationen) wiederholt befragt werden sollen, und in die *Trendanalyse*, bei welcher die Untersuchung an unterschiedlichen Stichproben zu verschiedenen Zeitpunkten durchgeführt wird.

Ein bekanntes Beispiel für ein Panel-Design ist das seit 1984 jährlich durchgeführte Sozio-Ökonomische Panel (SOEP) Deutschland[58]. Die Erhebungen umfassen Kernthemen wie z.B. Erwerbsbeteiligung und beruf-liche Mobilität, Einkommensverläufe, Haushaltszusammensetzung und Wohnsituation sowie gesellschaftliche Partizipation und Zeitverwendung. Darüber hinaus werden jährlich Erhebungen zu Sonderthemen wie z.B. soziale Sicherheit, Energie- und Umweltverhalten durchgeführt. Die Stichprobe umfasste im Jahr 2007 rund 12.000 Haushalte mit 22.000 befragten Personen.[59]

Auch die jährlichen Mikrozensus-Erhebungen können dem Paneldesign zugeordnet werden. In Österreich werden im Rahmen des Mikrozensus jährlich rund 22.500 zufällig ausgewählte Haushalte zu den Schwerpunktthemen „Erwerbstätigkeit“ und „Wohnen“ befragt. Ein systematischer Austausch der Untersuchungseinheiten erfolgt nach fünfmaliger Befragung eines Haushalts.[60]

In der Marktforschung werden bei *Verbraucherpanels* sehr unterschiedliche, zum Teil technisch sehr aufwändige Erhebungsmethoden eingesetzt. Dazu zählen beispielsweise der Point of Sale-Scanner (POS-Scanner), bei dem jeder Panelhaushalt bei einem Einkauf eine Identifikationskarte über den Scanner zieht, sodass Informationen über Art, Menge und Preis der gekauften Waren an das Marktforschungsinstitut übertragen werden können. Eine alternative Methode ist das „Inhome-Scanning“, bei der die Testpersonen die Informationen selbständig mit einem Handscanner einlesen und die Daten dann per Internet übertragen werden.[61]

Panel-Studien weisen besondere Problemstellungen auf, zu den wichtigsten zählen:[62]

- *Konstanz der Messinstrumente*: Verändert sich die Bedeutung und das Verständnis von Begriffen im Zeitverlauf, kann der Fall eintreten, dass dieselbe Fragestellung bei nachfolgenden Erhebungen nicht mehr exakt dasselbe misst wie in der Vergangenheit. Auch die Verbesserung von Messinstrumenten übt einen gewissen „Druck“ in Richtung Veränderung aus.
- *Panelmortalität*: Dieser Begriff bezeichnet die Nicht-Teilnahme oder das Ausscheiden von Befragungspersonen aus dem Panel (z.B. durch Umzug, Krankheit, Tod etc.). Dadurch wird die Anzahl der aktiv an den Erhebungen teilnehmenden Befragungspersonen, die so genannte „durchgehende Masse“ im Panel immer kleiner und es kann zu Verzerrungen kommen, weil die Ausgeschiedenen sich in bestimmten Merkmalen von der durchgehenden Masse unterscheiden können. Daher ist die Ausfallsrate durch Panelpflege gering zu halten und eine ausreichend große Stichprobe bereits ab der ersten Befragungswelle sicherzustellen.

---

58 Das durchführende Institut DIW – Deutsches Institut für Wirtschaftsforschung, Berlin, bietet online ausführliche Informationen zum SOEP: http://www.diw.de/deutsch/soep/29004.html (30.07.2009).

59 Einen Überblick über die Entwicklung des SOEP-Panels 1984-2007 bieten Kroh/Spieß 2008.

60 Vgl. dazu die Informationen auf der Website der Statistik Austria, http://www.statistik.at/web_de/frageboegen/private_haushalte/mikrozensus/index.html#index4 (30.07.2009).

61 Zur praktischen Gestaltung von Paneldesigns in der Marktforschung siehe Berekoven et al. 2006, S. 127ff.

62 Einen detaillierteren Einblick in die Besonderheiten von Längsschnittstudien, dargestellt an konkreten Beispielen und mit Hinweisen zur Organisation von Paneldesigns versehen, bietet Häder 2006, S. 116-124 und S. 290-297.

- *Paneleffekt*: Die wiederholte Befragung kann die Einstellungen und das Befragungsverhalten der „Untersuchungsobjekte" verändern oder festigen, diese wären in diesem Fall ein Effekt der Messung.

Auch beim *Trenddesign* werden die interessierenden Merkmale zu mehreren Zeitpunkten mit den gleichen Instrumenten erhoben, im Unterschied zum Paneldesign erfolgt die Erhebung jedoch an unterschiedlichen Stichproben (z.B. unterschiedliche Bevölkerungsgruppen). Gegenüber dem Panel-Design hat die Trendstudie daher den Nachteil, die Veränderungen nicht über die Zeit hinweg an einzelnen, identischen Personen festmachen zu können, es können nur die Veränderungen zwischen den Gesamtheiten der unterschiedlichen Befragungsgruppen, also auf der Aggregatebene, festgestellt werden. Auch die große Zahl an Störfaktoren kann den Vergleich der Ergebnisse der unterschiedlichen Aggregate stören.[63] Allerdings hat das Trenddesign beträchtliche ökonomische Vorteile, da die Organisation von Panelstudien sehr kostenintensiv ist.

Ein Beispiel für ein Trenddesign ist die in Deutschland seit 1980 im Abstand von zwei Jahren durchgeführte „Allgemeine Bevölkerungsumfrage der Sozialwissenschaften" (ALLBUS). Das ALLBUS-Design ist als Mehrthemen-Befragung konzipiert und umfasst pro Erhebungswelle ein bis zwei Themenschwerpunkte (wie z.B. abweichendes Verhalten, religiöse Orientierungen, Einstellungen zu sozialer Ungleichheit, politische Partizipation) mit einem Kern an festen Fragestellungen, der in jeder Welle an ca. 3.000 Personen wiederkehrend erhoben wird. Dieser Kern kann für Trendstudien genutzt werden. Bestimmte Schwerpunktthemen (z.B. zur Rolle der Frau in der Gesellschaft oder die Einstellung gegenüber AusländerInnen) werden in längeren Intervallen wiederkehrend erhoben (z.B. alle 6-7 Jahre); dadurch werden Aufschlüsse über soziale Wandlungsprozesse gewonnen.[64]

!	Wichtig ist die Unterscheidung zwischen „Daten" und „Design": Unter „Daten" verstehen wir die meist in codierter Form vorliegenden Merkmale unserer Untersuchungsobjekte (z.B. die Meinungen der Befragten). Das „Design" bezieht sich hingegen auf die Art der Auswahl der Befragungspersonen, die Art der Stichprobe und die Zeitpunkte der Erhebung.

Zwischen den drei Designtypen existiert auch eine Informationshierarchie: Panelerhebungen sind informativer als Trenderhebungen und diese wiederum informativer als Querschnitterhebungen.

---

63 Schnell/Hill/Esser 2008: 246

64 Informationen zur ALLBUS-Erhebung bietet die GESIS-Website: http://www.gesis.org/dienstleistungen/daten/umfragedaten/allbus/ (30.07.2009).

3.3.2. Methodologische Probleme

Bei Ex-post-facto-Designs ergeben sich drei beträchtliche methodologische Schwierigkeiten:

- Das Problem der Varianzkontrolle von unabhängigen Variablen
- Das Problem der kausalen Reihenfolge der Variablen
- Das Problem der Kontrolle von Drittvariablen.

Varianzkontrolle

Varianz der UV bedeutet, dass sich die Befragten in der Verteilung auf die Merkmalsausprägungen der UV unterscheiden. Da bei Ex-post-facto-Designs die Vergleichsgruppen erst nach der Datenerhebung gebildet werden können, ist auch die Varianz der interessierenden Merkmale erst im Nachhinein bekannt. Eine sinnvolle Interpretation setzt voraus, dass die Varianz tatsächlich Unterschiede aufweist. Denken wir an das Beispiel mit der Weiterbildungsstudie: Wenn nur wenige Frauen oder Männer in der Stichprobe vorhanden sind, dann ist ein Vergleich der Mittelwerte der Geschlechtergruppen z.B. über die Häufigkeit der Teilnahme an Weiterbildungsveranstaltungen möglicherweise wenig sinnvoll, weil keine oder zu geringe Unterschiede bestehen.

Auch wenn dies nicht gewünscht ist, muss man bei Befragungsprojekten mit solchen Daten rechnen. Daher ist es notwendig, dass bei Ex-post-facto-Anordnungen „die Varianz in den unabhängigen Merkmalen nach Möglichkeit maximiert"[65] wird. Wenn auf diesen Variablen in einem Survey-Design nur we-nige Befragungspersonen mit einer bestimmten Merkmalsausprägung vorhanden sind, kann kaum überprüft werden, „ob die unabhängige Variable systematisch mit den Ausprägungen der abhängigen Variablen korreliert".[66] Es muss also durch ein entsprechendes Forschungsdesign Vorkehrung getroffen werden, dass die erforderliche Variation erreicht wird. Dafür benötigt man in der Regel im Voraus Informationen über die Verteilung der unabhängigen Variablen in der Stichprobe und es muss ein entsprechendes Auswahlverfahren (➔ Kapitel 5) festgelegt werden. Häufig bieten dafür amtliche Statistiken oder die Ergebnisse bereits abgeschlossener Untersuchungen wichtige Erkenntnisse. Bei dem bereits erwähnten Beispiel der Weiterbildungsstudie wurde zu diesem Zweck unter anderem auf eine Erhebung der Statistik Austria zum Thema „Lebenslanges Lernen" zurückgegriffen, die Informationen über die geschlechtsspezifische Beteiligung an beruflicher Weiterbildung enthält.[67]

Kausale Reihenfolge von Variablen

Bei Ex-post-facto-Designs entsteht durch die gleichzeitige Erhebung bzw. Messung von UV und AV eine weitere Schwierigkeit: Es ist nicht klar, ob die in den Hypothesen als UV und AV formulierten Variablen tatsächlich in der vermuteten Richtung wirken. Ex-ante-Designs haben im Unterschied dazu den Vorteil der zeitlichen Differenz zwischen UV (Ursache, durch Treatment hergestellt) und AV (Wirkung). Ein Versuch, dieses Problem zu lösen, besteht darin, dass Variable erhoben werden, die sich auf einen früheren Zeitpunkt beziehen und mit Variablen kombiniert werden, die sich auf den Jetzt-Zeitpunkt beziehen. In der Weiterbildungsstudie wurde dieser Weg eingeschlagen, indem gezielt Variable zur Weiterbildungsbeteiligung in der Vergangenheit und Einstellung und Motivation zu Weiterbildung zum aktuellen Befragungszeitpunkt operationalisiert wurde. Allerdings sind „retrospektive"

---

65 Schnell/Hill/Esser 2008: 231
66 Ebenda, 232
67 Statistik Austria 2004

Fragen, die sich auf die Vergangenheit beziehen, nicht unproblematisch (➔ Abschnitt 7.3).

Die Gefahr bei Ex-post-facto-Designs besteht darin, eine bestimmte Kausalität zu unterstellen, die als solche nicht existiert. Falsche Interpretationen findet man nicht selten, weil die Neigung, Ursache-Wirkung-Verhältnisse „hineinzuinterpretieren", recht groß ist, während eigentlich „nur" ein Zusammenhang zwischen Variablen, aber keine Richtung des Zusammenhangs feststellbar ist. Betrachten wir dazu beispielhafte Fehlschlüsse:

> In TV-Diskussionen kann beobachtet werden, dass das Wahlverhalten einer bestimmten Bevölkerungsgruppe mit einem bestimmten Merkmal erklärt wird. Beispielsweise wird unter Verweis, dass in einem Bundesland 40% KatholikInnen und 40% ÖVP-WählerInnen gegeben sind, erklärt, dass KatholikInnen ÖVP-WählerInnen sind. Ein derartiger Kausalschluss ist nicht zulässig, weil sich diese Gruppen im Extremfall gar nicht überlappen müßten. Es könnte somit auch sein, dass kein/e einzige/r. Katholik/in ÖVP-WählerIn ist. Dieser Irrtum ist ein Beispiel für den weit verbreiteten sog. „ökologischen Fehlschluss", der dann vorliegt, wenn - auf der Basis von Aggregatdaten - von einer Kollektivhypothese fälschlicherweise auf eine Individualhypothese geschlossen wird.[68]
>
> Ein anderes Beispiel, wie es in dieser oder ähnlicher Form in Tageszeitungen oft zu lesen ist, zeigt die Problematik von Fehlschlüssen bei anderen Fragestellungen. So wird manchmal unter Hinweis auf die Entwicklung der Geburtenraten die Forderung nach Erhöhung von Studienplätzen gefordert. In Wirklichkeit müsste man hier eine Reihe von intervenierenden Variablen berücksichtigen (z.B. das konkrete Verhalten von Jugendlichen bei der Wahl von Bildungsangeboten, die Entwicklung der Arbeitsmarktchancen in bestimmten Fachgebieten etc.), um einen Fehlschluss zu vermeiden.

Es ist, wie auch diese Beispiele zeigen, Vorsicht geboten bei vorschnellen Schlussfolgerungen: Nicht immer ist die erste Interpretation auch die tatsächliche richtige und in vielen Fällen erweist sich ein Kausalargument bei näherer Betrachtung als nicht belegbare Unterstellung. Dies ist vor allem bei der statistischen Auswertung und der Interpretation von Daten zu bedenken (➔ Abschnitt 8.4).

Drittvariablenkontrolle

In diesem Zusammenhang stellt sich auch das Problem der Drittvariablenkontrolle. Das methodologische Ziel von Forschungsdesigns besteht ja darin, alternative Erklärungen auszuschließen. Andere Variablen als die in den Hypothesen enthaltenen sollten keine Erklärungskraft besitzen. Genau das kann aber aufgrund des Umstands, dass die Varianz bei Ex-post-facto-Designs vorab nicht kontrolliert werden kann, nicht ausgeschlossen werden. Es können also zusätzlich zur UV auch Drittvariable mit der AV korrelieren (zum Begriff der Korrelation ➔ Abschnitt 8.4.2.). Die Bedeutung von Drittvariablen kann drei Formen annehmen, die am Beispiel der Weiterbildungsstudie erläutert werden sollen.

> Bei der Weiterbildungsstudie interessierte auch, ob vergangene Weiterbildungsaktivitäten die aktuelle Einstellung zu Weiterbildung beeinflussen. Vermutet wurde, dass die Einstellung zu Weiterbildung umso positiver ist, je stärker die Weiterbildungsbeteiligung in der Vergangenheit war. Diese Hypothese lässt sich aus anderen Weiterbildungsstudien ableiten, die zum Ergebnis gekommen sind, dass Weiterbildung einen positiven Effekt auf das Selbstwertgefühl und das Wissen über die arbeitsplatzerhaltenden und karriereförderlichen Effekte von Weiterbildung und auf andere Einstellungen hat. Kurz: Je intensiver die Weiterbildungsbeteiligung in der Vergangenheit (X), desto positiver die Einstellung zu Weiterbildung (Y).

---

[68] Diekmann 2008: 134f.

Es musste allerdings auch damit gerechnet werden, dass andere Variable, z.B. die Familiensituation, Betreuungspflichten etc. einen Einfluss auf die Weiterbildungsbeteiligung haben können. Vor allem bei Frauen ist bekannt, dass die aus der Familiensituation resultierenden zeitlichen Bindungen eine ähnlich starke Weiterbildungsbeteiligung wie bei den Männern erschweren.

Somit muss der Einfluss der Drittvariablen „Betreuungspflichten“ (U), aber auch anderer Drittvariablen, z.B. des Geschlechts (W), im Sinne von *intervenierenden Variablen* interpretiert werden (Abb. 12).

Abb. 12: Intervenierende Variable

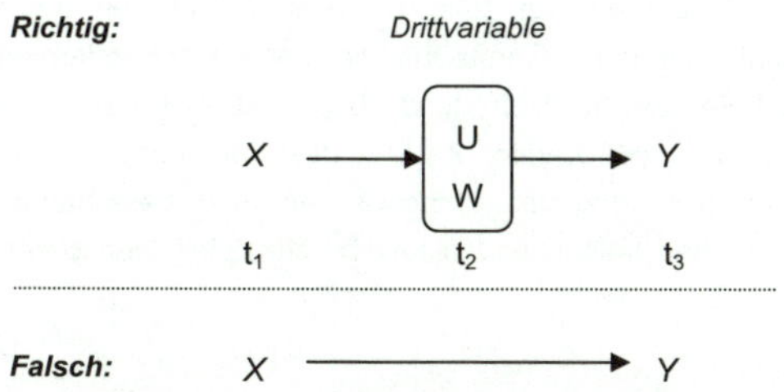

Quelle: In Anlehnung an Schnell/Hill/Esser 2008: 235

In diesem Fall würde der Zusammenhang zwischen Weiterbildungsbeteiligung (X) und Einstellung zur Weiterbildung (Y) durch die Variable „Betreuungspflichten“ (Z) erklärt und der Zusammenhang zwischen X und Y sich als „Scheinbeziehung“ („Scheinkorrelation“) darstellen. Würde man also feststellen, dass die Weiterbildungsbeteiligung die Einstellung zu Weiterbildung bestimmt, wäre dies im vorliegenden Fall falsch bzw. die Erklärung unvollständig, weil der Einfluss der Drittvariablen „Betreuungspflichten“ unberücksichtigt bliebe.

Eine zweite Variante der Scheinkorrelation kann darin bestehen, dass eine zeitlich vorausgehende Variable übersehen wird: Der Zusammenhang zwischen UV und AV wäre in Wirklichkeit eine Scheinkorrelation, weil der tatsächliche Einfluss der *antezedierenden Variable* unberücksichtigt bleibt. Beispielsweise könnte eine vorherige Motivation zur Weiterbildung durch Führungskräfte (Z) eine antezedierende Variable sein (Abb. 13).

Abb. 13: Antezedierende Variable Z

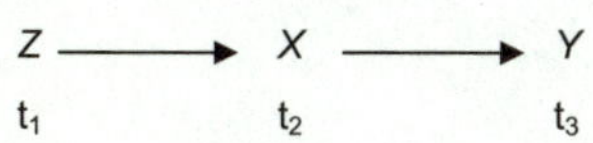

Quelle: Schnell/Hill/Esser 2008: 234

Es wäre in diesem Fall falsch, einen direkten Zusammenhang zwischen Weiterbildungsbeteiligung und Einstellung gegenüber Weiterbildung anzunehmen.

Die dritte Variante ist dadurch gekennzeichnet, dass eine „verdeckte Beziehung“ bzw. eine scheinbare Nicht-Korrelation vorliegt. So könnte etwa zwischen Weiterbildungsbeteiligung und Einstellung zu Weiterbildung auf den ersten Blick keine Korrelation herrschen, jedoch könnte eine Drittvariable „Weiterbildung von Freunden“ einen Zusammenhang *sichtbar* machen, etwa in dem Sinne, dass Personen mit vielen weiterbildungsaktiven Freunden selbst weiterbildungsaktiv sind und eine positive Einstellung zu Weiterbildung aufweisen. Derartige verdeckte Beziehungen können ebenfalls nur durch Drittvariablenkontrolle entdeckt werden.

Für die Kontrolle des Einflusses von Drittvariablen gibt es praktisch nur eine Lösung, nämlich, „ein Maximum der theoretisch sinnvollen Drittvariablen zu operationalisieren und zu erheben“[69]. Allerdings kann diese Vorgehensweise schnell zu einer großen Liste von Variablen und entsprechend umfangreichen Erhebungsinstrumenten führen. Dabei ist zu beachten, dass bei unterschiedlichen Befragungsarten (telefonisch, schriftlich, online, persönlich) eine bestimmte Interviewdauer nicht bedenkenlos überschritten werden sollte (➔ Abschnitt 6.1 Formen der Befragung). Daher ist es in der Praxis empfehlenswert, im Rahmen der Hypothesenbildung (➔ Kapitel 2.) und des Forschungsdesigns hauptsächlich jene Drittvariablen zu berücksichtigen, die sich stringent aus dem bestehenden Wissensstand im Rahmen der Literaturarbeit herleiten lassen und nicht alle prinzipiell „denkbaren“ Drittvariablen aufzunehmen.

!	Der Umgang mit Störfaktoren und Drittvariablenkontrolle beeinflusst maßgeblich die zentralen **Gütekriterien Objektivität, Reliabilität und Validität.** Diese Gütekriterien werden im Detail in Abschnitt 4.4.4. behandelt.

69 Schnell/Hill/Esser 2008: 236.

4. Konzeptspezifikation und Operationalisierung

4.1. Die Messung von abstrakten Begriffen

Welche Arbeitsschritte sind erforderlich, um von den formulierten Hypothesen zum fertigen Erhebungsinstrument zu kommen? Diese Phase des Forschungsprozesses umfasst die Arbeitsschritte *Konzeptspezifikation* und *Operationalisierung*. In manchen Lehrbüchern werden diese Arbeitsschritte auch unter dem einen oder dem anderen Begriff zusammengefasst.

!	Das Ziel der quantitativen empirischen Sozialforschung ist es, durch **Konzeptspezifikation** und **Operationalisierung abstrakte Begriffe** möglichst eindeutig erfassbar und ***messbar*** zu **machen**. Operationalisierung meint im Besonderen die genaue Angabe von Regeln zur genauen Messung der Merkmalsausprägungen von Variablen. Messen besteht somit in der „Zuordnung von Zahlen zu Objekten oder Ereignissen gemäß Regeln“[70].

Die Zuordnung von Zahlen zu Objekten könnte natürlich zufällig erfolgen. Allerdings würde eine Messung der Einkommenshöhe alles andere als korrekt sein, würden wir die Einkommenshöhe zufällig durch Würfeln ermitteln. Wenn in der empirischen Sozialforschung von „Messen“ gesprochen wird, dann erfolgt dies auf der Grundlage von *messtheoretischen Überlegungen* und durch Formulierung von *Regeln* des Messens.

Hypothesen enthalten fast immer theoretische, abstrakte Begriffe. In unserem Alltagsverständnis mögen die Bedeutungen solcher Begriffe auf den ersten Blick klar erscheinen. Insbesondere enthalten Theorien auch sog. „Konstrukte“ (z.B. Modernität, Xenophobie), das sind gedankliche, theoretische Sachverhalte, die nicht als solche existieren, sondern nur aus anderen, messbaren Sachverhalten (sog. Indikatoren) erschlossen werden können. Denken wir beispielsweise an Begriffe wie Modernisierung, Ethnozentrismus oder Arbeitszufriedenheit. In sozial- und wirtschaftswissenschaftlichen Theorien sind also viele verwendete Begriffe komplex, sie können mehrere unterschiedliche Bedeutungsdimensionen besitzen und, noch komplizierter, in der Regel nicht direkt erfassbar bzw. beobachtbar sein. Genau das ist jedoch eine Voraussetzung für ein wesentliches Ziel der quantitativen Sozialforschung: Die Ausprägungen der Merkmale von Personen (oder anderen Untersuchungsobjekten) mit standardisierten Mess- bzw. Erhebungsinstrumenten zu erfassen.

Bevor die mit Konstrukten bezeichneten Sachverhalte mit einem Erhebungsinstrument erfasst werden können, sind zwei Schritte notwendig:

1. Konkretisierung der Bedeutungsdimensionen von Begriffen
2. Definition der Messanweisungen für die konkretisierten Sachverhalte

---

70 Stevens 1975: 46f.

Im Mittelpunkt der Übersetzung von theoretischen Begriffen in konkrete Erhebungsinstrumente steht zunächst die Aufgabe, die konkreten Bezüge der theoretischen Begriffe zu realen Sachverhalten zu definieren. Bevor wir überhaupt messen können, müssen wir wissen, was überhaupt gemessen werden soll. Dieser Arbeitsschritt geht der eigentlichen Operationalisierung voraus und wird *Konzeptspezifikation* genannt.

4.2. Theoretische Begriffe, Variable und ihr empirischer Bezug

4.2.1. Konzeptspezifikation

Theoretische Begriffe wie „Motivation“, „Fremdenfeindlichkeit“ oder „Produktzufriedenheit“ sind zu abstrakt, als dass für ihre exakte Erfassung schon Messanweisungen formuliert werden könnten. Im Zuge der Konzeptspezifikation muss geklärt werden, auf welche Aspekte eines Untersuchungsgegenstands sich die verwendeten theoretischen Begriffe beziehen. Im Rahmen einer *dimensionalen Analyse*[71] müssen die unterschiedlichen Bedeutungs*dimensionen* eines Begriffs herausgearbeitet werden.

Ziel ist es, die dimensionale Analyse soweit voranzutreiben, dass „Unterdimensionen“ entstehen, die einen möglichst direkten Bezug zu einem beobachtbaren empirischen Sachverhalt aufweisen. Betrachten wir diesen Vorgang am Beispiel einer MitarbeiterInnenbefragung.

> Beispiel: Es soll im Rahmen einer MitarbeiterInnenbefragung die „Arbeitszufriedenheit“ im Unternehmen erfasst werden. Der theoretische Begriff (das Konstrukt) „Arbeitszufriedenheit“ ist alles andere als eindeutig, sondern, wie bereits ein kurzer Blick in die Literatur zum Thema zeigt, *mehrdimensional*. Nehmen wir folgende theoretische Definition, derzufolge unter Arbeitszufriedenheit "Gefühle und Einstellungen eines Beschäftigten gegenüber seiner Arbeit"[72] verstanden werden, die das Resultat eines „individuellen Vergleichs zwischen den eigenen Bedürfnissen und Erwartungen einerseits (=SOLL) und den Möglichkeiten ihrer Realisierung in der gegebenen Arbeitssituation andererseits (=IST)“ sind.[73] Das Konzept „Arbeitszufriedenheit“ weist dieser Definition zufolge unter anderem die folgenden Dimensionen auf: affektive Dimension, Einstellungsdimension, Bewertungsdimension, Soll- und Ist-Dimension.
>
> Konzentrieren wir uns nur auf die Einstellungsdimension. Zunächst ist zu konkretisieren, welche Unterdimensionen die Dimension „Einstellungen gegenüber Arbeit“ umfassen kann. Dazu können die Bewertungen gezählt werden, die MitarbeiterInnen in Bezug auf ihre konkrete Arbeitstätigkeit, die subjektiv wahrgenommene Arbeitssituation, die spezifischen Arbeitsbedingungen, die Zusammenarbeit mit KollegInnen und Vorgesetzten, das Arbeitsklima im Unternehmen und andere einstellungsrelevante Aspekte vornehmen. Wir sind somit einen Schritt weiter in der Analyse der Dimension „Einstellung gegenüber Arbeit“, weil die konkret beobachtbaren Sachverhalte bereits etwas deutlicher hervortreten.
>
> Nehmen wir wiederum eine Unterdimension, die „subjektiv wahrgenommene Arbeitssituation“ (SAW). Interessieren wir uns für die Bewertung der SAW aus Sicht der MitarbeiterInnen, dann müssen wir weiter konkretisieren, welche spezifischen Indikatoren die konkreten Ausprägungen der SAW erfassen. Solche Indikatoren können beispielsweise die Bewertung des individuellen Handlungsspielraums, des quanti-

---

71 Zetterberg 1973: 105 verwendet den Begriff in Zusammenhang mit deskriptiven Untersuchungen; Kromrey 2006 in Verbindung mit deskriptiven und hypothesenprüfenden Untersuchungen, Schnell/Hill/Esser 2008: 128f. vorwiegend für hypothesenprüfende Untersuchungen.

72 Weinert 2004: 245

73 Vgl. Ulich 2005: 139, in Anlehnung an das arbeitspsychologische Anspruchs-Regulations-Modell von Agnes Bruggemann.

tativen Arbeitsvolumens, der fachlichen Über- bzw. Unterforderung, des Ausmaßes der Unterstützung durch KollegInnen und Vorgesetzte oder der Arbeitsbelastung sein.[74] Damit sind wir schon recht nahe an konkret beobachtbaren Sachverhalten.

Entscheidend ist, dass im Zuge der Konzeptspezifikation die Mehrdimensionalität von abstrakten Begriffen durch Konkretisierung ihrer empirischen Bezüge auf möglichst konkret beobachtbare Sachverhalte überwunden wird. Ist dieser Punkt erreicht, kann überlegt werden, mit welchen Indikatoren diese Sachverhalte erfasst werden können. Dieser Prozess der dimensionalen Analyse kann je nach Fragestellung weit vorangetrieben werden. Das Ende der dimensionalen Analyse ist erreicht, wenn für den zu erfassenden Sachverhalt Indikatoren entwickelt werden können. So kann beispielsweise das quantitative Arbeitsvolumen mit dem Indikator „Bewertung des Verhältnisses von verfügbarer Arbeitszeit und zu verrichtenden Tätigkeiten" erfasst werden. Der Umfang der Tätigkeiten in Relation zur verfügbaren Zeit kann von MitarbeiterInnen als zu hoch, passend oder zu niedrig bewertet werden.

4.2.2. Typen von Variablen

Wir haben in den vorangegangenen Abschnitten gesehen, dass nicht nur einzelne Menschen sondern auch ganze Gruppen, Gesellschaften und andere soziale Gebilde (z.B. Organisationen, Staaten etc.). eine Reihe von spezifischen Merkmalen besitzen. Ganz allgemein sind also einzelne Personen, Gruppen und andere soziale Gebilde allgemein *Träger* von Merkmalen.

!	Ein spezifisches Merkmal eines Merkmalsträgers bezeichnen wir als **Variable**. Eine Variable kann mindestens zwei **Merkmalsausprägungen** annehmen. Diese Merkmalsausprägungen werden im numerischen Sinn **Variablenwerte** genannt, wenn sie, wie es in der empirischen Sozialforschung für Zwecke der statistischen Analyse üblich ist, mit Zahlen verkodet werden.

Variable und ihre Merkmalsausprägungen sind immer eine Frage der Definition, sie existieren nicht an sich. In manchen Fällen ist diese Definition klar: Die Variable „Geschlecht" und ihre Merkmalsausprägungen wird uns keine komplexe Definition abverlangen. Weniger einfach ist die Situation schon bei der Variablen „Höchste abgeschlossene Schulbildung", denn hier wäre eine gröbere Definition der Merkmalsausprägungen (z.B. eine grobe Unterteilung in (1) „Pflichtschulabschluss", (2) „kein Pflichtschulabschluss") genauso vorstellbar wie eine feinere Definition, z.B. (1) kein Schulabschluss, (2) Pflichtschulabschluss, (3) Lehrabschluss, (4) Abschluss einer Berufsbildenden Mittleren Schule (ohne Matura), (5) Abschluss einer Berufsbildenden Höheren Schule (mit Matura), (6) Hochschulabschuss.

Wie genau wir die Merkmalsausprägungen einer Variablen definieren müssen, hängt von der jeweiligen Forschungsfrage und der benötigten Datenqualität ab (➔ Kapitel 4.). In jedem Fall müssen Variablenwerte zwei Anforderungen erfüllen: Sie müssen

---

[74] Udris/Alloth 1980: 63. Selbstverständlich sind weitere Indikatoren vorstellbar; welche und wie viele Indikatoren relevant sind, ist abhängig vom jeweiligen Erkenntnisinteresse eines Projekts.

- disjunkt
- und erschöpfend

sein. Disjunkt bedeutet, dass die Wertekategorien sich nicht überlappen dürfen; erschöpfend sind sie dann, wenn jeder Merkmalsträger einer Wertekategorie zugewiesen werden kann.

Beispiele für fehlerhafte Kategorien finden wir leider nicht selten. So wird beispielsweise die Variable „Einkommen" unzureichend definiert: (1) „bis € 500", (2) „€ 500-1000", „€ (3) 1000-2000". In diesem Fall überlappen sich die Merkmalsausprägungen (1) und (2) und sie sind darüber hinaus nicht erschöpfend, weil nach oben hin unvollständig. Personen mit einem Einkommen von mehr als € 2000 können nicht zugeordnet werden, bei einer Person mit einem Einkommen von genau € 500 ist die eindeutige Zuordnung zu einer Merkmalsausprägung nicht möglich, weil sie gleich zwei der definierten Kategorien zuordenbar wäre.

!	Achten Sie auf eine genaue Definition von Merkmalsausprägungen! Falsche Kategorisierungen führen zu unvollständiger und zweideutiger Erfassung von Merkmalsausprägungen. Dadurch entstehen Probleme bei der Datenauswertung und bei der Interpretation von Ergebnissen; dies beeinträchtigt die Qualität von Forschungsergebnissen erheblich.

Variablen können nach unterschiedlichen Gesichtspunkten unterteilt werden. Die Unterscheidung zwischen *unabhängigen* (UV) und *abhängigen* Variablen (AV) gemäß ihrer Stellung in Erklärungsmodellen haben wir bereits kennen gelernt (➔ Abschnitt 1.3).

Variablen können weiters nach der Anzahl ihrer Merkmalsausprägungen unterschieden werden. Bei *dichotomen Variablen* können die Merkmalsausprägungen nur zwei verschiedene Werte annehmen (z.B. Geschlecht: Mann, Frau). *Diskrete Variablne* können wenige verschiedene, endliche und abzählbare Werte annehmen (z.B. Bildungsstand, Familienstand). Um s*tetige (bzw. kontinuierliche)* Variablen handelt es sich, wenn die Merkmalsausprägungen in einem bestimmten Bereich jeden beliebigen Wert annehmen können; die zugrunde liegende Dimension ist kontinuierlich (daher auch: *kontinuier-liche* Variable). Beispiele sind Längen- oder Zeitwerte, deren Merkmalsausprägungen unendlich sind.

Eine weitere wichtige Unterscheidung bezieht sich auf die Möglichkeit, ob Variable „direkt" beobachtbar sind oder nicht. *Manifeste* Variable wie die Körpergröße oder das Alter sind direkt beobachtbar. *Latente* Variable wie politische Einstellung, Schichtzugehörigkeit oder Lernfähigkeit sind es hingegen nicht; für ihre Erfassung müssen spezifische Vorkehrungen getroffen werden, z.B. die Bildung eines Index'.

!	Ein wichtiges **Unterscheidungsmerkmal** von Variablen ist ihr **Skalenniveau.** Die Festlegung des Skalenniveaus einer Variablen ist eine **Voraussetzung für nachfolgende statistische Berechnungen**. Je nach Art der beabsichtigten Aussage ist bereits in der Phase der Operationalisierung zu entscheiden, welche statistischen Berechnungen an späterer Stelle des Forschungsprozesses durchgeführt werden sollen.

Darüber hinaus können Variable, wie bereits gezeigt, danach unterschieden werden, ob sie individuelle oder kollektive Merkmale ausdrücken und über welches Skalenniveau sie verfügen (➔ Abschnitt 4.4.).

Indikatoren

Am Beispiel der Konzeptspezifikation wurde deutlich, dass die ideale Voraussetzung für eine genaue Erfassung von Merkmalsausprägungen möglichst eindimensionale Begriffe sind, die sich auf konkret beobachtbare Sachverhalte beziehen. Es ist aber nicht immer der Fall, dass Begriffe mit konkreten empirischen Bezügen auch schon direkt beobachtbare Variable darstellen. Denken wir an das Beispiel der Dimension „SAW“ (subjektiv wahrgenommene Arbeitssituation). Prinzipiell ähnlich verhält es sich mit Begriffen wie „formale Bildung“, „Berufserfolg“, „Innovationskraft“ und vielen anderen. Ob die Sachverhalte, auf die sie sich beziehen, auch tatsächlich vorliegen, kann nur geprüft werden, indem Indikatoren gebildet werden. Indikatoren zeigen an (sie „indizieren“), ob ein Sachverhalt konkret vorliegt oder nicht. Indikatoren sind somit nichts anderes als direkt beobachtbare, manifeste Variable. Sie erfüllen somit eine Funktion für latente Variable, weil aus ihrem Vorliegen auf die latenten Variablen geschlossen werden kann.

Damit sind allerdings die mit Indikatoren verbundenen Probleme nicht wirklich gelöst, denn es bleiben zwei Fragen offen:

(1) Wie kann die Zuordnung von Indikatoren zu theoretischen Begriffen begründet werden?

(2) Welche Indikatoren sollen für die Zuordnung ausgewählt werden?

Im Hinblick auf Begründung der Zuordnung von Indikatoren zu theoretischen Begriffen werden in der Methodenliteratur die typologisch-induktive und die kausal-analytische Lösung als die gebräuchlichsten Lösungen angesehen.[75] Allerdings muss festgestellt werden, dass Messungen nur selten vollständig theoretisch begründet sind, und zwar meistens deshalb, weil für das Indikatorenuniversum eine erschöpfende inhaltliche Begründung nicht gegeben ist (bzw. gegeben werden kann). Somit existiert dieser Anspruch zwar in der Methodologie der Sozialwissenschaften, in der Praxis werden jedoch im Sinne der „Per-Fiat-Messung“ in der Regel Skalen auf Grundlage von Plausibilitätsüberlegungen ausgewählt, ohne die strengen methodologischen Kriterien zu erfüllen.[76]

---

75 Schnell/Hill/Esser 2008: 133. Zu bedenken ist, dass die Übereinstimmung zu diesem Thema in den Standardlehrbüchern gering ist. Während einige Autoren (z.B. Diekmann 2008, Häder 2006) dem Thema keinen Platz einräumen, gehen andere von unterschiedlichen Klassifikationen und Einschätzungen der Lösungen aus (z.B. Kromrey 2008, Schnell/Hill/Esser 2008).

76 Diekmann 2008: 297ff.

4.3. Grundlagen des Messens

Für die Messung in der quantitativen Sozialforschung sind zwei Aspekte der *Messtheorie* bzw. der *Testtheorie* besonders wichtig:

- Regeln des Messens (Messtheorie)
- Messfehler (Testtheorie)

Messen gemäß festgelegter Regeln bedeutet, dass die Messwerte von Objekten zueinander Beziehungen aufweisen, die den realen Beziehungen der gemessenen Objekte entsprechen. Das erfordert beispielsweise, dass dem höchsten Einkommen auch der größte Messwert und dem kleinsten Einkommen der kleinste Messwert zugeordnet wird. Nur in diesem Sinne ist eine Messung eine „strukturtreue Abbildung“ (*Morphismus*)[77], weil die Beziehungen der Merkmalsausprägungen von „Einkommen“ durch die Beziehungen der zugeordneten Zahlen (z.B. kleiner-größer) korrekt abgebildet werden.

Die Voraussetzung für Messungen ist die Angabe einer Messanweisung (= Regel), mit der die Merkmalsausprägungen von Objekten quantitativ geordnet werden können. Nehmen wir an, es soll das Einkommen der ÖsterreicherInnen gemessen werden. Wir haben somit eine bestimmte „Menge von Objekten“ (die Einkommen der ÖsterreicherInnen), über die eine Relation definiert wurde (z.B. Einkommen kleiner-größer). Diese Menge von Objekten wird als *„empirisches Relativ“* bezeichnet. Für eine Messung müssen wir diesem empirischen Relativ eine Menge von Zahlen, über die ebenfalls eine Relation definiert wird, zuordnen. Dabei handelt es sich um ein *„numerisches Relativ“*. Eine gelungene Messanweisung führt dann zu einem strukturtreuen Abbild, wenn die Ordnung des numerischen Relativs der Ordnung des empirischen Relativs entspricht.

Nehmen wir an, wir möchten die Variable „Einkommen“ in drei aufsteigenden Klassen erfassen: niedriges, mittleres, hohes Einkommen. Die entsprechende Ordnung im numerischen Relativ könnte folgendes Aussehen haben (Abb. 14):

Abb. 14: Beispiel empirisches und numerisches Relativ

	Beispiel	Definition
Empirisches Relativ	Kein Eink. < niedriges Eink. < mittleres Eink. < hohes Eink.	Menge von Objekten, über die eine Relation definiert wurde
Numerisches Relativ	1 < 2 < 3 < 4	Menge von Zahlen, über die eine Relation definiert wurde

Quelle: Eigene Darstellung

---

77 Kromrey 2008: 219; für weiterführende Informationen zur Messtheorie siehe die entsprechenden Abschnitte in Kromrey 2008: 213-224, Schnell/Hill/Esser 2008: 138-142 sowie Diekmann 2008: 278-298.

Die Ordnung der Zahlenwerte in Abb. 14 entspricht der Ordnung der Objektmerkmale und jedes Objektmerkmal kann nur einer Zahl zugeordnet werden. Es handelt sich hier um eine *isomorphe Abbildung*: Nach einer Messung lässt sich eindeutig bestimmen, welches Objekt durch die Zahl bezeichnet wird; es handelt sich um eine „umkehrbar eindeutige Abbildung". Bei homomorphen Abbildungen sind einer Zahl mehrere Objekte zugeordnet, die Abbildung ist „nicht umkehrbar eindeutig".

Messanweisungen sind eine grundlegende Anforderung in der quantitativen Sozialforschung. Die Messung von Einkommen, Körpergröße, Längenmassen, Alter etc. zeigt darüber hinaus an, dass es sich hier um *metrische Begriffe* handelt: Hier ist nicht nur eine eindeutige Rangordnung gegeben, zusätzlich können auch die Abstände zwischen den Merkmalsausprägungen sinnvoll angegeben werden.

Andere Begriffe beziehen sich hingegen auf Objektmengen, die nur in Teilklassen zerlegbar sind, wobei das Verhältnis zwischen den Teilklassen, nicht aber zwischen den einzelnen Objekten, eine Rangordnung aufweist. Solche *komparativen Begriffe* unterscheiden sich durch die Stärke oder Intensität eines Merkmals. So können wir bei Schicht und Bildung zwischen höheren und niedrigeren Teilklassen (z.B. untere, mittlere, obere Schicht; niedrige, mittlere, höhere Bildungsstufe) unterscheiden.

Für die Sozialforschung sind darüber hinaus *klassifikatorische Begriffe* wichtig. Bei diesen kann keine Rangordnung zwischen Teilklassen angegeben werden. Erfassen wir die politische Präferenz der ÖsterreicherInnen anhand der von ihnen bei der letzten Nationalratswahl gewählten politischen Parteien, dann haben wir als Merkmalsausprägungen der Variable „politische Präferenz" die Parteien SPÖ, ÖVP, Grüne etc. Es können jedoch keine Vergleiche im Sinne von niedriger-höher, weniger-mehr etc. gemacht werden.

Messungen in den Sozialwissenschaften sind mit *Fehlern* behaftet, wofür unterschiedliche Gründe Ausschlag gebend sind. Die *Testtheorie*[78] geht von folgenden Überlegungen aus: Wenn wir unter Einsatz eines Messinstruments die Einstellung einer Person messen, erhalten wir einen beobachteten Wert (X). Dieser beobachtete Werte ist nicht ganz identisch mit einem angenommenen, „wahren" Wert (engl. *true score*, abgekürzt: T). Es wird dabei angenommen, dass der beobachtete Wert den wahren Wert nicht vollständig exakt wiedergibt, weil der beobachtete Wert mit einem bestimmten Messfehler behaftet ist (E für engl. *error*). Somit setzt sich der beobachtete Wert aus dem „wahren" Wert und dem Messfehler zusammen:

$$X = T + E$$

Wenn nun viele Messungen desselben Merkmals gemacht werden, wird weiters davon ausgegangen, dass die Messfehler jeder einzelnen Messung um den wahren Wert streuen. Solche Abweichungen können zum Beispiel dadurch entstehen, dass InterviewerInnen sich beim Eintragen von Altersangaben (in Jahren) verschreiben oder die TeilnehmerInnen einer Online-Befragung sich vertippen. Die Messungen weichen nach oben oder unten, also in beide Richtungen zufällig vom wahren Wert ab. Damit ist der Erwartungswert des Messfehlers, $\mu(E)$ genannt, null (vorausgesetzt, es gibt genügend viele Messungen und die Abweichungen erfolgen zufällig).

$$\mu(E) = 0$$

---

78 Zur Testtheorie Lienert/Raatz 1994

Da die Fehler nicht systematisch sind, gleichen sie sich gegenseitig aus. Daher gilt

$$T = \mu(E)$$

Bei ausreichend vielen Messungen (vielen befragten Personen) bedeutet das, dass der wahre Wert mit dem Erwartungswert der Messungen identisch ist. Diese Annahme wäre allerdings verletzt, wenn die genannten Abweichungen systematisch, also nicht zufällig zustande kommen. Das wäre der Fall, wenn InterviewerInnen das Antwortverhalten beeinflussen oder das Messinstrument selbst fehlerhafte Messungen provoziert.[79]

Diese Überlegungen haben wesentliche Bedeutung vor allem für die Reliabilität (Zuverlässigkeit) von Messinstrumenten, die auch in Abschnitt 4.44 besprochen wird. Auf ähnlichen Überlegungen beruht auch die Theorie der Zufallsstichprobe (➔ Abschnitt 5.2).

4.3.1. Die Messung manifester Variablen

Manifeste Variable messen *direkt* beobachtbare Merkmale oder Sachverhalte. Dabei kann es sich um bestimmte Merkmale von Untersuchungseinheiten wie z.B. die Körpergröße einer Person oder um Einstellungen und Meinungen handeln, wenn z.B. die Zustimmung oder Ablehnung zu einer Aussage erfragt wird. Häufig werden dabei Antwortmöglichkeiten vorgegeben, die auf einem bestimmten Kontinuum angesiedelt sind und ein bestimmtes Skalenniveau aufweisen (z.B. „stimme stark zu" bis „lehne völlig an"). Die Messung manifester Variablen ist vergleichsweise einfach. Sie können *fundamental* gemessen werden, weil sich die Regeln des Messens ihrer Merkmalsausprägungen aus den ihnen eigenen Merkmalen ergeben.

4.3.2. Die Messung latenter Variablen mittels Indikatoren

Etwas schwieriger ist die Messung von latenten Variablen, weil es sich bei diesen um nicht direkt beobachtbare Konstrukte handelt. In diesem Fall ist man auf Indikatoren angewiesen (manifeste Variable), die die latenten Variablen messbar machen.

Betrachten wir unser Beispiel zur Arbeitszufriedenheit, speziell das - nicht direkt beobachtbare - Konstrukt „SAW" (subjektiv wahrgenommene Arbeitssituation). Nehmen wir an, wir messen dieses Konstrukt anhand von drei Indikatoren: (A) Ausmaß des Arbeitsvolumens, (B) Verhältnis von fachlichen Anforderungen und individuellen Kompetenzen und (C) Ausmaß der Unterstützung durch Vorgesetzte. Die Beziehung zwischen dem Merkmal „SAW" und den für seine Messung verwendeten Indikatoren hätte folgende allgemeine Struktur (Abb. 15):

---

[79] Zusätzlich gelten noch weitere Voraussetzungen: (1) wahrer Wert und Messfehler dürfen nicht korrelieren, (2) die Messfehler dürfen bei wiederholten Messungen nicht korrelieren, (3) die Korrelation zwischen dem Messfehler der ersten Messung und dem wahren Wert einer zweiten Messung (desselben Konstrukts mit dem gleichen Instrument) muss null sein. Diekmann 2008: 262f.

Abb. 15: Schematischer Zusammenhang von Indikatoren und latenter Variable

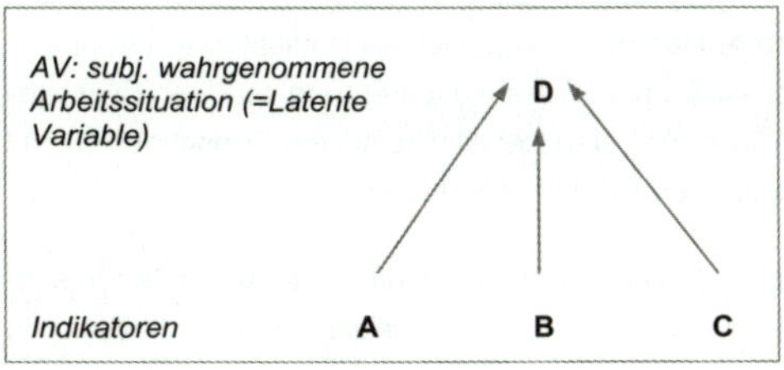

Quelle: In Anlehnung an Kromrey 2006: 184

In dieser allgemeinen Struktur wird zwischen der latenten und den manifesten Variablen ein Zusammenhang unterstellt: Angenommen wird, dass von den manifesten Variablen auf die latenten Variablen geschlossen werden kann.

!	Die Messung latenter Variablen erfordert eine theoretische Begründung, die angibt, wie die Beziehung zwischen latenten Variablen und den beobachtbaren Indikatoren beschaffen ist[80] also eine „Hilfstheorie“.[81]

Für die Messung von latenten Variablen werden in der quantitativen Sozialforschung vorrangig zwei Verfahren herangezogen, die in den nachfolgenden Abschnitten näher erläutert werden: Indexbildung und Skalierung

4.3.3. Indexbildung

Ein *Index* ist ein Messwert für ein Konstrukt, der aus den Messwerten mehrerer Indikatoren zusammengesetzt wird[82] und stellt somit die Zusammenfassung von mehreren Einzelindikatoren zu einer „neuen“ Variablen dar. Genau das ist das Ziel der Bildung eines Index: komplexe Merkmale bzw. Konstrukte auf Basis der Zusammenfassung von Indikatorwerten zu einer neuen, anschaulichen und aussagekräftigen, *Variable* zusammenzufassen. Für den unterstellten Zusammenhang zwischen Indikatoren und latenter Variable können nicht „irgendwelche“ Indikatoren für die Messung einer latenten Variablen herangezogen werden, sondern nur solche, die sich theoretisch begründen lassen.

In der Regel wird empfohlen, die Messung von komplexen Konstrukten mit *multiplen* Indikatoren durchzuführen, weil damit eine größere Qualität der Messung erzielt werden kann, denn jeder Indikator ist für sich genommen nur eine sehr selektive Operationalisierung des Konstrukts. Erst die Ver-

---

80 Vgl. Denz 1989, 9
81 Schnell/Hill/Esser 2008: 131
82 Vgl. Bortz/Döring 2006: 133

wendung von mehreren Indikatoren „erhöht die Chance, Messungenauigkeiten zu verringern".[83] Auf diesem Prinzip beruhen die viele Indices wie Börsen- und Konjunkturindices[84] ebenso wie der für die Beschreibung von Armut und Reichtum der Weltbevölkerung konzipierte Human Development Index (HDI) des United Nations Development Programme. Der HDI beruht auf vier Indikatoren: Lebenserwartung, Alphabetisierungsrate, Einschulungsrate (auf primärer, sekundärer und tertiärer Bildungsebene) und Lebensstandard (BIP pro Kopf).[85] Würde man den gesellschaftlichen Fortschritt nur mit einem Indikator messen, würde dies zu unzuverlässigeren Ergebnissen führen.

Eine wesentliche *Voraussetzung* für die Bildung eines Index besteht darin, dass alle gewählten Indikatoren untereinander eine positive Korrelation aufweisen müssen und die Korrelationen der Indikatoren mit der latenten Variablen dasselbe Vorzeichen haben (Abb. 16):

Abb. 16: Zusammenhang von Indikatoren mit latenter Variable

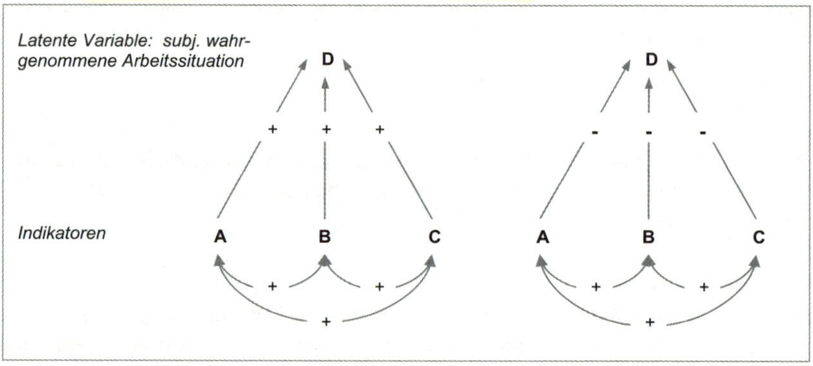

Quelle: In Anlehnung an Kromrey 2008: 184

Für die Indexbildung werden vor allem drei Typen verwendet:

- Additive Indices
- Gewichtete Indices
- Indices aus kontinuierlichen Variablen.

---

83 Kromrey 2008: 184.

84 Ein bekannter Aktienindex ist beispielsweise der „Standard & Poor's 500" (S&P 500), der auf den Einzelwerten (Indikatoren) der 500 größten, börsennotierten US-Unternehmen beruht; siehe: http://www2.standardandpoors.com/spf/pdf/index/SP_500_Factsheet.pdf (05.03.2010).
Ein viel beachteter Wirtschaftsindex ist der seit 1972 veröffentlichte ifo-Geschäftsklimaindex des deutschen Instituts für Wirtschaftsforschung. Dieser Index beruht auf zwei Hauptindikatoren, der von Unternehmen vorgenommenen Beurteilung der aktuellen Geschäftslage und der Geschäftserwartungen für die nächsten sechs Monate, siehe: http://www.cesifo-group.de/portal/page/portal/ifoHome/a-winfo/d1index/10indexgsk (15.08.2009).

85 Siehe zum HDI die Website des UNDP: http://hdr.undp.org/en/statistics/indices/hdi/question,68,en.html (15.08.2009). Die erforderlichen Daten werden nicht mittels Befragung gewonnen, sondern durch Erfassung amtlicher Statistiken (Sekundärdaten).

Die Bildung von *additiven* Indices beruht schlicht auf der Addition der Werte der einzelnen Indikatoren. Das setzt voraus, dass alle Indikatoren denselben Wertebereich besitzen, weil andernfalls die Indikatoren ungleichgewichtig in den Index eingehen würden. Betrachten wir dazu ein Beispiel.[86]

> Im Zuge der Entwicklung eines neuen Produkts werden in der Marktforschung so genannte „Produkttests" durchgeführt: Dabei soll unter anderem geprüft werden, welche Eigenschaften TestkundInnen dem Produkt zuschreiben, welche Motivation zum Kauf vom Produkt selbst ausgeht oder welche Unterschiede zu Konkurrenzprodukten wahrgenommen werden. Nehmen wir ein neues Waschmittel. Es soll die Produktzufriedenheit anhand der beiden Indikatoren „Zufriedenheit mit Waschkraft" und „Hautverträglichkeit" ermittelt werden, also durch seine Lage in einem zweidimensionalen Merkmalsraum. Nehmen wir weiter an, die TestkundInnen werden gebeten, jeden Indikator anhand von drei Werteausprägungen zu beurteilen: Waschkraft „niedrig/mittel/hoch"; Hautverträglichkeit „niedrig/mittel/hoch".

Aus der Kreuzung beider Indikatoren ergibt sich die folgende Matrix (Tab. 1):

Tab. 1: Matrix zweier Indikatoren

Hautverträglichkeit *Waschkraft*	niedrig (0)	mittel (1)	hoch (2)
Niedrig (0)	a	b	c
mittel (1)	d	e	f
hoch (2)	g	h	i

Quelle: Berekoven 2009: 71

Wir erhalten auf diese Weise 9 Klassen unterschiedlicher Produktzufriedenheit. Allerdings bieten diese in der vorliegenden Form noch keine hierarchische Übersicht. Der mehrdimensionale (in diesem Fall: zweidimensionale) Merkmalsraum muss nun so transformiert werden, dass eine eindimensionale Skala entsteht. Dies geschieht durch die Zuordnung von Zahlen zu den einzelnen Merkmalskombinationen; die mit den Merkmalskombinationen verbundenen Zahlen werden dann addiert. Die so ermittelte Rangordnung könnte entsprechend interpretiert werden (Tab. 2):

Tab. 2: Merkmalskombination und Indexwerte

Merkmalskombination	Indexwert	Interpretation
A	0	Keine
B, D	1	Niedrige
C, E, G	2	Mittlere … Produktzufriedenheit
F, H	3	Hohe
I	4	Sehr hohe

Quelle: Berekoven 2009: 72

86 Vgl. Berekoven et al. 2009: 71f.

Die mathematische Formel für einen additiven Index lautet:

$$I = f(x_1 + x_2 + x_3 + \ldots, x_n)$$

Wie gesagt, die Indikatoren müssen denselben Wertebereich, also die gleiche Anzahl von Ausprägungen aufweisen, weil ansonsten eine indirekte Gewichtung der Indikatoren eintritt.[87] Nur wenn eine solche Gleichbedeutung unplausibel erscheint oder theoretisch nicht begründbar ist, kann eine Gewichtung vorgenommen werden. Das würde bedeuten, dass einem oder mehreren ausgewählten Indikatoren ein um den Faktor X erhöhtes numerisches Gewicht zukommt. Allerdings bedarf es für die Gewichtung ebenfalls einer Begründung: Diese kann entweder durch ein Experten-Rating erfolgen oder auf empirisch-analytischem Weg im Zuge statistischer Auswertungen, z.B. mittels Faktorenanalyse[88] (➔ Abschnitt 8.5.).

Additive Indices beruhen auf der Annahme, dass die Einzelindikatoren voneinander weitgehend unabhängig auf die latente Variable einwirken. Ein niedriger Wert auf einem Indikator kann durch einen hohen Wert eines anderen Indikators ausgeglichen werden.

Multiplikative Indices werden eher selten eingesetzt, weswegen auf sie hier nicht gesondert eingegangen wird.

Die dritte Variante der Indexbildung gehört zu den am weitest verbreiteten. Die Bildung von *Indices aus kontinuierlichen Variablen*. Während bei additiven und multiplikativen Indices die Indikatoren meist sehr wenige verschiedene Werte annehmen, sind kontinuierliche Variable dadurch gekennzeichnet, dass sie jeden beliebigen Wert annehmen können.

Eine vielfach verwendete Formel für die Berechnung dieser Indexvariante ist zum Beispiel der Mittelwert als Summe einer Reihe von Beobachtungen, dividiert durch die Anzahl der Beobachtungen:

$$I = \frac{\text{Summe der Reihe von Beobachtungen}}{\text{Anzahl der Beobachtungen}}$$

Beispiele für derartige Indices sind etwa die Erwerbsquoten von Männern und Frauen. Der Vorteil dieser Indices ist die Beobachtbarkeit von historischen Entwicklungen, da die eingehenden Indikatoren gegenüber Veränderungen der Bevölkerungszahlen weitgehend unempfindlich sind.

4.4. Skalenniveaus und Skalierungsverfahren

4.4.1. Skalenniveaus: Nominal-, Ordinal-, Intervall-, Ratioskala

In Abschnitt 4.3. wurde eine grundlegende Messanforderung definiert: Die Beziehung zwischen dem zu messenden Objekt und den diesem Objekt zugewiesenen Zahlen muss durch eine strukturtreue

---

87 Friedrichs 1990: 168
88 Bortz/Döring 2006: 147

Abbildung gekennzeichnet sein. Eine derartige Abbildung setzt voraus, dass sich das zu messende Objekt nach einem System ordnen lässt. Anders formuliert: Beim Messen geht es darum, den Charakter des zu messenden Objekts strukturtreu im numerischen Relativ abzubilden, zum Beispiel auf einer *Skala*. Die Beziehungen zwischen den Werten des numerischen Relativs stellen das *Messniveau* bzw. das *Skalenniveau* dar. Das ist die erste in der Sozialforschung verwendete Bedeutung des Begriffs „Skala", der für die Beschäftigung mit Skalenniveaus charakteristisch ist.

In der quantitativen Sozialforschung werden vier unterschiedliche Skalentypen mit spezifischen Messniveaus verwendet[89]:

- Nominalskala
- Ordinalskala
- Intervallskala
- Ratioskala

Die *Nominalskala* stellt das unterste Messniveau dar. Nominalskalen dienen dazu, die Elemente einer Objektmenge hinsichtlich ihrer Merkmalsausprägungen nach dem Prinzip von Gleichheit/Ungleichheit zu unterscheiden. In Bevölkerungsbefragungen wird etwa der Familienstand anhand der folgenden einfachen Klassifikation erfasst und mit entsprechenden Werten erfasst (codiert):

Bitte geben Sie Ihren derzeitigen Familienstand an:

Ledig	1
Verheiratet	2
Lebenspartnerschaft	3
Geschieden	4
Verwitwet	5

Solche Nominalskalen werden für eine Reihe von Merkmalen wie z.B. der Nationalität, der Berufsbezeichnung, von Freizeitaktivitäten, Urlaubsländern und anderen mehr verwendet. Es ist unmittelbar einleuchtend, dass die Bildung eines arithmetischen Mittelwerts - abgesehen davon, dass dies sinnlos wäre - auch nicht zulässig ist. Hingegen kann angegeben werden, welche Merkmalsausprägung (des empirischen Relativs) bzw. welcher Wert (des numerischen Relativs) am häufigsten vorkommt. Das ist der so genannte *Modus* bzw. *Modalwert.*

Die nominale Messung besteht also in der Erstellung einer einfachen Klasseneinteilung: *Jedes* Objekt muss genau *einer* Klasse zugeordnet werden. Ein Objekt keiner Klasse zuzuordnen ist ebenso wenig zulässig wie die Zuordnung eines Objekts zu mehreren Klassen.

Die *Ordinalskala* stellt das nächsthöhere Messniveau dar. Sie erfordert zusätzlich zur Unterscheidbarkeit von Objekten auf ihre Gleichheit die Möglichkeit, dass Merkmalsausprägungen in eine Rangordnung gebracht werden. Die entsprechend zugeordneten Zahlen müssen diese Rangordnung abbilden. Dem entsprechend sind keine mathematischen Transformationen erlaubt, die die Rangordnung der Zahlen verändern würde. Ein Beispiel für Ordinalskalen ist etwa in MitarbeiterInnenbefragungen die

---

[89] Skalen können auch nach den für sie zulässigen Transformationen klassifiziert werden. Eine detaillierte Darstellung der messtheoretischen Grundlagen bietet Kromrey 2006: 236-248.

Erfassung der beruflichen Stellung im Unternehmen, etwa anhand der folgenden Klassifikation:

Welche berufliche Stellung nehmen Sie derzeit in Ihrem Unternehmen ein?

☐ Angelernte/r/ungelernte/r Arbeiter/in	1
☐ Facharbeiter/in	2
☐ Angestellte/r ohne Leitungsfunktion	3
☐ Angestellte/r mit Leitungsfunktion	4

Bildungsstand, Zugehörigkeit zu einer sozialen Schicht, Zufriedenheit und Interesse am politischen Geschehen sind weitere Beispiele für Ordinalskalen. In allen diesen Fällen ist es zulässig, eine mit einem höheren Zahlenwert versehene Kategorie im Sinne eines „höher" oder „niedriger zu interpretieren. Es ist jedoch nicht zulässig zu sagen, dass ein Hochschulabschluss doppelt so viel bedeutet (oder doppelt so gut ist) wie ein Lehrabschluss.

! Nominal- und Ordinalskala werden als **kategoriale** Skalen bezeichnet, weil Rechenoperationen wie Differenzen, Summen, Produkte und Quotienten nicht sinnvoll interpretiert werden können und auf diesen Skalenniveaus nicht zulässig sind.

Intervallskalen erfordern zusätzlich zur Unterscheidungsmöglichkeit und zur Rangordnung, dass die Unterschiede zwischen den Merkmalsausprägungen, die Intervalle, jeweils gleich groß sind. Das bedeutet, dass die Werte, die die Intervalle bezeichnen, dieselben Abstände aufweisen müssen. In diesem Sinne sind nur Transformationen zulässig, die die Größe der Intervalle entweder nicht oder alle Intervalle im selben Maß verändern. Die Abstände zwischen den Messwerten sind somit im Unterschied zu Ordinalskalen *interpretierbar* und es kann ein arithmetisches Mittel errechnet werden. Intervallskalen besitzen keinen natürlichen Nullpunkt; die Größe der Intervalle ist zwar willkürlich festgelegt, die Intervalle selbst müssen gleich groß sein.

! Für die statistische Analyse ist es **wichtig**, dass Intervallskalen im Sinne der **Annahme gleicher Abstände** zwischen den Skalenpunkten **interpretiert** werden können. Dies ermöglicht die Berechnung von arithmetischen Mittelwerten und Streuungen, also die Anwendung von parametrischen Verfahren (➔ Abschnitt 8.2).

Eine Bedingung für Intervallskalen ist die empirische Prüfung der Annahme, dass zwischen den Skalenpunkten tatsächlich gleiche Abstände bestehen. Ein beliebtes Beispiel für Intervallskalen sind Temperaturmessungen in Celsius-Graden. Häufig werden Likert-Skalen als Intervallskalen bezeichnet, allerdings ist das streng genommen nicht korrekt, weil die Likert-Skala kein Skalenniveau darstellt, sondern ein Messinstrument.

Beispiel eines intervallskalierten Items:
„Ausländer sollten ihren Lebensstil an den der einheimischen Bevölkerung anpassen"

stimme überhaupt nicht zu						stimme völlig zu
○	○	○	○	○	○	○
1	2	3	4	5	6	7

Ratioskalen (bzw. *Verhältnisskalen*) sind in der Sozialforschung seltener anzutreffen. Ratioskalen haben - im Vergleich zu Intervallskalen - einen natürlichen Nullpunkt: Der Messwert „Null" bedeutet tatsächlich die Abwesenheit des zu messenden Merkmals. Aus diesem Grund erlauben Ratioskalen auch Aussagen wie „Objekt A besitzt doppelt so viel wie Objekt B" im Sinne von Multiplikationen.

Fragebeispiel: „Wie hoch ist Ihr Einkommen aus selbständiger Tätigkeit?"

0 Euro	1
1 – 1000 Euro	2
1001-2000 Euro	3
2001-3000 Euro	4
mehr als 3000 Euro	5

! Intervall- und Ratio-Skala bezeichnet man als **metrische Skalen**, mit ihnen werden so genannte **quantitative Merkmale** gemessen.

Die folgende Übersicht (Abb. 17) zeigt die wichtigsten Merkmale der unterschiedlichen Skalentypen im Vergleich, die noch einmal verdeutlicht, dass es sich bei den Skalenniveaus um aufsteigende, hierarchische Messniveaus handelt. Das bedeutet, dass auf dem jeweils niedrigeren Skalenniveau Annahmen weniger restriktiv und Datenanalysen weniger „sensibel" sind. Im Sinne der aufsteigenden Hierarchie umfasst das jeweils nächsthöhere Niveau alle Merkmale des niedrigeren Skalentyps und fügt zusätzlich neue hinzu. Generell wird ein möglichst hohes Skalenniveau angestrebt.

Abb. 17: Skalentypen und ihre Merkmale

Skalentyp	Nominalskala	Ordinalskala	Intervallskala	Ratio-/ Verhältnisskala
Merkmalstyp	nominal bzw. klassifikatorisch	ordinal bzw. komparativ	Metrisch	metrisch
Nullpunkt	Nein	Nein	Kein natürlicher Nullp.	ja
Abstände	Nein	Nein	Gleich	ja
Ränge	Nein	Ja	Ja	ja
Interpretation	gleich-ungleich	kleiner-größer	Differenzen	Verhältnisse
Rechen-operationen	Bildung von Häufigkeiten	kleiner, größer	Addition, Subtraktion	Addition, Subtraktion, Multiplikation
Statistische Maßzahlen	absolute und relative Häufigkeiten, Modus, Range	Zusätzlich: kumulierte Häufigkeiten, Quantile, Quartile, Median	Zusätzlich: arithmetisches Mittel, Standardabweichung, Varianz	Zusätzlich: geometrisches Mittel, Variationskoeffizient
Zusammen-hangsmaße	Kontingenzkoeffizient (C), Vierfelder-koeffizient (Phi)	Zusätzlich: Rangkorrelation (Spearmans Rho, Kendalls Tau), Gamma	Zusätzlich: Produkt-Moment-Korrelation (Pearsons r), Regressionskoeffizient, R^2	-
Beispiele	Geschlecht, Beruf, Familienstand, Nationalität, Konfession	Bildungsstand, berufliche Stellung, Schulnoten, Zufriedenheit	Temperatur (C°), Einstellungsmessung mit Likert-Skala	Gewicht, Länge, Zeit, Einkommen

Quelle: In Anlehnung an Diekmann 2008: 291

4.4.2. Eindimensionale Skalierung: Likert-Skala und Guttman-Skala

Skalierungsverfahren sind Methoden zur Konstruktion von Messinstrumenten. Das Ergebnis eines Skalierungsverfahrens ist eine Skala (engl. *scale*). Sie besteht in der Regel aus mehreren Items, die entlang einer Dimension messen.[90] Eine Skala ist somit eine „Variable", deren Werte sich durch Berechnung aus den Werten verschiedener Indikatoren ergeben, die alle die *gleiche* Dimension eines Konstruktes messen. Darin besteht auch ein wesentlicher Unterschied zur Bildung von Indices: Bei diesen beziehen sich die Indikatoren in der Regel auf mehrere *unterschiedliche* Dimensionen eines theoretischen Konstrukts.

Das Ziel der Skalenbildung besteht darin, die verschiedenen Indikatoren zu einer Messgröße zusammenzufassen, um das Ausmaß der zu untersuchenden Dimension quantifizieren zu können. Mit Hilfe von Skalierungsverfahren werden überwiegend latente Variable wie zum Beispiel Einstellungen und Meinungen messbar gemacht. Ähnlich wie bei der Indexbildung wird in der Forschungspraxis häufig eine Vielzahl von Items eingesetzt, um die Zuverlässigkeit der Messung zu verbessern. Als Anfor-

90 Schnell/Hill/Esser 2008: 179

derung an Skalierungsverfahren muss beachtet werden, dass alle Items einer Skala die gleiche Eigenschaft eines theoretischen Konstrukts messen, die Skala muss also „eindimensional" sein. Ob dies tatsächlich der Fall ist, kann nur empirisch überprüft werden, also erst im Zuge der Datenauswertung.

Für den Begriff der Skalierung hat sich auch - etwas missverständlich - der Begriff „Skala" eingebürgert, der sich darüber hinaus auch auf das Skalen*niveau* von einzelnen Items bezieht. Zur Klärung: „Skalierung" meint die Konstruktion eines Messinstruments, dessen statistische Auswertung die fertige „Skala" in der zweiten Bedeutung ergibt. In der bereits erwähnten ersten Bedeutung bezieht sich der Begriff „Skala" auf das jeweilige Messniveau.

Das gebräuchlichste Skalierungsverfahren in der quantitativen Sozialforschung ist die Likert-Skala, seltener verwendet wird auch die Guttman-Skala.

Likert-Skala

Die *Likert-Skala*[91], auch als „Methode der summierten Ratings" bezeichnet, wird vor allem für die Messung von Einstellungen verwendet. Sie ist für die Messung eines eindimensionalen Konstrukts konzipiert und setzt eine bestimmte Menge an Aussagen (Items) voraus. Diese werden den Befragungspersonen mit der Bitte vorgelegt, jede einzelne Aussage anhand einer vorgegebenen Antwortskala zu bewerten. Man spricht daher auch von *Ratingskalen*. Eine Likert-Skala setzt sich somit immer aus mehreren Items zusammen; ein einzelnes intervall-skaliertes Item ist für sich noch keine Likert-Skala. Der Vorteil der Likert-Skala liegt - korrekte Anwendung vorausgesetzt - in der Erhöhung der *Reliabilität* der Messung (➔ Abschnitt 4.4.4.).

Eine Kernidee der Likert-Technik besteht darin, aus einer „rohen" Skala mit einer relativ großen Anzahl von Items im Zuge der sog. Itemkonsistenzanalyse die ungeeigneten Items auszusondern, also jene, die die zu untersuchende Dimension nicht gut oder gar nicht messen. Ein Fragebogen enthält somit eine Skala mit mehreren Items. Im Zuge der Datenauswertung werden jene Items ausgesondert, die entweder von Personen mit unterschiedlichen Einstellungen sehr ähnlich bewertet werden oder deren Antworten nichts mit den Antworten auf die übrigen Items gemein haben.

!	Die Items, auf denen Likert-Skalen basieren, werden auch für Faktorenanalysen zum Zweck der Dimensionsreduktion verwendet (siehe auch ➔ Abschnitt 8.5.). Die „hinter einer Itembatterie liegenden" latenten Variablen können in weiterer Folge als neue Variable für weitere Berechnungen verwendet werden.

Die Eliminierung der entsprechenden Items erfolgt mittels sog. „Trennschärfekoeffizienten". Diese geben an, wie hoch jedes einzelne Item der Rohskala mit der Gesamtskala korreliert. Items mit zu niedrigen Trennschärfekoeffizienten werden ausgesondert: Als Ergebnis verbleibt im Idealfall eine Likert-Skala, die die gewünschte Eigenschaft eindimensional mißt. In diesem Fall stellt die Likert-Skala ein reliables Messinstrument dar. Die Analyse der Trennschärfe wird weiter unten noch einmal aufgegriffen. Zunächst wird die Frage der Bildung von Items besprochen.

---

91 Entwickelt von Rensis Likert (1932)

Für die Bildung einer Likert-Skala werden mehrere Items in Form von mehrstufigen Intensitätsskalen gebildet, deren Antwortvorgaben häufig wie folgt (oder ähnlich) formuliert werden (Tab. 3):

Tab. 3: Exemplarische Antwortvorgaben einer Likert-Skala

stimme völlig zu	stimme eher zu	stimme teilweise zu	stimme eher nicht zu	stimme überhaupt nicht zu
1	2	3	4	5

Quelle: Eigene Angabe

Intervallskalierte Items können eine gerade oder ungerade Anzahl von Antwortvorgaben bzw. Stufen aufweisen (z.B. 4, 6, oder 8). In der Methodendiskussion gibt es im Hinblick auf die Frage, ob für die Skalierung eine gerade oder eine ungerade Anzahl von Skalenstufen verwendet werden soll, unterschiedliche Positionen. Zugunsten einer geraden Anzahl an Skalenstufen wird argumentiert, dass Befragte dadurch gezwungen werden, sich für eine (eher) positive oder (eher) negative Antwort zu entscheiden und somit eine Antworttendenz „zur Mitte" verhindert wird. Auch kann dadurch eine Tendenz zu neutralen Antworten bei Befragten vermieden werden, die keine genaue Meinung oder eine ambivalente Meinung haben. Will man Verfälschungen der Ratings durch eine übermäßige zentrale Tendenz vermeiden, sollten geradzahlige Skalenstufen verwendet werden. Die alternative Position hält dem entgegen, dass eine ungerade Anzahl an Skalenstufen erforderlich ist, weil einerseits „mittlere" Kategorien schlicht empirisch zutreffende Antwortwortmöglichkeit darstellen, die nicht außer Acht gelassen werden dürfen. Darüber hinaus wird darauf verwiesen, dass schon aus inferenzstatistischen Gründen die Möglichkeit gegeben sein muss, häufiger vorkommenden mittleren Ausprägungen entsprechenden Platz einzuräumen.

Eine weitere Frage bezieht sich - egal, ob gerade oder ungerade Anzahl von Skalenstufen - auf die Anzahl von Skalenstufen. Auch hier gibt es unterschiedliche Positionen. In der Praxis geht man oft davon aus, dass fünfstufige bzw. sechsstufige Skalen eine ausreichende Voraussetzung für die Ermittlung der Trennschärfe darstellen.[92]

Die Funktion der Likert-Skala als Messinstrument ergibt sich aus der Analyse der Items einer Rohskala. Mit der so genannten *Item-Konsistenzanalyse* werden im Zuge der Datenauswertung ungeeignete Items aus der Rohskala entfernt, weil angenommen werden kann, dass auch Items in die Skala aufgenommen wurden, die eine andere als die gewünschte Dimension messen.

> Betrachten wir dazu näher unser Beispiel aus der Arbeitszufriedenheit. In einem weit verbreiteten Verfahren zur Analyse der Arbeitssituation ist eine Item-Batterie zur Erfassung der Dimension Arbeitsbelastung (bestehend aus den Sub-Dimensionen „quantitative Überforderung" und „qualitative Überforderung") enthalten, die aus sieben Items mit fünfstufigen Antwortvorgaben besteht. Das Beispiel stellt bereits die „fertige" Skala nach Eliminierung nicht geeigneter Items dar (Tab. 4).[93]

---

92 Zu weiteren Aspekten der Diskussion über die „ideale" Skalierung vgl. Bortz/Döring 2006: 180f.

93 Udris/Alioth 1980. Der gesamte Fragebogen umfasst 6 Haupt- und 14 Sub-Dimensionen mit insgesamt 50

Tab. 4: Auszug aus einem Erhebungsinstrument zur Messung von Dimensionen der Arbeitszufriedenheit

Antwortkategorien / *Items*	stimmt …				
	überhaupt nicht	kaum	teils-teils	ziemlich	auf jeden Fall
	1	2	3	4	5
Sub-Dimension „Arbeitsbelastung - quantitative Überforderung“					
Man muss sich sehr beeilen, um mit seiner Arbeit fertig zu werden.					
Man hat so viel zu tun, dass es einem über den Kopf wächst.					
Es passiert so viel auf einmal, dass man es kaum bewältigen kann.					
Bei dieser Arbeit muss man zu viele Dinge auf einmal erledigen.					
Sub-Dimension „Arbeitsbelastung qualitative Überforderung“					
Man muss Dinge tun, für die man eigentlich zu wenig ausgebildet und vorbereitet ist.					
Es kommt schon vor, dass einem die Arbeit zu schwierig ist.					
Bei dieser Arbeit gibt es Sachen, die zu kompliziert sind.					

Quelle: Udris/Alioth 1980

In der Befragung versieht jeder Befragte das betreffende Item mit einem Zahlenwert. Die Anzahl der Items für die Messung eines Konstrukts kann bis zu 100 und mehr Items betragen. Aus der Summe der einzelnen Zahlenwerte für jedes Item wird der Skalenwert (engl. *score*) als Summe der Einschätzungen (bzw. des Ratings) aller betreffenden Items für die latenten Variablen, im Beispiel „quantitative Überforderung“ und „qualitative Überforderung“, berechnet.

Ob sich eine Skala und vor allem, welche Items einer Rohskala sich als Messinstrument eignen, wird durch zwei wesentliche Größen festgestellt. Zum einen wird die *Interkorrelation* der Items berechnet, wobei die Interkorrelationen eine Stärke zwischen 0.2. und 0.4 aufweisen sollten.[94] Eine hohe durchschnittliche Item-Interkorrelation bedeutet, dass die Items einer Likert-Skale ähnliche Informationen erfassen, also dieselbe inhaltliche Dimension (so wie angestrebt) messen. Damit kann das zu messende Konstrukt (theoretische Annahme über eine nicht direkt beobachtbare Variable) in seiner vollen Bandbreite erhoben werden und nicht nur einzelne Aspekte des Konstrukts.

Die mittlere Interkorrelation geht in die Item-Konsistenzanalyse ein. Der gebräuchlichste Koeffizient für die Item-Konsistenzanalyse ist „Cronbachs Alpha“ (α). Cronbachs Alpha kann als Korrelationskoeffi-

Items, die sich nach Selektionsprozessen als gut diskriminierende Items im Sinne einer finalen Skala herausgestellt haben.

94 Ein Beispiel für einer Interkorrelationsmatrix enthält Diekman 2008: 256. Vgl. Bortz/Döring 2006: 220.

zient Werte zwischen 0 und 1 annehmen. Als Daumenregel gilt, dass Skalen mit einem α > 0.8 akzeptabel sind[95]. In der Praxis werden öfters auch Werte ab 0.6 als ausreichend betrachtet. Im erwähnten Beispiel liegen die Interkorrelationen in der Praxis im geforderten Bereich; die Item-Konsistenz kann bei einem Alpha-Wert von 0.62 für die Items der Dimension „qualitative Arbeitsbelastung" und von 0.75 für die Dimension „Quantitative Arbeitsbelastung" als ausreichend beurteilt werden.

Bei einer hohen Trennschärfe kann davon ausgegangen werden, dass zwischen den betreffenden Items und dem Summenscore (s. den Skalenwert oben) ein besonders enger Zusammenhang besteht. Genau das ist auch das Ziel: Eine Skala zu erreichen, die möglichst genau eine Dimension (in ihren spezifischen Ausprägungen) misst. In der Forschungspraxis werden daher jene Items, die keine zufrieden stellende Trennschärfe erreichen, aus der Item-Batterie ausgesondert, bis jene Skala erreicht ist, die ausschließlich aus reliablen Items besteht. Der entscheidende Vorteil der Reduktion von Items besteht also darin, dass nur mehr die tatsächlich eine Dimension messenden Items berücksichtigt werden und dadurch die Reliabilität der Likert-Skala als Messinstrument erhöht wird.

!	Die Entwicklung eigener Skalen kann mitunter sehr aufwändig sein, vor allem dann, wenn Messinstrumente neu entwickelt werden müssen. Abhilfe kann hier die Nutzung von so genannten „Skalenhandbüchern" schaffen, aus denen, sofern sie für die eigenen Forschungszwecke als passend beurteilt werden können, auch fertige Skalen entnommen werden können. Das Skalenhandbuch des deutschen Zentrums für Umfragen, Methoden, Analysen (ZUMA) bietet eine Fülle von formulierten Itembatterien für unterschiedliche Zwecke zur freien Nutzung (gegen Registrierung). Angegeben werden dabei auch alle relevanten Gütekriterien und in der Regel auch der theoretische Hintergrund der jeweiligen Skalen. Das **„ZUMA-Skalenhandbuch"** steht über folgenden Links als Download zur Verfügung: http://www.gesis.org/dienstleistungen/methoden/spezielle-dienste/zis-ehes/download-zis/ (10.08.2009)

Guttman-Skalen

Der Grundgedanke der Guttman-Skala (auch Skalogramm-Analyse genannt) besteht darin, Untersuchungspersonen eine Reihe von Items vorzulegen, die immer extremer, stärker formuliert werden. Dabei wird angenommen, dass die Zustimmung zu einer bestimmten Aussage bedeutet, dass die Befragten auch den weniger extremen Aussagen zustimmen, die stärker formulierten Aussagen jedoch ablehnen. Ein bekanntes Beispiel stellen die folgenden Items zur Beschäftigung mit politischen Themen dar (Abb. 18):

95 Schnell/Hill/Esser 2008: 153.

Abb. 18: Beispiel einer Guttman-Skala zur Intensität der Beschäftigung mit politischen Themen

	trifft nicht zu	trifft zu
Ich diskutiere hin und wieder mit Freunden über aktuelle politische Themen	0	1
Ich bin Mitglied einer politischen Partei	0	1
Ich kandidiere als Parteimitglied für ein politisches Amt	0	1

Quelle: In Anlehnung an ILMES-Lexikon, Stichwort „Guttman-Skala", o.J.

Dieses einfache Beispiel zeigt einen von Item zu Item zunehmenden Grad an politischem Engagement an. Stimmt eine Untersuchungsperson dem zweiten Item zu, wird angenommen, dass auch Item 1 für sie zutrifft, Item 3 jedoch abgelehnt wird. In jedem Fall wird die Intensität des politischen Engagements mit Politik eindimensional gemessen.

Das Verfahren der Guttman-Skala benutzt einen Koeffizienten als Maß für die Reproduzierbarkeit (CR für engl. *coefficient of reproducability*, kann theoretisch zwischen 0 und 1 liegen; akzeptiert werden nur CR > 0.9, weil dies eine geringe Fehlerrate anzeigt). Die *Logik* dieser Maßzahl beruht auf der Annahme, dass das tatsächliche Antwortverhalten fehlerhaft ist und vom idealen, zulässigen Antwortmuster der Guttman-Skala abweicht. Eine fehlerhafte Antwort wäre dann gegeben, wenn Personen zwei oder gar mehreren Items zustimmen. Im Sinne der Guttman-Skala wird sodann aus der Zustimmung zu einem Item auf die Zustimmung zu schwächeren und auf die Ablehnung von stärker formulierten Items geschlossen.[96]

4.4.3. Mehrdimensionale Messung: Semantisches Differential

Likert-Skalen und Guttman-Skalen haben eines gemeinsam: Sie beziehen sich auf die Messung einer Dimension desselben Konstrukts. Für die Messung mehrerer Dimensionen wird in der Sozialforschung das so genannte semantische Differential bzw. Polaritätsprofil (engl. *semantic differential*) verwendet. Das Verfahren wird häufig in der Marktforschung eingesetzt, z.B. im Rahmen von Produkttests, wenn ein Produkt oder eine Marke durch ein Eigenschaftsprofil bewertet werden soll oder für die Bewertung des Images von Unternehmen.[97]

In einem semantischen Differenzial werden die Befragten gebeten, die Eigenschaften eines Objekts anhand einer Reihe von Adjektiven zu bewerten, die Gegensatzpaare bilden. Diese Gegensatzpaare beziehen sich auf mehrere Dimensionen. Meist erfolgt die Beantwortung auf einer siebenstufigen Skala, auf der jene Punkte angekreuzt werden sollen, die für den Befragten die eigene Einstellung am besten wiedergibt. Im folgenden Beispiel werden im Sinne der mehrdimensionalen Messung Dimensionen wie „Prestige", „Anmutung", „Funktionalität" u.a. erfasst:

Semantische Differentiale können auf mehrere Arten ausgewertet werden. Die gebräuchlichste Auswertungsform ist die Berechnung von Mittelwerten für jedes Gegensatzpaar auf Grundlage der Antworten aller Befragten. Auf diese Weise ergibt sich ein „Profil" auf dem Differential (Abb. 19). Es

---

96 Siehe dazu die mit einem Beispiel unterlegen Ausführunge in Schnell/Hill/Esser 2008: 193f.
97 Vgl. Broda 2006: 89ff.

können bei einem Vergleich mehrerer Objekte (z.B. Produktvergleiche) auch Ähnlichkeitsmaße unterschiedlicher Profile berechnet werden. Ein Beispiel wären die Einstellungsausprägungen von unterschiedlichen Altersgruppen und Geschlechtern zu spezifischen Produkten.

Das semantische Differential ist zwar ein vergleichsweise einfach zu erstellendes Instrument, es sollten jedoch zwei Voraussetzungen beachtet werden: (1) Die Skalen, und hier wiederum die adjektivischen Gegensatzpaare, sollten in Bezug auf die zu messenden Einstellungen eine klare Bedeutung besitzen. (2) Außerdem sollte, sofern nicht relativ aufwändige Verfahren zur Identifikation von „Skalen-Konzept-Interaktionseffekten" eingesetzt werden, berücksichtigt werden, dass Befragte die verwendeten Adjektive mitunter sehr unterschiedlich interpretieren.[98]

Abb. 19: Beispiel Semantisches Differenzial „Produkttest"

Welche Eigenschaften treffen Ihrer Meinung nach auf das Produkt XY am ehesten zu?

	-3	-2	-1	0	1	2	3	
statisch								dynamisch
altmodisch								modern
unauffällig								auffällig
gewöhnlich								einzigartig
hässliche Farbe								schöne Farbe
unangenehmes Material								angenehmes Material
abstoßend								Anziehend
schlechte Bedienbarkeit								gute Bedienbarkeit
unhandlich								handlich
hässliches Design								schönes Design
unattraktiv								attraktiv

Quelle: Eigene Darstellung

4.4.4. Gütekriterien: Objektivität, Reliabilität, Validität

Die bisherige Darstellung der Skalierungsverfahren konzentrierte sich darauf, zwei Verfahren für die Bildung von Skalen darzustellen. Damit Skalen den Charakter von anspruchsvollen und aussage-

98 Schnell/Hill/Esser 2008: 177

kräftigen Messinstrumenten bekommen, müssen einige Gütekriterien erfüllt sein. Häufig wird auch zwischen Haupt- und Nebengütekriterien unterschieden, wie Abb. 20 zeigt. Im vorliegenden Abschnitt wird der Schwerpunkt auf die Hauptkriterien gelegt:

Abb. 20: Haupt- und Nebengütekriterien[99]

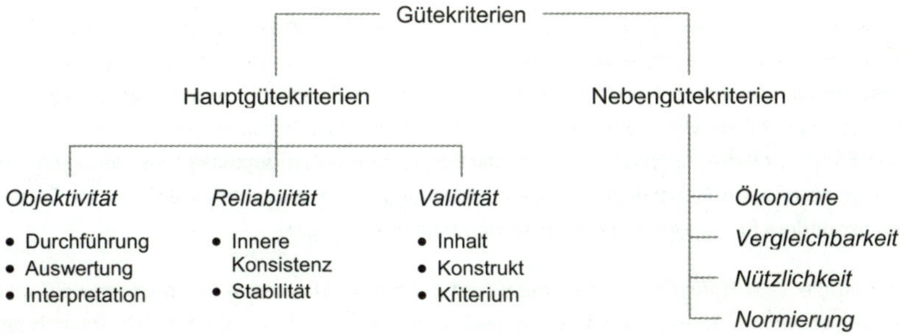

Quelle: Bühner 2004: 35

Objektivität

Die Objektivität ist – kurz gesprochen - gegeben, wenn verschiedene Personen mit dem gleichen Messinstrument bei einer Untersuchung dieselben Ergebnisse erzielen. Dieses Kriterium bezieht sich auf alle Phasen des Forschungsprozesses: sowohl bei der Durchführung der Befragung als auch bei der Auswertung der erhobenen Daten müssen – unabhängig von den ForscherInnen – dieselben Ergebnisse erzielt werden.

Das Objektivitätskriterium wird häufig in drei Unterkriterien ausdifferenziert: die *Durchführungsobjektivität* bezieht sich auf die Erzielung derselben Ergebnisse bei der Datenerhebung durch unterschiedliche InterviewerInnen. Die *Auswertungsobjektivität* erfordert, dass ForscherIn A und ForscherIn B bei der Auswertung dieselben Ergebnisse erzielen. Im gleichen Sinne verlangt die *Interpretationsobjektivität*, dass bei der Interpretation der Befunde keine maßgeblichen Unterschiede auftreten.

Reliabilität

Unter Reliabilität wird die Zuverlässigkeit verstanden, mit der ein Messinstrument bei wiederholten Messungen dieselben Messergebnisse reproduziert. Bei wiederholter Anwendung des Instruments soll stets dasselbe Ergebnis erzielt werden.

Grundsätzlich kann, wie auch schon in Zusammenhang mit der Likert-Skala dargestellt, die Reliabilität durch einen Korrelationskoeffizienten r ausgedrückt werden, der zwischen 0 und 1 liegen kann. 0 bedeutet, dass der gemessene Wert nur aus einem Fehler besteht; 1 bedeutet, dass der Messwert fehlerfrei ist.

---

[99] Vgl. Bühner 2004: 35, Lienert/Raatz, 1994: 7-14

Für die Beurteilung der Reliabilität werden in der quantitativen Sozialforschung vier Verfahren standardmäßig verwendet[100]:

- Paralleltest
- Test-Retest-Design
- Testhalbierung
- Konsistenzanalyse.

Beim *Paralleltest* (engl. *parallel-forms reliability test*) wird die Messung mit zwei verschiedenen, jedoch äquivalenten Instrumenten an denselben Untersuchungspersonen vorgenommen. Äquivalent bedeutet, dass die Items demselben Konzept zugrunde liegen und dieselben Formen der Skala besitzen, aber anders formuliert sind. Die Tests müssen also streng vergleichbar sein. Beispielsweise können in der Medizin Blutdruckwerte mit zwei unterschiedlichen Instrumenten gemessen werden: Stimmen die Ergebnisse überein, kann Reliabilität der beiden Messungen angenommen werden. Der Paralleltest eignet sich besonders für experimentelle Untersuchungsanordnungen.

Verbreiteter ist die *Test-Retest-Methode*. Dabei wird denselben Untersuchungspersonen ein und derselbe Test (meist nach mehreren Wochen) ein zweites Mal vorgelegt, um dann die Korrelation der beiden Ergebnisreihen zu ermitteln. Als Korrelationswert wird standardmäßig $r = 0{,}85$ gefordert.[101] Multipliziert man diesen Wert mit 100%, erhält man einen Wert, der angibt, „wie viel Prozent der Gesamtunterschiedlichkeit der Testergebnisse auf ‚wahre' Merkmalsunterschiede zurückzuführen sind".[102] Eine Retest-Reliabilität von 0,85 bedeutet somit, dass 85% der Merkmalsvarianz auf „wahre" Merkmalsunterschiede zurückgehen und nur 15% auf Fehlereinflüsse.

Für die Anwendung der Test-Retest-Methode sollten einige Voraussetzungen beachtet werden:

- Man sollte davon ausgehen können, dass der zu messende Sachverhalt über die zwei Messzeitpunkte hinweg stabil bleibt.
- Das Messinstrument muss identisch bleiben. In Fragebögen muss die gleiche Abfolge der gleichen Fragen gesichert sein; auch auf dieselben InterviewerInnen wird Wert gelegt.
- Bei der Wahl der Zeitabstände der beiden Erhebungen sollten Lern- und/oder Gedächtniseffekte vermieden werden. Auch sollte berücksichtigt werden, dass bestimmte Fragen bei den Untersuchungspersonen Nachdenkeffekte auslösen können, die bestimmte Einstellungen verändern können.

Die *Testhalbierung* (engl. *split-half-test*) ist die am wenigsten aufwändige Methode zur Schätzung der Reliabilität, weil der Test nur einmal einer Stichprobe vorgelegt wird. Für die Testhalbierung eignen sich nur Itembatterien, die aus einer größeren Anzahl bestehen. Alle Items müssen darüber hinaus auf denselben Sachverhalt gerichtet sein. Die Aufteilung des Tests in zwei Hälften kann auch zufällig erfolgen. Danach wird berechnet, wie stark die Antworten beider Hälften miteinander korrelieren. Die Testhalbierungsmethode ist ein sehr robustes Maß für die Schätzung der Reliabilität, weil im Sinne

---

[100] Im statistischen Sinn handelt es sich um „Schätzungen", weniger um Beurteilungen. Für eine kompakte Darstellung der Verfahren zur Schätzung der Reliabilität siehe Häder 2006: 109-114 und Schnell/Hill/Esser 2008: 151-153; die statistischen Zusammenhänge werden vertiefend bei Bortz/Döring 2006: 196-200 beschrieben.

[101] Häder 2006: 110

[102] Bortz/Döring 2006: 196

der Messtheorie angenommen werden kann, dass eine steigende Anzahl von Messungen zu einem Maximum an Übereinstimmung zwischen dem „wahren“ Messwert und dem Erwartungswert führt. Wenn also durch Testhalbierung die Anzahl der gemessenen Items reduziert wird, dürfte die Reliabilität unterschätzt werden und die tatsächliche Reliabilität höher liegen. Anders formuliert: Die Reliabilität eines Tests wächst mit seiner Länge.[103]

Das Vorgehen bei der *Item-Konsistenzanalyse* ist vergleichbar mit jenem bei der Halbierungstechnik; dem entsprechend gelten auch die selben Voraussetzungen. Der Unterschied besteht darin, dass bei der Konsistenzanalyse das Messinstrument nicht nur in zwei Hälften geteilt wird, sondern in so viele Teile, wie Items vorhanden sind. Der gebräuchlichste Koeffizient für die Item-Konsistenzanalyse ist „Cronbachs Alpha“ (α). Einer seiner Vorteile besteht in der Anwendbarkeit auf dichotome (z.B. Richtig-Falsch-Antworten) *und* polytome Items. Dieser Koeffizient entspricht dem Mittelwert aller möglichen „split-half“-Koeffizienten und kann aus den Korrelationen aller Items untereinander berechnet werden (Inter-Item-Korrelation).

Validität

Die stärksten Gütekriterien sind die der *Validität*. Messinstrumente können unter Umständen das Falsche messen, die Messung an sich kann jedoch korrekt sein. Sie wären damit zwar reliabel, aber nicht valide. Validität ist das Hauptziel der Konstruktion von Messinstrumenten und zugleich das komplexeste der Gütekriterien, weil es unterschiedliche Aspekte aufweist. Die Validität gibt den Grad an Genauigkeit an, mit dem ein Test oder ein Messinstrument tatsächlich das misst, was es messen soll. In dieser Definition verbergen sich unterschiedliche Formen der Validität.

Die *Inhaltsvalidität* (engl. *content validity*) bezieht sich darauf, ob eine Messung möglichst alle relevanten Aspekte eines Phänomens (z.B. einer Einstellung zu einem bestimmten Thema) misst. Inhaltlich ist eine Messung nur dann „gültig“, wenn in der Operationalisierung alle Aspekte eines Begriffs berücksichtigt wurden. So wäre die inhaltliche Validität der Variablen „Einstellung zu Weiterbildung“ aufgrund einer unvollständigen Operationalisierung nicht gegeben, wenn dieses Konzept nur im Sinne von Karrierestreben aufgefasst wird, aber die wertebezogenen Dimensionen (z.B. Bildung als kollektiver und individueller Wert) und die persönliche Motivation (z.B. in der Ausprägung „Freude am Lernen von neuen Dingen“) außer Acht gelassen werden.

In Zusammenhang mit der Inhaltsvalidität muss festgestellt werden, dass es für ihre Beurteilung keine objektiven Kriterien gibt. Vielmehr ist die inhaltlich vollständige Operationalisierung das Ziel. Diese Vollständigkeit kann z.B. durch die Beurteilung einer Itembatterie auf Vollständigkeit durch ExpertInnen geprüft werden. Das ExpertInnenrating ist eines der am häufigsten angewendeten und praktikabelsten Verfahren zur Prüfung der Validität. Häufig wird besonders der Messung selbst besonderes Augenmerk geschenkt, ohne auf die inhaltliche Validität zu achten. Der große Nutzen der „expert validity“ liegt daher darin, dass die Validität auch im Sinne der wissenschaftstheorischen Überlegungen geprüft wird.

Die *Kriteriumsvalidität* bezieht sich auf die Frage, in welchem Grad die mit einem Messinstrument erzielten Resultate mit anderen (so genannten „externen“) Kriterien, die unabhängig mit einem anderen Messinstrument erfasst werden, korrelieren. So wäre es denkbar, dass, bezogen auf das Beispiel

---

[103] Ebenda, 198 und Häder 2006: 113

der Weiterbildungsstudie, eine positive Einstellung zu Weiterbildung gemessen wurde und in einer weiteren Erhebung das Ausmaß der späteren Weiterbildungsbeteiligung erfasst wird. Weisen die positiv eingestellten Untersuchungspersonen in der Zukunft tatsächlich eine höhere Weiterbildungsbeteiligung auf (liegt also eine Korrelation zwischen den Ergebnissen der ersten Messung mit einem anders gemessenen Kriterium vor), dann sprechen wir von Vorhersagevalidität (engl. *predictive validity*).

Im Unterschied zur Vorhersagevalidität, bei der interne und externe Kriterien zu unterschiedlichen Zeitpunkten gemessen werden, erfolgt die Messung dieser Kriterien bei der Übereinstimmungsvalidität (engl. *concurrent validity*) zum selben Zeitpunkt. Im Vordergrund steht die Absicht, mit einem Messinstrument Unterschiede zwischen Gruppen deutlich herauszuarbeiten. Politische „Links-Rechts-Skalen" verfolgen etwa den Zweck, klar zwischen unterschiedlichen ideologischen Gruppierungen zu unterscheiden. Stimmen die Ergebnisse der Messung mit dem ebenfalls erfassten tatsächlichen Wahlverhalten überein, ist Übereinstimmungsvalidität gegeben. Problematisch ist allerdings, dass häufig die Ursachen für die „Mitgliedschaft" zu einer weltanschaulichen Gruppe nur indirekt mit der zu validierenden Messung zusammenhängen.[104] Die Kriteriumsvalidität ist im Unterschied zur Inhaltsvalidität messbar, sie wird durch Korrelationskoeffizienten ausgedrückt.

Sowohl Inhalts- als auch Kriteriumsvalidität sind nicht immer anwendbar oder wenig aussagekräftig. Daher ist die *Konstruktvalidität* besonders wichtig für die Herleitung von empirisch überprüfbaren Aussagen über Zusammenhänge eines Konstrukts mit anderen Konstrukten und für den empirischen Nachweis dieser Konstrukte. Der Begriff „Konstrukt" meint die in Theorien enthaltenen Sachverhalte, welche nicht direkt beobachtbar sind. Dabei handelt es sich um gedankliche, theoretische Fassungen eines Sachverhalts.

Es ist also bei der Konstruktvalidität nicht das einzelne Außenkriterium vorrangig, sondern die Vorhersage einer möglichst großen Anzahl unabhängig gemessener Kriteriumswerte, die durch theoretische Zusammenhänge miteinander verbunden sind. Gegenstand des Validierungsprozesses sind die Zusammenhänge zwischen theoretischen Dimensionen. Es wird also - auf der Basis einer Theorie - ein Zusammenhang zwischen verschiedenen Konstrukten angenommen und überprüft. Die Bestätigung des angenommenen Zusammenhangs ist allerdings kein Beweis.

Der Überprüfung der Konstruktvalidität liegt die Idee zugrunde, dass ein Merkmal einer Person auch das Vorliegen anderer Merkmale „steuert". So könnte man z.B. annehmen, dass Personen, die ein besonders nachhaltiges Umweltverhalten (U) an den Tag legen, auch eine überdurchschnittliche Kooperationsbereitschaft (K) besitzen.

---

[104] Diekmann 2008: 259

5. Auswahlverfahren

Im vorangegangenen Kapitel standen Fragen der Operationalisierung im Mittelpunkt. Im Rahmen der Untersuchungsplanung müssen wir nun entscheiden, welche Auswahlverfahren für die Untersuchung angewendet werden sollen. In der Praxis muss entschieden werden, ob eine *Vollerhebung* (auch: Totalerhebung), also eine Erhebung sämtlicher Elemente einer Grundgesamtheit, oder eine *Teilerhebung* auf Basis einer Stichprobenziehung, bei der eine Teilmenge aller möglichen Elemente erhoben wird, durchgeführt wird.

In vielen Fällen sind Vollerhebungen angebracht, zum Beispiel dann, wenn die Grundgesamtheit klein ist. Wenn in einem Unternehmen insgesamt 54 MitarbeiterInnen befragt werden sollen, ist eine Stichprobenziehung schon aus statistischen Gründen meist nicht sinnvoll. Auch die Kosten für eine Befragung aller 54 MitarbeiterInnen werden sich in Grenzen halten. Auch psychologische Gründe können eine Rolle spielen: Im Falle einer Stichprobenziehung könnte bei den nicht in die Stichprobe aufgenommenen MitarbeiterInnen der Eindruck entstehen, ihre Meinung wäre nicht wichtig.

Vollerhebungen empfehlen sich auch dort, wo die Grundgesamtheit im Hinblick auf die relevanten Merkmale sehr heterogen, uneinheitlich ist. Würde man hier eine Stichprobe ziehen, erhöht sich die Gefahr, dass Teilmengen mit „extremen" Merkmalen über- oder unterdurchschnittlich stark in der Stichprobe Eingang finden und letztlich die Untersuchungsergebnisse verzerrt würden.

In vielen Fällen verbieten sich Vollerhebungen allerdings. Die vollständige Verkostung aller Flaschen eines Weinkellers ist ein Beispiel dafür, weil in diesem Fall alle Elemente der Grundgesamtheit zerstört würden. Generell werden wir bei Qualitätskontrollen von Gütern und Waren Stichproben bevorzugen, um nicht eine zu große Anzahl von Elementen unnötig zu beschädigen oder gar zu zerstören. Ein derartiges Vorgehen wäre wirtschaftlich völlig unvernünftig. Darüber hinaus wäre es aber auch statistisch betrachtet völlig unnötig.

Es kann also in vielen Fällen sehr vorteilhaft sein, aus der Grundgesamtheit aller zu untersuchenden Elemente eine wohlüberlegte Stichprobe zu ziehen. Dadurch können wir nicht nur Kosten sparen, bei systematischer Vorgehensweise kann – vielleicht etwas überraschend - gerade durch die Ziehung von Stichproben die Genauigkeit und Verlässlichkeit der Ergebnisse gesteigert werden.[105]

5.1. Zentrale Begriffe: Grundgesamtheit, Auswahlgesamtheit, Untersuchungseinheit

Bevor wir entscheiden können, welche Auswahlverfahren wir anwenden, ist es zweckmäßig zu bestimmen, über welche *Grundgesamtheit* wir mit einer Untersuchung überhaupt Aussagen treffen wollen. Meist geht diese Frage Hand in Hand mit der Klärung der so genannten *Untersuchungseinheiten*, das sind jene Personen oder Fälle, auf deren Merkmale sich die Untersuchung bezieht (manchmal wird für den Begriff Untersuchungseinheiten auch der wenig elegante Ausdruck „Elemente" verwendet).

---

[105] Schnell/Hill/Esser 2008: 269

Beispiel: Im Rahmen eines Forschungsprojekts sollte untersucht werden, in welchem Ausmaß Wienerinnen und Wiener berufliche Weiterbildungsveranstaltungen besuchen[106]. Bereits am Beginn des Projekts ging es darum zu klären, welche Personen überhaupt zur Gesamtheit aller relevanten „Wienerinnen und Wiener" gehören. An dieser Stelle eines Forschungsprozesses ist es immer zweckmäßig, die Forschungsfrage (und die mit ihr verbundenen Hypothesen) zu betrachten, um festzulegen, auf welche Gesamtheit von Elementen sich die Ergebnisse der Untersuchung überhaupt beziehen sollen. In unserem Beispiel könnte man fragen:

- auf alle erwerbs*fähigen* Personen im Bundesland Wien?
- nur auf Personen mit abgeschlossener Schulbildung?
- auf alle Personen ungeachtet ihres besonderen Erwerbsstatus, z.B. auch PensionistInnen, arbeitslose Personen, illegal Erwerbstätige?
- oder nur auf ausgewählte Berufs- und Altersgruppen?

In unserem Beispiel lautete eine Hypothese, dass Personen mit höherer Ausbildung sich auch stärker beruflich weiterbilden, darüber hinaus ein größeres Interesse und eine größere Bereitschaft haben, dies auch in Zukunft zu tun und über Informationsvorsprünge und bessere Finanzierungsmöglichkeiten verfügen. Kurz: Die positiven Effekte höherer Ausbildung zeigen sich in verstärkter beruflicher Weiterbildung. Umgekehrt: Personen mit niedriger Ausbildung besitzen weniger Chancen für die Teilnahme an beruflicher Weiterbildung.

Aufgrund dieser Hypothesen wurde für den Untersuchungszweck die relevante Gesamtheit der „Erwerbstätigen Wiener Wohnbevölkerung" eingegrenzt. So wurden Lehrlinge ausgeschieden, weil sie sich noch in einem Ausbildungsverhältnis befinden und noch nicht zu den Erwerbstätigen gerechnet werden; desgleichen PensionistInnen, weil sie keine Erwerbstätigkeit mehr ausüben. Ausgeklammert werden musste auch die gesamte Gruppe der illegal Erwerbstätigen, weil es zu dieser Personengruppe schlicht keine Informationen gibt. Relevant waren hingegen arbeitslose Personen, weil auch im Zustand der Arbeitslosigkeit berufliche Weiterbildung durchgeführt werden kann.

Somit wurden als Personen, über die Aussagen getroffen werden sollten, aufgrund der interessierenden Merkmale „alle erwerbstätigen und arbeitslosen Wiener/inn/en im Alter von 19-64 Jahren" definiert.[107] Diese Gruppe stellte somit die *Grundgesamtheit* der Untersuchung dar. Als *Untersuchungseinheiten* weisen alle diese Personen im Sinne des interessierenden Merkmals ein gewisses Ausmaß an beruflicher Weiterbildung auf (das von keiner bis zu sehr intensiver Weiterbildungsbeteiligung reichen kann).

Die Grundgesamtheit ist also jene Menge von Personen oder Fällen, über die wir Aussagen machen wollen (und können). Die Grundgesamtheit ist nicht statistisch, sondern durch inhaltliche Überlegungen definiert. Damit kann auch der Begriff „Grundgesamtheit" allgemein definiert werden:

! „Unter **Grundgesamtheit** ist diejenige Menge von Individuen, Fällen, Ereignissen zu verstehen, auf die sich die Aussagen der Untersuchung beziehen sollen und die im Hinblick auf die Fragestellung und die Operationalisierung vorher genau abgegrenzt werden muss." (Kromrey 2006: 269)

[106] Kerschbaumer et al. 2006

[107] Die Definition erfolgte nach dem Labour Force-Konzept der ILO – International Labour Organization: http://www.ilo.org/global/What_we_do/Statistics/topics/Employment/lang--en/index.htm (05.03.2010)

Diese Definition von Grundgesamtheit bezieht sich, genau genommen, auf die *angestrebte* Grundgesamtheit (auch „Zielpopulation“ oder engl. *target population* genannt). Allerdings stehen wir in der Forschungspraxis häufig vor dem Problem, dass diese angestrebte Grundgesamtheit nicht immer vollständig und korrekt erfasst bzw. erfassbar ist. Dafür kann es unterschiedliche Gründe geben: Möglicherweise hält sich eine Teilmenge der Grundgesamtheit nicht im Untersuchungsgebiet auf oder ist dort noch nicht oder nicht mehr registriert und erreichbar (z.B. über Einwohnerregister, Telefonbücher). Es kann also sein, dass nicht alle Elemente, die zur Grundgesamtheit gehören, die Chance haben, überhaupt in die Auswahlgesamtheit (auch Erhebungs-Grundgesamtheit genannt, engl. *frame population*) zu kommen (Abb. 21).

Abb. 21: Auswahlgesamtheit, Zielpopulation, Survey-Population

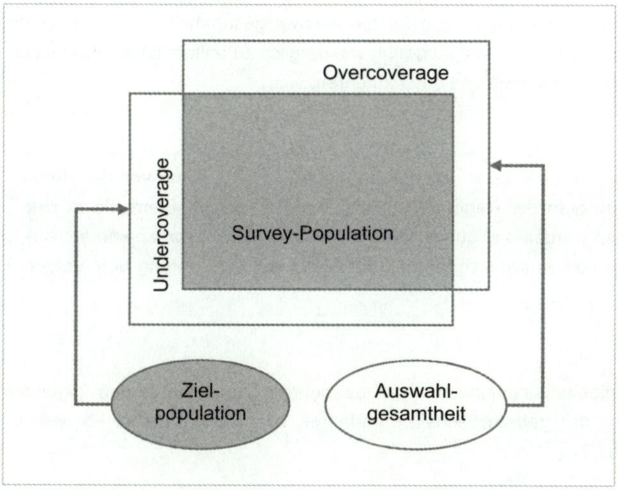

Quelle: Groves et al. 2004: 54

Die Auswahlgesamtheit ist jene Menge, aus der *faktisch* die Stichprobe gezogen wird[108]. Sie entspricht allen Elementen, die eine reelle Chance haben, in die Stichprobe aufgenommen zu werden. Die Auswahlgesamtheit kann wiederum von der so genannten „Survey Population“ abweichen, wenn entweder Fälle, die nicht als Untersuchungseinheit definiert wurden, in die Stichprobe gelangen, oder Fälle, die in die Stichprobe gelangen sollten, nicht Eingang finden. Im ersten Fall spricht man von „Overcoverage“ („Überabdeckung“), im zweiten Fall von „Undercoverage“ („Unterabdeckung“).[109] Denken Sie an Telefonlisten: Manche Personen oder Firmen sind mit mehr als einer Nummer im Telefonbuch vertreten und haben damit höhere Chancen, in die Stichprobe zu rutschen als andere Fälle, die nur einmal vertreten sind. Das können wir allerdings nachvollziehen und kontrollieren. Personen hingegen, die sich keinen offiziellen Telefonanschluss leisten können, werden hingegen Gefahr laufen, unterrepräsentiert zu sein und wir haben keine Möglichkeit, diese Verzerrung zu

[108] Kromrey 2006: 271
[109] Groves et al. 2004: 70ff.

korrigieren. Overcoverage ist also weniger problematisch, weil die betreffenden Fälle in der Datenanalyse ausgeschlossen werden können. Hingegen ist Undercoverage problematisch, weil Verzerrungen auftreten können, die nicht statistisch kontrollierbar sind.

Kurz gefasst: Die Zielpopulation ist jene Menge, die wir grundsätzlich untersuchen wollen, bei der aber eine vollständige Erhebung nicht immer möglich ist. Die Auswahlgesamtheit ist der Teil der Grundgesamtheit, aus der wir die tatsächliche Stichprobe ziehen. Ziehen wir im nächsten Schritt noch die Fälle ab, die nicht zur eigentlichen Zielpopulation gehören, erhalten wir die Survey-Population.

Wir können uns vorstellen, dass die angestrebte Grundgesamtheit von der Auswahlgesamtheit unter Umständen erheblich voneinander abweicht. Je größer diese Abweichung, desto schwerwiegender sind auch die Konsequenzen für die Repräsentativität der Ergebnisse. Auch wenn wir das Auswahlverfahren noch so korrekt durchführen, kann die Stichprobe nur für jene Fälle repräsentativ sein, auf die das Stichprobenverfahren angewendet wird, also für die Auswahlgesamtheit und nicht für die angestrebte Grundgesamtheit. Um diese Differenz so gering wie möglich zu halten, ist es erforderlich, die Auswahl von Teilmengen korrekt zu planen und durchzuführen.

> **!** Eine methodisch korrekte „Auswahl" oder „Stichprobe" liegt dann vor, wenn **vor** der Untersuchung in einem **Auswahlplan** die **Regeln** festgelegt werden, welche Elemente in eine Teilerhebung aufgenommen werden und auf welche Weise ihre Auswahl vorgenommen wird. Eine korrekte Anwendung von Auswahlverfahren unterstützt die Minimierung von Verzerrungen in der Stichprobe.

Für die konkrete Auswahl der Untersuchungseinheiten gibt es mehrere Verfahren. In den folgenden Abschnitten wird die Anwendung der gebräuchlichsten Verfahren besprochen. Dabei können wir zunächst unterscheiden zwischen

- zufallsgesteuerten Verfahren (probabilistische Verfahren) und
- nicht zufallsgesteuerten Verfahren (nicht-probabilistische Verfahren).

5.2. Probabilistische Stichproben

Als Faustregel können wir uns vorab merken, dass probabilistische Auswahlverfahren (Zufallsstichproben) immer dann gezogen werden sollten, wenn über die Verteilung der untersuchungsrelevanten Merkmale praktisch nichts bekannt ist.[110]

Was bedeutet in diesem Zusammenhang „zufallsgesteuert"? Wir haben schon gesehen, dass eine Stichprobe immer ein „Miniaturbild" der Grundgesamtheit im Hinblick auf die spezifischen unter-

[110] Bortz 2006: 86

suchungsrelevanten Merkmale darstellen soll. Eben dieses verkleinerte Abbild soll zufällig zustande kommen. Allerdings bedeutet „zufällig" in diesem Zusammenhang nicht „beliebig" oder „willkürlich". Vielmehr gehen wir bei der zufälligen Auswahl einer Teilmenge aus einer Grundgesamtheit systematisch vor, indem wir einen Auswahlplan verwenden. Genau genommen stellen wir durch bestimmte *Kontrollen* sicher, dass der *Zufall* auch wirklich eintreten kann. Dafür stehen im Rahmen der zufallsgesteuerten Auswahlverfahren mehrere Möglichkeiten zur Verfügung (siehe Abb. 22). Die wichtigsten sollen in den folgenden Abschnitt en besprochen werden.

Abb. 22: Zufallsgesteuerte Auswahlverfahren

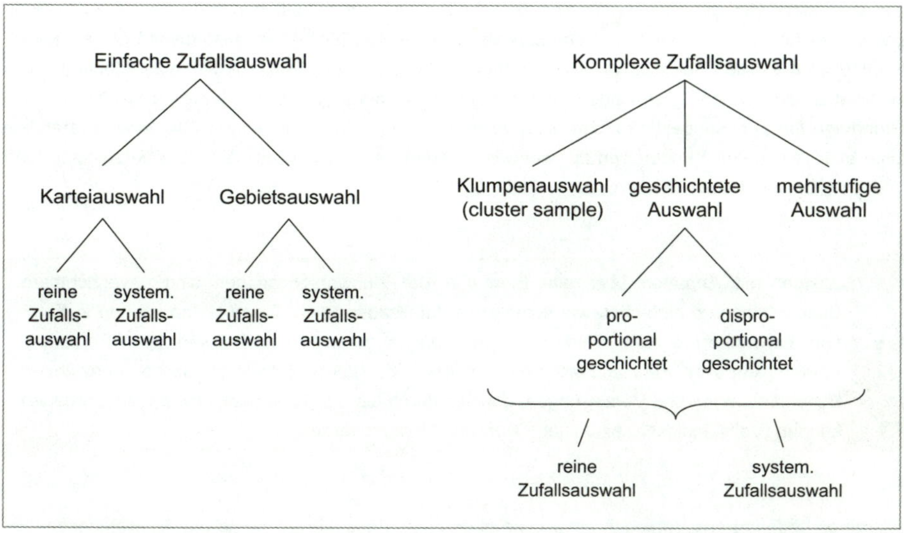

Quelle: Kromrey 2006: 280

5.2.1 Einfache Zufallsauswahl

Denken wir an das bekannte Beispiel der wöchentlichen Lotto-Ziehung. Vorausgesetzt, alles läuft korrekt ab, können wir uns eine zufällige Ziehung folgendermaßen vorstellen: Alle Elemente (Kugeln) kommen in einen Container, der gut durchmischt wird. Durch entsprechende Mechanik werden in sechs Durchgängen sechs Elemente gezogen (plus die siebente Ziehung für die Zusatzzahl). Dabei wird streng darauf geachtet, dass nach jeder erfolgten Ziehung die verbliebenen Elemente wieder gut durchmischt werden. Auf diese Weise werden zwei Bedingungen gewährleistet: Erstens, die Bestimmung jeder einzelnen Gewinnzahl geschieht tatsächlich durch Zufall; und zweitens, der Zufall ist durch Kontrollen gesichert. Es handelt sich in diesem Fall um eine *reine Zufallsauswahl* (simple random sample).

Von der reinen Zufallsauswahl unterscheidet sich die *systematische Zufallsauswahl*: Systematisch bedeutet, dass wir aus einer Liste oder Kartei (z.B. einer Adressliste) den ersten Fall zufällig bestimmen (z.B. durch Würfeln oder durch Bestimmung einer Zufallszahl). Alle weiteren Einheiten werden systematisch bestimmt, indem zum Beispiel jeder weitere 100. Fall aufgenommen wird. Wenn wir bei einer Erhebungsgesamtheit von N = 100.000 und einer Stichprobengröße von n = 1000 zufällig den 26. Fall als ersten Fall bestimmt haben, wären das die Nummern 126, 226, 326, ... 99926. Auch bei dieser Vorgehensweise ist sichergestellt, dass vor Beginn des Auswahlprozesses jedes Element die gleiche Chance hat, in die Stichprobe aufgenommen zu werden.

Solche Zufallsauswahlen kommen nicht nur bei der so genannten Karteiauswahl, sondern auch bei einer Gebietsauswahl (auch: Flächenstichprobe) zur Anwendung. Der Auswahlplan wird dabei nicht auf eine Kartei, sondern auf räumliche Einheiten angewendet, von denen angenommen werden kann, dass sie die Erhebungseinheiten bestimmen (z.B. Wohnblöcke, Stadtbezirke, etc.).

Die wichtigsten *Voraussetzungen* für eine einfache Zufallsauswahl bestehen darin, dass ein vollständiges Verzeichnis aller Elemente der Grundgesamtheit existiert (Liste) und dass diese Liste aktuell ist. In Österreich existiert beispielsweise ein zentrales Melderegister (ZMR) mit aktuellen Identitäts- und Wohnsitzdaten für alle Gemeinden und Städte. Eine derartige „Liste" kann beispielsweise als Grundlage für eine Kundenbefragung auch vorliegen, wenn ein Unternehmen über eine vollständige Liste aller relevanten Kunden verfügt, wenn ein Verein ein vollständiges Mitgliederverzeichnis führt oder eine Universität alle Studierenden vollständig erfasst.

! „Listen" mit Angaben über alle Elemente der Auswahlgesamtheit sind unverzichtbare Bestandteile von einfachen wie komplexen Zufallsauswahlen. Diese Listen können in Form von Einwohnerregistern, Telefonbüchern oder anderen Verzeichnissen über Personen, Firmen, Adressen von Haushalten etc. vorliegen. Zu klären sind vor der Stichprobenziehung Beschränkungen und Verzerrungen, die sich durch die die Systematik dieser Listen ergeben können (Vollständigkeit, Aktualität, Over- und Undercoverage).

Allerdings bedeutet das Vorliegen einer Liste noch nicht, dass alle Elemente der Auswahlgesamtheit (Personen) auch tatsächlich erreicht werden können. So kann es sein, dass derartige Listen für die Sozialforschung aus unterschiedlichen Gründen (z.B. Datenschutzbestimmungen) nicht oder nur eingeschränkt zugänglich sind. Darüber hinaus könnte auch eine gute Liste praktisch einige Probleme bereiten, zum Beispiel dann, wenn die in der Liste enthaltenen Elemente regional weit verstreut sind. In diesem Fall müssten zum Beispiel für eine face-to-face-Befragung in allen Gebieten ausreichend InterviewerInnen zur Verfügung stehen, was einigen Aufwand und erhebliche Kosten bedeuten kann.

Sind die Voraussetzungen gegeben, kann grundsätzlich eine einfache, einstufige Zufallsauswahl durchgeführt werden. Allerdings kann auch das Auswahlverfahren selbst mit systematischen Fehlern behaftet sein. Die Folge wäre eine Verletzung des Zufallsprinzips und somit Verzerrungen der Stichprobe (engl. *bias*). Hängen diese Schwierigkeiten mit dem Auswahlverfahren zusammen, sprechen wir von einem *sampling bias*; hängen sie mit dem jeweiligen Erhebungsverfahren zusammen, dann sprechen wir von einem *non-sampling bias*. In der Praxis treten besonders häufig die folgenden Schwierigkeiten auf:

1. In der Grundgesamtheit gibt es Untergruppen, die zwar für die Fragestellung wichtig sind, aber in der Stichprobe mit zu geringen Fallzahlen vertreten sind, sodass sie nicht mehr separat ausgewertet werden können (z.B. Randgruppen).
2. Wie bereits erwähnt, können Listen unvollständig und/oder nicht aktuell sein und bestimmte Teile der Grundgesamtheit aus diesem Grund unberücksichtigt bleiben oder überproportional vertreten sein (Over- und *Under-Coverage*).
3. Bei allen Formen der standardisierten Befragung (postalisch, telefonisch, face-to-face, online) können relevante Teile der Zielpopulation die Teilnahme an der Erhebung verweigern (*Non-Response-Problem*).

Wenn derartige Nachteile bestehen, sollte eine einfache Zufallsauswahl vermieden und stattdessen eines der komplexen Auswahlverfahren verwendet werden. Der Unterschied besteht darin, dass nicht mehr jedes Element der Grundgesamtheit die *gleiche* Chance hat in die Stichprobe aufgenommen zu werden, sondern eine *bekannte* Chance haben muss, ausgewählt zu werden.

5.2.2. Komplexe Zufallsauswahl

Geschichtete Zufallsstichprobe (stratified sample)

Die geschichtete Zufallsstichprobe beruht meist auf der Absicht, die Stichprobendaten auch getrennt für bestimmte Untergruppen auszuwerten. Nehmen wir an, wir wollen das Durchschnittsalter einer Population schätzen. Wenn wir mittels einfacher Zufallsauswahl 500 Menschen in Wien auswählen, werden in dieser Stichprobe möglicherweise einige Altersgruppen über- bzw. unterrepräsentiert sein. Mit hoher Wahrscheinlichkeit wird daher auch unsere Schätzung des Durchschnittsalters (arithmetisches Mittel) eine gewisse Fehlerbreite aufweisen.

In diesem Fall bietet sich eine „Schichtung" der Stichprobe an. Die Grundüberlegung der geschichteten Zufallsstichprobe besteht darin, die Grundgesamtheit nach bestimmten Merkmalen bzw. Schichtungskriterien in verschiedene Gruppen („Schichten" bzw. engl. *strata*) zu unterteilen. Solche Schichtungskriterien können z.B. Geschlecht, Alter oder Bildungsabschluss sein. Aus jeder Schicht wird dann im nächsten Schritt eine einfache Zufallsstichprobe gezogen[111], wobei jedes Element der Grundgesamtheit nur einer Schicht zugerechnet werden darf[112].

So könnte im Hinblick auf das Merkmal Alter eine Unterteilung in drei Altersgruppen „niedriges Alter", „mittleres Alter", und „hohes Alter" vorgenommen werden. Wir können an dieser Stelle schon erahnen, dass für die Schichtung einer Stichprobe eine wichtige Bedingung erfüllt sein muss: Der Umfang der Personen in jeder der drei Altersklassen muss bekannt sein.

[111] Noelle-Neumann/Petersen 2000: 240
[112] Schnell/Hill/Esser 2005: 279

> **!** Für eine geschichtete Stichprobe ist die Kenntnis der Verteilung des Schichtungsmerkmals (oder mehrerer Schichtungsmerkmale) in der Grundgesamtheit erforderlich. Dazu stehen in der Regel öffentliche Statistiken (Listen) zur Verfügung, die Auskunft über die Größe von Altersgruppen, der Geschlechtsverteilung oder anderer interessierender Merkmale geben. Achten Sie darauf, dass die Informationen über Schichtungsmerkmale einen aktuellen Stand aufweisen. Bei älteren Informationen besteht die Gefahr, die Verteilung bzw. Größe der einzelnen Schichten falsch einzuschätzen.

Die geschichtete Zufallsauswahl kann zwei Formen annehmen: Sind die Anteile der Teilgruppen in der Stichprobe genau so groß wie ihre Anteile in der Grundgesamtheit, handelt es sich um eine *proportional* geschichtete Stichprobe. Die prozentuelle Verteilung des Schichtungsmerkmals in der Stichprobe entspricht in diesem Fall der Verteilung des Merkmals in der Grundgesamtheit. Von einer *disproportiona*l geschichteten Stichprobe sprechen wir hingegen dann, wenn aus unterschiedlich großen Schichten jeweils die absolut gleiche Anzahl von Elementen gezogen wird. In diesem Fall entspricht die anteilsmäßige Verteilung des Schichtungsmerkmals in der Stichprobe *nicht* seiner Verteilung in der Grundgesamtheit. Das kann manchmal gewünscht sein, gerade um eine Under-Coverage von bestimmten Untergruppen zu vermeiden.

Die geschichtete Zufallsauswahl ist eines der in der Praxis am häufigsten verwendeten Auswahlverfahren, weil es wesentliche Vorteile gegenüber der einfachen Zufallsstichprobe aufweist:

1. Das Fehlerintervall der Schätzung ist in der Regel geringer als bei einer einfachen Zufallsauswahl.
2. Innerhalb der Schichten wird die Variation des Schichtungsmerkmals verringert (Homogenität innerhalb der Schichten) und seine Variation zwischen den Schichten vergrößert sich (Heterogenität zwischen Schichten). Durch diesen *Schichtungseffekt* kann die Genauigkeit der Schätzung und die Verlässlichkeit von Verallgemeinerungen verbessert werden.
3. Der erforderliche Stichprobenumfang kann so klein wie möglich gehalten werden, wodurch sich auch Kostenvorteile ergeben.

Klumpenstichprobe (cluster sample)

Manchmal ist wenig über die Grundgesamtheit bekannt, weil zum Beispiel keine Liste aller Elemente der Grundgesamtheit existiert. In solchen Fällen kann sich eine Auswahl nicht auf einzelne Personen richten, sondern wird sich auf Teil*kollektive* beziehen müssen. Nehmen wir an, wir wollen ManagerInnen in der Automobilindustrie zu Kompetenzanforderungen befragen. Eine vollständige Liste an ManagerInnen dürfte nicht existieren, wohl aber können wir eine vollständige Liste von Unternehmen der Automobilindustrie organisieren. Aus dieser Liste kann dann auf der ersten Stufe des Auswahlverfahrens eine Zufallsstichprobe gezogen werden; wir erhalten auf diese Weise Klumpen (oder engl. *cluster*) von Unternehmen. Auf der zweiten Stufe der Auswahl werden sodann alle Elemente der ausgewählten Klumpen befragt, also die ManagerInnen.

Beispiel: Eine Klumpenauswahl kann auch mehrstufig erfolgen. Ein bekanntes Beispiel dafür ist die PISA-Studie.[113] So wird bei PISA auf Grundlage einer Liste mit allen Schulen im ersten Schritt eine Zufallsauswahl an Schulen in den einzelnen Bundesländern vorgenommen; auf der zweiten Stufe wird wiederum eine Zufallsauswahl der Schulklassen vorgenommen, in denen Schüler/innen befragt werden sollen; auf der dritten Stufe werden dann alle Elemente (=Schüler/innen) befragt.

Hier werden die Vorteile der Klumpenstichprobe sichtbar: Die Klumpenauswahl ist dann praktikabel, wenn die Grundgesamtheit in einfach unterscheidbare, „natürliche" Klumpen zerlegt werden kann. Es ist darüber hinaus keine vollständige und aktuelle Liste (z.B. aller SchülerInnen) notwendig, ausreichend ist eine Liste aller relevanten Teilkollektive, weil davon ausgegangen werden kann, dass über diese Liste alle Personen, die befragt werden sollen, auch tatsächlich erreicht werden, egal ob dies in einer Stufe oder in mehreren Stufen geschieht.

Dem stehen jedoch statistische Nachteile gegenüber. Sind die Unterschiede zwischen den Clustern sehr groß (unterscheiden sich beispielsweise die ausgewählten Unternehmen durch besondere Faktoren stark voneinander), dann sind die Elemente innerhalb der Cluster ähnlicher als bei einer einfachen Zufallsstichprobe. Dieser „Klumpeneffekt" führt zu einer größeren Ungenauigkeit der Schätzungen gegenüber einer Zufallsstichprobe. So ist das Vertrauensintervall bei Klumpenstichproben breiter. Daraus resultiert, dass das Fehlerintervall von Parameterschätzungen (z.B. des Mittelwerts) oder von Anteilswerten in der Grundgesamtheit größer ist als bei einfachen Zufallsstichproben. Die mit der Klumpenstichprobe verbundenen Fehler können reduziert werden, wenn

- eine größere Anzahl an Klumpen befragt wird,
- kleinere Klumpen ausgewählt werden
- die Klumpen in sich möglichst heterogen sind, und
- die Heterogenität zwischen den Klumpen möglichst groß ist.

Mehrstufige Auswahlverfahren (engl. multi-stage sampling)

In vielen Fällen sind die bisher beschriebenen Auswahlverfahren nicht angebracht oder nicht durchführbar. Speziell bei Untersuchungen, deren Grundgesamtheit die „allgemeine Bevölkerung" darstellt, sind oft mehrstufige Auswahlverfahren erforderlich, bei denen nacheinander – in mehreren Stufen - Zufallsstichproben durchgeführt werden. Dabei wird die Grundgesamtheit auf der ersten Stufe in Gruppen von Elementen, in so genannte Primäreinheiten (engl. *primary sampling units*) unterteilt. Aus diesen Primäreinheiten werden dann wiederum zufällig die „Sekundäreinheiten" als Auswahleinheiten der zweiten Stufe gezogen. Manchmal sind weitere Auswahlstufen notwendig. Ist das nicht der Fall, bilden die Auswahleinheiten der zweiten Stufe bereits die Erhebungseinheiten.

Das Verfahren ähnelt zwar der Klumpenauswahl, unterscheidet sich aber in einem wichtigen Punkt. Im Gegensatz zu einer Klumpenstichprobe werden *nicht alle* Elemente der ausgewählten Klumpen befragt, sondern es wird aus jedem Klumpen eine *Zufalls*stichprobe gezogen. Unabhängig von der Anzahl der Stufen, bildet die Zufallsauswahl jeder Stufe die Auswahlgrundlage der folgenden Zufalls-

---

[113] Grundlegende Informationen zum Design der von der OECD initiierten PISA-Studie bietet www.pisa.oecd.org. Wie für Klumpenverfahren charakteristisch, interessiert im Rahmen der PISA-Befragung nicht die individuelle Leistung von SchülerInnen, sondern die Leistungen von SchülerInnen in bestimmten Schulstufen bzw. Altersgruppen, die in weiterer Folge länderweise miteinander verglichen werden; siehe Häder 2006: 168ff.

stichprobe, bis die Erhebungseinheiten auf der letzten Stufe ermittelt sind.[114] Wie die Klumpenauswahl kommt auch die mehrstufige Auswahl häufig dann zum Einsatz, wenn keine Liste aller Elemente der Grundgesamtheit verfügbar ist.

Beispiel: Mehrstufige Auswahlverfahren werden auch bei Stichprobenkontrollen im Qualitätsmanagement eingesetzt, wenn z.B. ein pharmazeutisches Unternehmen regelmäßig Qualitätskontrollen bei den Lieferanten seiner Rohstoffe durchführt.
1. Stufe: Zunächst werden durch Zufallsauswahl „Klumpen" von Lastwagen mit Wirkstoffen bestimmt. Dabei ist es vorteilhaft, wenn die Lastwagen in der Regel die gleiche Menge an Kisten mit Wirkstoffen transportieren. Die ausgewählten Lastwagen sind die Basis für die
2. Stufe: Aus jedem ausgewählten Lastwagen wird jeweils eine gleich große Anzahl von Kisten ausgewählt, in denen wiederum ungefähr gleich viele Dosen mit Wirkstoffen enthalten sind. Die so ausgewählten Kisten sind die Grundlage für die
3. Stufe: Es werden nun aus jeder ausgewählten Kiste nach einem bestimmten Muster eine bestimmte Anzahl von Dosen entnommen, deren Inhaltsstoffe dann der eigentlichen Kontrolle unterzogen werden.
In diesem Fall erfolgt die Auswahl in drei Stufen und die Stichprobenziehung nach dem Zufallsprinzip; auch die Wahrscheinlichkeit der Auswahl ist auf jeder Stufe bekannt.

5.3. Nicht-probabilistische Stichproben

Im Unterschied zu zufallsgesteuerten Auswahlverfahren werden bei der *nicht zufallsgesteuerten* Auswahl die Zielpersonen oder Fälle häufig durch eine *willkürliche Auswahl*, sozusagen aufs Geratewohl bestimmt. Das kann etwa dadurch geschehen, dass InterviewerInnen an einem beliebigen Ort zu einem beliebigen Zeitpunkt nach Belieben Personen für eine Befragung herausgreifen. Diese Vorgehensweise können wir in Einkaufsstraßen häufig beobachten. Solcherart wird auch der „Mann (oder die Frau) von der Straße" von Radio und Fernsehen zu aktuellen Ereignissen befragt.

Es ist unschwer erkennbar, dass eine willkürlich gezogene Stichprobe keinesfalls ein Miniaturbild einer Grundgesamtheit sein kann, denn schließlich kann weder die Grundgesamtheit angegeben werden noch sind die Stichprobenelemente genau definiert. Die Konsequenz ist eindeutig: Willkürliche Auswahlen sind für statistisch kontrollierte Aussagen wertlos.[115]

Im Unterschied sind so genannte *bewusste Auswahlen* zwar auch nicht zufallsgesteuert, aber sie kommen planvoll zustande, weil sie bestimmten Kriterien entsprechen, die für eine Untersuchung sinnvoll erscheinen und weil sie intersubjektiv nachvollziehbar sind. So können aufgrund entsprechender Überlegungen für eine Erhebung spezifische „ExpertInnen" oder „typische Fälle" in die Auswahl aufgenommen werden, wobei die Auswahl sehr differenziert auf der Basis eines theoretisch begründeten, repräsentativen Modells der Grundgesamtheit vorgenommen werden kann. In der Regel ist dies bei wichtigen Verfahren der qualitativen Sozialforschung der Fall.[116]

---

[114] Schnell/Hill/Esser 2005: 282ff.
[115] Kromrey 2006: 281
[116] Das Verfahren des *theoretical sampling* wurde von Glaser/Strauss (1967) zum Zweck der „gegenstandsnahen Theoriebildung" (*grounded theory*) entwickelt und stellt eine methodisch fundierte Variante der bewussten, von theoretischen Kriterien bestimmten Auswahl dar.

5.3.1. Quoten-Auswahl

Innerhalb der nicht-zufallsgesteuerten Auswahlverfahren stellt die Quoten-Auswahl (quota sample) ein weit verbreitetes Verfahren in der Umfrageforschung und Meinungsforschung (Demoskopie) dar. Die Quoten-Auswahl ist genau genommen eine Kombination von bewusster und willkürlicher Auswahl. Den InterviewerInnen wird dabei vorgegeben, bewusst nur Personen mit bestimmten Merkmalen (Quoten) für die Befragung zu suchen. Diese Quoten sind meist eine Kombination von bestimmten Merkmalen wie z.B. Alter, Geschlecht und Bildungsstand.

Entscheidend für die korrekte Umsetzung einer Quoten-Auswahl durch die InterviewerInnen ist die genaue Einhaltung der Quotenvorgaben, um zu einer den Quoten entsprechenden Struktur der Stichprobe zu kommen. Im Idealfall entspricht die Stichprobenstruktur auch der Struktur der Grundgesamtheit. Dazu müssen zumindest zwei Voraussetzungen erfüllt sein:

1. Zunächst müssen wir, um überhaupt sinnvolle Quotenvorgaben erstellen zu können, die Struktur der Grundgesamtheit im Detail kennen. Benötigt wird die Kenntnis der Kombinationen der jeweiligen Merkmale, die uns interessieren, damit die entsprechenden Quotenvorgaben erstellt werden können, also zum Beispiel: Die jeweiligen Anteile von Männern und Frauen in bestimmten Altersgruppen mit spezifischen Bildungsabschlüssen. Diese Informationen sind in der Regel über amtliche Statistiken erhältlich.[117]
2. Die Quotierung muss für die InterviewerInnen einfach erkennbar und abfragbar sein, sollte also nicht zu komplex sein. Bestimmte Merkmale wie z.B. persönliche Einstellungen eignen sich als Quote nicht. Realistisch sind nur einfache, zum Teil recht grobe Merkmale bzw. Merkmalskombinationen wie die oben erwähnten.

Die Quotenauswahl wird in der Marktforschung und in der Umfrageforschung häufig verwendet, weil sie einige Vorteile gegenüber Zufallsauswahlen aufweisen: Sie sind weniger aufwändig und daher wesentlich kostengünstiger und es können mit diesem Verfahren relativ kurze Feldzeiten realisiert werden.[118] Trotz dieser Vorteile ist der Einsatz von Quotenvorgaben aus praktischen und statistischen Gründen umstritten. In praktischer Hinsicht wird kritisiert, dass die Quotenpläne aufgrund fehlender Regeln für ihre Erstellung schwer nachvollziehbar sind und die Kontrolle der InterviewerInnen bei den Quotenauswahlen besonders schwierig ist.

Der statistisch wichtigste Kritikpunkt resultiert daraus, dass bei einer Quotenauswahl die Auswahlgesamtheit nicht angegeben werden kann. Aus diesem Grund können auch die gebräuchlichen Schätzverfahren nicht angewendet werden; auch die Berechnung von Konfidenzintervallen ist nicht möglich. Die Pro-Stimmen verweisen darauf, dass ein Quotenplan dem Design einer geschich-teten Stichprobe mit proportionaler Schichtung entspringt, dass die Quotenmerkmale aufgrund ihrer Korrelation mit anderen Merkmalsverteilungen der Grundgesamtheit als repräsentativ zu betrachten sind und dass bei strikter Kontrolle der InterviewerInnen diese faktisch eine Zufallsauswahl treffen.

---

[117] In Österreich bietet die Statistik Austria entsprechende Übersichtsstatistiken auf Grundlage der Volkszählungen an, vgl. www.statistik.at.

[118] Die Ersparnis beträgt bis zu 40%, vgl. Häder 2006: 171

Allerdings werden in der Praxis die Quotenvorgaben in der Regel separat und nicht als Merkmalskombination abgefragt (siehe das Beispiel für eine Quotenanweisung in Abb. 23). Aus diesem Grund ist auch die von den Befürwortern der Quotenauswahl formulierte Hoffnung, dass sich „trotz getrennter Vorgaben von Quoten für *einzelne* Merkmale auch die *Merkmalskombinationen* auf die Werte der Grundgesamtheit einpendeln“[119], trügerisch. Einigkeit besteht darin, dass ein Quotenverfahren nicht die wahrscheinlichkeitstheoretische Zuverlässigkeit einer Zufallsauswahl beanspruchen kann. Das ist auch der wesentliche Unterschied zwischen geschichteter Zufallsauswahl und Quotenauswahl: Erstere ist repräsentativ, letztere nicht. Bei der Quotenauswahl werden BefragungsteilnehmerInnen in der Regel auch unterschiedlich oft kontaktiert. Somit ist eine weitere Voraussetzung der Repräsentativität einer Stichprobe verletzt, nämlich, dass alle Elemente der Grundgesamtheit die gleiche Chance haben, in die Stichprobe zu gelangen.

[119] Kromrey 2006: 289

Abb. 23: Beispiel einer Quotenvorgabe

Quotenanweisung des Instituts für Demoskopie Allensbach

Name des Interviewers: *L. Mahler*

Wohnort: *Berlin*

Insgesamt: *5* Interviews

im Wohnort/in: *Berlin*

Umfrage 1767

Fragebogen Nr.: *51-55*

Gemeindegröße:										
Gemeinden unter 2000 Einwohner*	1	2	3	4	5	6	7	8	9	10
2000 - unter 5000 Einwohner*	1	2	3	4	5	6	7	8	9	10
5000 - unter 20000 Einwohner*	1	2	3	4	5	6	7	8	9	10
20000 - unter100000 Einwohner*	1	2	3	4	5	6	7	8	9	10
100000 - unter500000 Einwohner*	1	2	3	4	5	6	7	8	9	10
500000 und mehr Einwohner*	1	2	3	4	5	•	7	8	9	10

Alter:		2 männlich					3 weiblich			
16 - 29 Jahre	1	2	3	4	5	1	•	3	4	5
30 - 44 Jahre	1	•	3	4	5	1	2	3	4	5
45 - 59 Jahre	1	2	3	4	5	1	•	3	4	5
60 Jahre und älter	1	•	3	4	5	1	•	3	4	5
Berufstätige:										
Landwirte und mithelfende Familienangehörige in der Land- und Forstwirtschaft (auch Gartenbau und Tierhaltung)	1	2	3	4	5	1	2	3	4	5
Arbeiter (auch Landarbeiter, Facharbeiter, nichtselbständige Handwerker und Auszubildende)	1	2	3	4	5	1	•	3	4	5
Angestellte und Beamte (auch Auszubildende und Soldaten)	1	•	3	4	5	1	2	3	4	5
Selbständige und mithelfende Familienangehörige in Handel und Gewerbe (auch freie Berufe)	1	•	3	4	5	1	2	3	4	5
Nichtberufstätige (auch Arbeitslose): (Bei Rentnern [-innen] frühere Berufsstellung, bei Arbeitslosen letzte Berufsstellung, bei Hausfrauen, Schülern [-innen], Studenten [-innen] usw. Berufsstellung des Ernährers)										
Landwirte (auch Gartenbau, Tierhaltung)	1	2	3	4	5	1	2	3	4	5
Arbeiter (auch Landarbeiter, Facharbeiter usw.)	1	2	3	4	5	1	2	3	4	5
Angestellte und Beamte	1	2	3	4	5	1	•	3	4	5
Selbständige in Handel und Gewerbe (auch freie Berufe)	1	2	3	4	5	1	•	3	4	5

Anmerkung:

Gültig sind die Zahlen vor jedem Punkt. Wäre zum Beispiel in der Zeile „Arbeiter, weiblich" die Zahl 3 gestempelt, so wären in diesem Falle zwei Arbeiterinnen zu interviewen. Im übrigen streichen Sie bitte die zutreffenden Angaben der Statistik nach jedem Interview ab, damit Sie gleich übersehen können, wie viel Interviews in der betreffenden Kategorie noch weiterhin durchzuführen sind.

* Maßgebend ist die Einwohnerzahl der gesamten Gemeinde, nicht die Größe von Ortsteilen oder eingemeindeten Vororten.

Quelle: Kromrey 2006: 288

5.4. Repräsentativität und Konfidenzintervall

5.4.1. Repräsentativität

„Wie groß muss die Stichprobe sein, damit die Ergebnisse repräsentativ sind?" Oft wird angenommen, Repräsentativität hänge von einer bestimmten Zahl an Fällen ab, die in einer Untersuchung erhoben wird. Der Begriff „Repräsentativität" wird auch häufig verwendet, um die Qualität oder die Zuverlässigkeit von Ergebnissen zu betonen. Beinahe ebenso häufig handelt es sich dabei um falsche oder gar irreführende Verwendungen. Wie schon bei den einzelnen Auswahlverfahren zu sehen war, kann Repräsentativität bei nicht-zufallsgesteuerten Auswahlverfahren schon aus statistischen Gründen nicht gegeben sein. Das gilt auch für Quotenauswahlen. Repräsentativität können ausschließlich Ergeb-nisse beanspruchen, die drei Voraussetzungen aufweisen:

1. Die Verteilung der relevanten Merkmale in der Grundgesamtheit ist bekannt.
2. Die Daten wurden auf Grundlage einer Zufallsauswahl erhoben.
3. Die Verfahren der Erhebung wurden methodisch korrekt eingesetzt.

Andere „Repräsentanznachweise" oder das bloße Etikett „repräsentativ", das für eine Befragung von 500 BürgerInnen leichtfertig in Medien unterschiedlichster Art verwendet wird, sollten sie nicht ernst nehmen: Dazu besteht statistisch im Normalfall kein Grund. Warum ist das so?

Wir wissen bereits, dass eine Stichprobe ein möglichst exaktes, verkleinertes Abbild der Grundgesamtheit darstellen soll. Wir haben gesehen, dass zwischen Grundgesamtheit und Auswahlgesamtheit Differenzen nicht immer ausgeschlossen werden können. Bei genauem Einsatz des Auswahlverfahrens, gewissenhafter Erhebung und geringen Ausfallsquoten können wir mit etwas Glück eine Stichprobe *realisieren*, bei denen wir unter den oben genannten *Bedingungen* und unter *Berücksichtigung* einiger weiterer Überlegungen die Repräsentativität von Ergebnissen abschätzen können.

In der Regel nutzen wir die Ergebnisse einer Teilerhebung, um Verallgemeinerungen von der realisierten Stichprobe auf die ursprüngliche Grundgesamtheit vorzunehmen. Dieser Schluss von den Ergebnissen zurück auf die Grundgesamtheit wird „Repräsentationsschluss" genannt. Allerdings kann dies – wie bereits erwähnt - durch Unsicherheitsfaktoren erschwert werden.

Standardmäßig wird hingegen die Repräsentativität einer Zufallsstichprobe bestimmt. Wenn es möglich ist, die Verteilung von Merkmalen in der Grundgesamtheit und in der Auswahlgesamtheit anzugeben, kann auch bestimmt werden, ob eine Stichprobe in Relation zu diesen Gesamtheiten repräsentativ ist. In diesem Sinne kann Repräsentativität als Resultat einer *methodischen Strategie* verstanden werden, mit der die Unverzerrtheit der Zufallsauswahl gegenüber der Grundgesamtheit bzw. der Auswahlgesamtheit und die Berechnung von Konfidenzintervallen von statistischen Parametern möglich ist. Wir können in diesem Zusammenhang auch von *statistischer* Repräsentativität einer Stichprobe sprechen. Ob auch die Ergebnisse einer Untersuchung als repräsentativ für eine Grundgesamtheit eingeschätzt werden können, beruht nicht mehr allein auf der Stichprobenziehung, sondern auf den Daten, die durch die Befragung der in der Stichprobe enthaltenen Elemente zustande gekommen sind. Für diese *empirische* Repräsentativität kann ein Vergleich der erhobenen Daten mit den Informationen über Merkmalsverteilungen in der Grundgesamtheit gewisse Anhaltspunkte liefern, ein solcher Vergleich wird aber nicht als „Beweis" der Repräsentativität gesehen.[120]

Wir sehen also, dass sich der Begriff Repräsentativität vorrangig auf die Validität der Stichprobe bezieht. Anders herum könnte man auch sagen: Jede Stichprobe ist repräsentativ; die Frage ist nur, für welche Grundgesamtheit.

5.4.2. Stichprobenfehler und Konfidenzintervall

Für die Beurteilung der Güte einer Stichprobe werden in der Statistik der so genannte Stichprobenfehler und das Vertrauensintervall verwendet. Der *Stichprobenfehler* gibt an, inwieweit der tatsächliche Wert eines Merkmals in der Grundgesamtheit vom erhobenen Wert in der Stichprobe abweicht. Wir können uns vorstellen, dass der auf Basis einer Zufallsstichprobe erhobene Altersdurchschnitt von Personen nicht völlig identisch mit dem Durchschnittswert in der zugrunde liegenden Bevölkerung ist. Wenn wir uns weiter vorstellen, dass wir dieselbe Erhebung mit anderen Zufallsstichproben 100 Mal wiederholen (also hundert Zufallsstichproben ziehen) und die ermittelten Altersmittelwerte einmal etwas stärker, einmal weniger vom tatsächlichen Mittelwert abweichen, dann erhalten wir eine Reihe von Durchschnittswerten des Alters, die voneinander abweichen, aber meistens um den „wahren" Wert herum streuen. Diese Reihe gibt uns einen Eindruck, in welchem Ausmaß das arithmetische Mittel in Stichproben schwanken kann und damit, wie groß der Stichprobenfehler ist. Die Streuung des Stichprobenfehlers wird mit dem „Standardfehler" dieses Mittelwerts berechnet und ist selbst wiederum normalverteilt.

Ein Hinweis: Natürlich ziehen wir in der Praxis nur eine Stichprobe. Wir berechnen den Stichprobenfehler mithilfe der Statistik. Von dieser wissen wir, dass die Verteilung von Mittelwerten aus Stichproben, die aus derselben Population stammen, mit wachsendem Stichprobenumfang in eine Normalverteilung übergeht.

Für Normalverteilungen gilt in der Statistik, dass 95,44% der Werte im Bereich von ± 1,96 Standardabweichungen s vom Mittelwert μ liegen. Dieses Niveau hat sich als *95%-Konfidenzintervall* in der Statistik als Richtwert etabliert. Das bedeutet, dass bei 100 gezogenen Stichproben in 95 Fällen der gefundene Wert in dem genannten Bereich von ± 1,96 Standardabweichungen liegt, in fünf Fällen befindet sich der Wert außerhalb dieses Bereichs. Anders formuliert: Wir können in 95% der (hypothetischen) Fälle davon ausgehen, dass der Mittelwert einer Stichprobe innerhalb des Vertrauensintervalls liegt.

Gehen wir von einem 95%-Konfidenzintervall aus und nehmen wir weiters an, der Anteilswert der Merkmalsträger in der Stichprobe liegt bei 50% (z.B. 50% Männer). In diesem Fall ergeben sich für unterschiedliche Zahlen von Befragten unterschiedliche Stichprobenfehler (s. Abb. 24) bzw. Schwankungsbreiten. Generell gilt, dass der Stichprobenfehler umso kleiner ausfällt, je größer der Stichprobenumfang ist.

Abb. 24 zeigt die abnehmenden Stichprobenfehler in Relation zur zunehmenden Stichprobengröße.

---

[120] Vgl. Prein et al. 1994

Bei 50 Befragten beträgt der Stichprobenfehler 14,1%, bei 100 Befragten 3,2% und bei 5000 Befragten 1,4% (unter der Annahme eines Stichprobenanteilswerts von 50%).[121]

Abb. 24: Stichprobenfehler nach Stichprobengröße

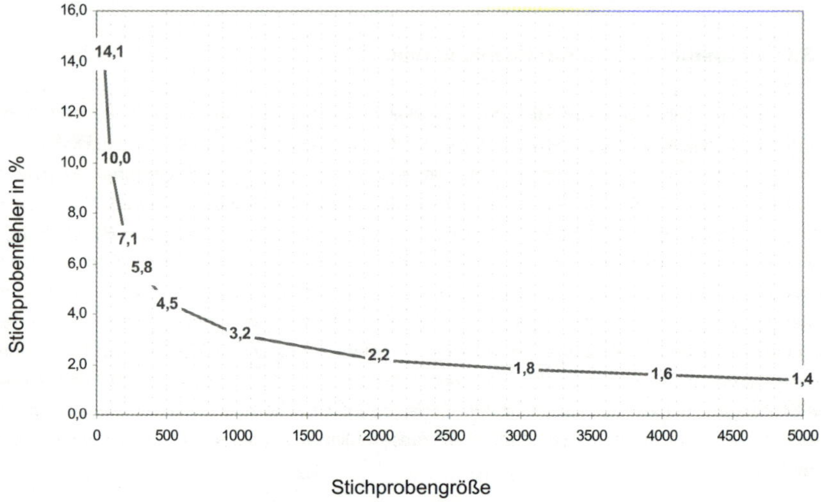

Quelle: Eigene Darstellung nach Daten in ter Hofte-Fankhauser/Wälty 2009: 47

Nehmen wir an, wir möchten wissen, ob ÖsterreicherInnen das staatliche Pensionssystem als sicher betrachten. Das Befragungsergebnis könnte ergeben, dass 50% dieses als sicher, 50% als unsicher betrachten. Wie ist die Repräsentativität dieses Ergebnisses einzuschätzen?

Wir wissen, dass das „repräsentative" Ergebnis 50% ja, 50% nein lautet. Nun ist es notwendig, das Vertrauensintervall festzusetzen. In der empirischen Sozialforschung wird dieses standardmäßig mit 95,5% festgesetzt. Der Stichprobenfehler wäre in diesem Fall 4,5%. Das bedeutet, dass mit 95,5%iger Wahrscheinlichkeit der tatsächliche Wert zwischen 45,5% und 54,5% liegt. Wenn wir also die oben genannte Frage in - theoretisch gedacht - 100 Befragungen mit jeweils 500 Befragten stellen würden, ergibt sich, dass der „wahre" Wert innerhalb einer Schwankungsbreite von +/-4,5% zu liegen kommt. Die Schwankungsbreite wird also immer in Verbindung mit dem Vertrauensintervall eruiert.

---

121 Vgl. zu den Anteilswerten und ihrer Bedeutung für den Stichprobenfehler ter Hofte-Fankhauser/Wälty 2009: 46ff.

5.5. Rücklauf und Ausschöpfungsquoten

Unsere Bemühungen um eine korrekte Auswahl und eine gut durchgeführte Erhebung sollten natürlich auch belohnt werden: in Form eines hohen Rücklaufs oder einer hohen Ausschöpfungsquote. Von *Rücklauf* wird in der Regel dann gesprochen, wenn die ProbandInnen postalisch oder per E-mail einen Fragebogen erhalten und diesen nach Beantwortung zurücksenden. Bei Online-Befragungen muss der Fragebogen nicht zurückgeschickt werden, weil die Speicherung der Antworten meist über einen Web-Server erfolgt. Telefonische Befragungen unterscheiden sich wiederum dadurch von anderen Befragungen, dass mehrere Kontaktversuche bei einer Adresse durchgeführt werden, um die Zielperson für ein Interview zu erreichen. Bei Online-Befragungen, die die NutzerInnen einer Website direkt mittels Pop-up zur Teilnahme an der Befragung motivieren wollen, kann eine Rücklaufquote überhaupt nicht sinnvoll angegeben werden, sondern nur die Beteiligung in absoluten Zahlen.

Damit steht fest, dass der Rücklauf einer Erhebung sehr stark von der spezifischen Erhebungsmethode beeinflusst wird. Ein wesentlicher Faktor ist weiters die organisatorische Abwicklung einer Befragung. Erfahrungsgemäß fällt die Beteiligung höher aus, wenn einige Punkte berücksichtigt werden, die im Rahmen der „Total-Design-Methode“[122] entwickelt und sich seither bewährt haben. Dieser Ansatz beruht generell auf der Idee, den Befragten einerseits die Teilnahme zu erleichtern und sie zu motivieren, z.B. durch freundliche Anschreiben, Erinnerungsaktionen bis hin zu kleinen Aufmerksamkeiten als Danke schön. Erfahrungsgemäß können entsprechende Maßnahmen die Teilnahme und somit die Rücklaufquote bzw. die Ausschöpfung wesentlich erhöhen.

Darüber hinaus ist die Teilnahme an Befragungen von den Merkmalen der Zielgruppe selbst, von ihrer Erreichbarkeit sowie anderen Faktoren wie z.B. der Fragebogengestaltung abhängig. Detaillierte Informationen zur Vorbereitung und Durchführung von der Datenerhebung und der Fragebogengestaltung finden Sie in den Kapiteln 6 und 7.

Da die Sozialforschungsinstitute ihre Rücklaufquoten ungern preisgeben und auch Lehrbücher diesbezüglich sehr sparsam mit Auskünften sind, stehen uns nur grobe Erfahrungswerte als Anhaltspunkte zur Verfügung (Tab. 5). Bedenken Sie, dass bei sorgfältiger Vorbereitung und Planung eine Steigerung des Rücklaufs durchaus möglich ist, einige Hinweise sind aus eigenen Erhebungen des Autors entnommen. Diese Werte sind, da sie sich auf einzelne Beispiele beziehen, auch nicht generalisierbar.

Für Rücklaufquoten bei telefonischen Befragungen sind kaum realistische Zahlen bekannt. Sie wären jedoch auch schwer vergleichbar, weil telefonische Stichproben oft auf einer Quotierung beruhen. Rücklaufquoten um 70% sind überdurchschnittliche Werte. Generell scheint sich ein Trend herauszukristallisieren, wonach die Bereitschaft zur Teilnahme vor allem an postalischen Erhebungen abnimmt.

---

[122] Dillman 1978, Dillman 2000.

Tab. 5: Exemplarische Rücklaufquoten

Zielpopulation	Erhebungsmethode	Rücklaufquoten	Anmerkung
Privatpersonen, Haushalte	schriftliche Befragung (postalischer Versand)	ca. 15-20%	Diekmann 2008: 516, ohne TDM
Ältere Personen (> 60 Jahre)	telefonische Befragung	17%	Knesebeck et al.
WählerInnen	schriftliche Befragung (face-to-face)	78%	Hippler 1985, mit TDM
Unternehmen/Non-Profit-Organisationen	online-Befragung	64%	Paier 2008, mit TDM
Unternehmen	schriftliche Befragung	14%	Paier 2000
Unternehmen	telefonische Befragung	42-50%	Paier/Beidernikl 2006, bis max. 4 Kontaktversuche
MitarbeiterInnen	online (Vollerhebung)	68-74%	Paier/Beidernikl 2005, mit TDM
Ehem. SpenderInnen einer NPO	telefonische Befragung	51 %	Reiger 2009, mit TDM

6. Die Befragung

Die Befragung ist die am häufigsten verwendete Erhebungsmethode in der empirischen Sozialforschung. Ihre Varianten stehen im Mittelpunkt dieses Kapitels. Alternative Erhebungsmethoden wie die Beobachtung oder die Inhaltsanalyse werden in diesem Skriptum nicht weiter behandelt.

Die Befragung stellt ein planmäßiges Vorgehen dar, mit dem diejenigen Indikatoren und Variablen erhoben werden sollen, die im Zuge der Operationalisierung ausgearbeitet und mit spezifischen Messinstrumenten versehen wurden. Es geht also in dieser Phase des Forschungsprozesses darum, auf Basis dieser grundlegenden Arbeitsschritte ein Erhebungsinstrument zu konstruieren, mit dem „die Versuchsperson durch eine Reihe gezielter Fragen oder mitgeteilter Stimuli zu verbalen Informationen veranlasst werden soll", die Aufschluss über das Vorliegen der interessierenden Merkmale geben.[123]

Zu diesem Zweck stehen mehrere Formen der *standardisierten Befragung* zur Verfügung, die am Beginn dieses Kapitels dargestellt werden: die persönliche, die schriftliche und die telefonische Befragung. Bei der Konstruktion eines standardisierten Erhebungsinstruments stellt sich in der Folge eine Reihe von weiteren Fragen:

- Wie soll ein Fragebogen aufgebaut sein?
- Welche Typen von Fragen gibt es und welche Regeln sind bei der Frageformulierung zu beachten?
- Welche Fehlerquellen können die Befragung beeinträchtigen?

Was bedeutet „standardisiert"? Grundsätzlich können Befragungsformen in der qualitativen wie in der quantitativen Sozialforschung nach dem Grad der Strukturierung oder Standardisierung unterschieden werden. Vollständig standardisiert sind Befragungen dann, wenn drei Merkmale vorliegen: (a) alle Fragen werden mit (b) vorgegebenen Antwortkategorien (c) in der gleichen festgelegten Reihenfolge gestellt.[124] Darin wird auch der Hauptvorteil der standardisierten Befragung gesehen: Wenn alle Befragten mit dem gleichen Instrument befragt werden, sollte es unerheblich sein, wer die Interviews führt, wie sie geführt werden und welche Personen die erhobenen Daten auswerten. Als Nachteil der standardisierten Befragung wird vor allem auf die Beschränkung des Informationsgehaltes hingewiesen, der mit geschlossenen Fragen zwangsläufig einhergeht.

Die Befragung ist ein Spezialfall der Kommunikation, der ein gewisses Maß an Kooperation zwischen InterviewerIn und Befragten erfordert. Standardisierte Erhebungstechniken sind von einer neutralen Interviewtechnik gekennzeichnet, die durch einige „weichere" Elemente aufgelockert werden kann, z.B. indem InterviewerInnen für eine positive Atmosphäre sorgen oder auch Fragen bei Bedarf erläutert. Grundsätzlich wird eine gute Kooperation im Rahmen einer Befragung durch die „Norm der Aufrichtigkeit" unterstützt. Dazu zählt neben dem Verhalten im Gespräch selbst auch die Aufklärung über Studienzwecke, Verwendung der Daten und anderes mehr. Nicht zuletzt sollte immer bedacht werden, dass zwischen InterviewerIn und Befragten eine gemeinsame Sprache gegeben sein sollte.

---

[123] Scheuch 1973: 71

[124] Im Unterschied dazu kommen offene Interviews in der qualitativen Sozialforschung manchmal mit der Vorgabe eines Themas aus.

6.1. Formen der Befragung

Die Nutzung neuer Technologien hat das Spektrum der standardisierten Befragungsformen wesentlich bereichert. Gegenüber der persönlichen Befragung und dem Paper- and Pencil-Interview (PAPI) als klassische Varianten der schriftlichen Befragung hat vor allem die telefonische Befragung enorm an Bedeutung gewonnen. Auch die Nutzung der Online-Befragung hat aufgrund ihrer Praktikabilität stark zugenommen, allerdings sollten gerade hier einige wesentliche Problempunkte berücksichtigt werden. Die wichtigsten Formen der standardisierten Befragung sind:

- das persönliche (face-to-face-) Interview
- die schriftliche Befragung: postalisch, online
- die telefonische Befragung.

6.1.1. Das persönliche Interview

Beim *persönlichen Interview* werden die Befragten direkt von dem/der InterviewerIn befragt, indem die Fragen von dem/der InterviewerIn vorgelesen und die Antworten von diesen im Fragebogen eingetragen werden. Diese Interviewform kann mit klassischen Papierfragebögen (PAPI) oder mittels Laptop bzw. Handheld-PC's (CAPI - Computer Assisted Personal Interview) durchgeführt werden. Persönliche Interviews müssen genaue Anweisungen für die InterviewerInnen enthalten. Diese Anweisungen können sich u.a. auf folgende Punkte beziehen:

- Dokumentation von formalen Aspekten des Interviews (z.B. Beginnzeit, Dauer etc.)
- die Art der Fragestellung in der Interviewsituation
- die Frageführung (z.B. Überspringen von Fragen nach Filterfragen)
- die Unterstützung der Beantwortung (z.B. durch Vorlegen von Fragelisten)
- Anweisung zur Eintragung von Antworten
- Anweisungen zum Verhalten bei „weiß nicht"- oder „sonstiges"-Antworten (z.B. Nachfragen)
- Anweisungen zum Verhalten bei der Dokumentation von Antworten auf offene Fragen.

!	Genaue Instruktionen für InterviewerInnen sind bei persönlichen Befragungen von enormer Bedeutung für das Gelingen und für die Datenqualität! Vor der Erhebung müssen die InterviewerInnen sorgfältig eingeschult werden. Nach dem Pretest sollte eine genaue Reflexion erfolgen, um die Instruktionen zu präzisieren bzw. Kontrollen des InterviewerInnenverhaltens zu verbessern.

Die Fragebögen des deutschen ALLBUS-Programms geben einen guten Einblick in die Gestaltung solcher Anweisungen in allgemeinen Bevölkerungsumfragen, wie z.B. der folgende Auszug aus dem PAPI-Fragebogen 2000 demonstriert (Abb. 25).[125]

[125] Das gesammelte Fragenprogramm und die Fragebögen (PAPI und CAPI, inklusive Listen, Kärtchen etc.) des

Abb. 25: Beispiel von Anweisungen für InterviewerInnen in einer persönlichen Befragung

24. Ich nenne Ihnen jetzt eine Reihe von öffentlichen Einrichtungen und Organisationen.
Sagen Sie mir bitte bei jeder Einrichtung oder Organisation, wie groß das Vertrauen ist, das Sie ihr entgegenbringen.

Weiter mit ⇩

☞ ***Skala 24 vorlegen und bis Frage 25 liegenlassen!***

Benutzen Sie dazu bitte diese Skala.

- 1 bedeutet, daß Sie ihr "überhaupt kein" Vertrauen entgegenbringen,
- 7 bedeutet, daß Sie ihr "sehr großes" Vertrauen entgegenbringen.

Mit den Zahlen dazwischen können Sie Ihre Meinung wiederum abstufen.
Wie ist das mit dem -

☞ ***Vorgaben bitte vorlesen!***
Bei jeder Vorgabe eine Antwort ankreuzen!

	1 Überhaupt kein Vertrauen	**2**	**3**	**4**	**5**	**6**	**7 Sehr großes Vertrauen**
• Gesundheitswesen	☐	☐	☐	☐	☐	☐	☐
• Bundesverfassungsgericht	☐	☐	☐	☐	☐	☐	☐
• Bundestag	☐	☐	☐	☐	☐	☐	☐
• Stadt- und Gemeindeverwaltung	☐	☐	☐	☐	☐	☐	☐
• Bundeswehr	☐	☐	☐	☐	☐	☐	☐
• Katholische Kirche	☐	☐	☐	☐	☐	☐	☐
• Evangelische Kirche	☐	☐	☐	☐	☐	☐	☐
• Justiz	☐	☐	☐	☐	☐	☐	☐
• Fernsehen	☐	☐	☐	☐	☐	☐	☐
• Zeitungswesen	☐	☐	☐	☐	☐	☐	☐
• Hochschulen und Universitäten	☐	☐	☐	☐	☐	☐	☐
• Bundesregierung	☐	☐	☐	☐	☐	☐	☐
• Gewerkschaften	☐	☐	☐	☐	☐	☐	☐
• Polizei	☐	☐	☐	☐	☐	☐	☐
• Arbeitsämter	☐	☐	☐	☐	☐	☐	☐
• Rentenversicherung	☐	☐	☐	☐	☐	☐	☐
• Arbeitgeberverbände	☐	☐	☐	☐	☐	☐	☐

Quelle: ALLBUS-Programm: PAPI-Fragebogen 2000

ALLBUS-Programms bis zu den letzten Erhebungen des Jahres 2008 sind online zugänglich: http://www.gesis.org/dienstleistungen/daten/umfragedaten/allbus/frageboegen/ (15.08.2009)

6.1.2. Die schriftliche Befragung

Postalische Befragung

Bei der *schriftlichen Befragung* (engl. *questionnaire survey*) erhalten die Untersuchungspersonen einen Fragebogen vorgelegt mit der Bitte, diesen selbständig auszufüllen. Die Übermittlung des Fragebogens an die Untersuchungspersonen erfolgt meist als *postalische Befragung* (engl. *mail survey*); auch Befragungen in Klassenzimmern oder am Ende von Lehrveranstaltungen ausgefüllte Fragebögen sind dem Typ der schriftlichen Befragungen zuzurechnen.

Die Vorteile der klassischen Befragung liegen im Wegfall des Interviewereinflusses sowie im geringeren Aufwand und in der größeren Anonymität. Allerdings bestehen auch einige Probleme: So kann in der Regel nicht mit Sicherheit geklärt werden, wer den Fragebogen tatsächlich beantwortet hat. Eine gewisse Schwierigkeit zeigt sich häufig auch in Verbindung mit den im Vergleich zu anderen Formen der Befragung meist niedrigen Rücklaufquoten, da die Rückübermittlung der beantworteten Fragebögen zusätzliche Aktivitäten seitens der Befragten voraussetzt.

Sind bei der persönlichen Befragung die Instruktionen für die InterviewerInnen wichtig, so gilt dies bei der schriftlichen Befragung spiegelverkehrt für die BefragungsteilnehmerInnen: Gerade, weil Unklarheiten in der Erhebungssituation aufgrund der persönlichen Anwesenheit von InterviewerInnen nicht geklärt werden können, müssen schriftliche Fragebögen einfach zu verstehen und – unterstützt durch genaue Anweisungen für die befragten Personen - zu beantworten sein. Bei Befragungsformen, in denen keine direkte Unterstützung für die Befragten und Kontrolle der Erhebungssituation möglich sind, hängt die Rücklaufquote, der Umfang und die Qualität der Daten besonders stark von der Gestaltung des Erhebungsinstruments selbst ab.

Weitere wichtige Punkte sind die Vorinformation der Befragten und die Gestaltung von Erinnerungsaktionen während des Erhebungszeitraumes, weil dadurch erfahrungsgemäß der Rücklauf maßgeblich beeinflusst werden kann. Die praktischen Aspekte der Durchführung von Befragungen werden im nachfolgenden Abschnitt gesondert erläutert (➔ Kapitel 7).

Online-Befragung

Für die *Online-Befragung* sind zusätzlich zu den genannten Aspekten einige weitere Punkte zu bedenken. Besonders wichtig ist dabei die Frage der Grundgesamtheit (➔ Kapitel 5), weil die Ziehung einer repräsentativen Stichprobe nur möglich ist, wenn alle in Frage kommenden „Erhebungselemente" *bekannt* sind. Diese Voraussetzung ist beispielsweise bei Unternehmen gegeben, die eine vollständige Kartei mit Email-Adressen der EinkäuferInnen, KooperationspartnerInnen oder KundInnen besitzen. Diese Voraussetzungen sind *definitiv nicht gegeben*, wenn über „Schneeballsysteme" Personen zur Befragungsteilnahme „angeworben" oder über Pop-up-Fenster auf Websites für die Teilnahme an der Befragung ersucht werden. In diesem Fall sind die Anforderungen an eine repräsentative Stichprobe nicht gegeben. Derartige „Erhebungen" erfüllen die Kriterien für eine wissenschaftlich korrekte Umfrage nicht. Auch für Marketingzwecke können solche „Erhebungen" nicht empfohlen werden, weil daraus keine empirisch gesicherten Schlussfolgerungen gezogen werden können. Wer würde der Geschäftsführung gerne berichten, dass zwar interessante Ergebnisse gewonnen wurden, deren Relevanz für Unternehmensentscheidungen aber leider nicht beurteilt werden kann?

!	Online-Befragungen zählen zweifellos zu den günstigsten, effizientesten und auch - für die BefragungsteilnehmerInnen - attraktivsten Erhebungsformen. Zudem können innerhalb kurzer Zeit relativ große Fallzahlen erzielt werden. Allerdings müssen im Sinne der Anforderungen an wissenschaftliche Qualität die im vorigen Kapitel erwähnten Voraussetzungen für eine repräsentative Stichprobe erfüllt sein.

Online-Befragungen und internet-basierte Erhebungen weisen zusätzlich zu den allgemeinen Anforderungen an Befragungen im Hinblick auf die Methodik spezifische Aspekte auf, über die bislang noch relativ wenig kohärente Literatur im Sinne von Standardwerken verfügbar ist.[126]

Online-Befragungen eignen sich - immer vorausgesetzt, eine vollständige Liste der Untersuchungseinheiten und ein Internetzugang für jede/n TeilnehmerIn sind vorhanden - speziell für die folgenden Befragungen[127]:

- MitarbeiterInnenbefragungen
- Befragungen von Spezialpopulationen (z.B. ExpertInnen im Rahmen von Delphi-Studien)
- Registrierte InternetnutzerInnen
- Pretests zur Vorbereitung von Bevölkerungsumfragen.

6.1.3. Die telefonische Befragung

Die *telefonische* Befragung hat sich in der empirischen Sozialforschung vermutlich als die dominierende Form der Befragung durchgesetzt[128]. Aufgrund des in den Industrieländern in der Regel vollständigen Versorgungsgrades mit Telefonanschlüssen ist diese Befragungsform eine sehr kostengünstige und effektive Variante. Allerdings ergeben sich bei telefonischen Befragungen spezifische Probleme: Der besonders starke Versorgungsgrad mit Mobiltelefonen führt zum Problem der „Over-Coverage“, weil Personen häufig mit Doppel- und Mehrfachnennungen in Telefonlisten vertreten sind (➔ Abschnitt 5.1). Ein weiteres Problem ist die kürzere Dauer der telefonischen Befragung, die bei Telefoninterviews berücksichtigt werden muss.

Wie geht eine telefonische Befragung vor sich und worauf ist zu achten? Die telefonische Befragung unterscheidet sich auch in einigen Aspekten der Durchführung von anderen Formen der Befragung. Professionelle Sozial- und Marktforschungsinstitute verwenden in der Regel ein CATI-Softwaresystem, das über die Hauptfunktionen Adressenverwaltung, Stichprobenziehung, Fragebogenprogrammierung, Instruktionen für InterviewerInnen und Befragungsdokumentation verfügt (z.B. Anzahl der telefonischen Kontaktversuche, Dauer des Interviews). In eigenen Telefonlabors führen die InterviewerInnen, ausgestattet mit Headsets, vor dem PC-Bildschirm, die Interviews durch.

---

126 Eine umfassende Diskussion unterschiedlicher Online-Erhebungsmethoden bieten Fielding et al. 2008. Einen Überblick über Erfahrungen mit Online-Erhebungsmethoden bietet das Web-Portal www.websm.org (15.08.2009)

127 Häder 2006: 285

128 Dies gilt jedenfalls für Deutschland, wie aus den jährlichen Statistiken des ADM – Arbeitskreis deutscher Markt- und Sozialforschungsinstitute e.V. hervorgeht. Demnach entfielen im Jahr 2008 42% aller Erhebungen der Mitgliedsinstitute auf die Befragungsart „telefonische Befragung“, 31% auf „Online-Befragungen“, 21% auf „persönliche Interviews“ und 6% auf „schriftliche Interviews“; ADM 2008a: 12.

Ein besonders wichtiger Aspekt am Beginn von Telefoninterviews ist die Identifizierung der so genannten „Zielperson“, also jene Untersuchungsperson, die persönlich die Fragen beantworten kann. Wenn man sich vorstellt, dass bei telefonischen Haushaltsbefragungen nur ein bestimmtes Haushaltsmitglied oder bei Unternehmensbefragungen nur ein/e bestimmte/r FunktionsträgerIn befragt werden soll, dann ist es auch unmittelbar einleuchtend, dass auch genaue Anweisungen formuliert sein müssen, welche spezifische Person interviewt werden soll. In Abb. 26 sind die einleitende Dokumentation und die Fragen zur Identifikation der Zielperson inklusive InterviewerInnenanweisungen aus einer eigenen Telefonbefragung zur Weiterbildungsbeteiligung von Erwerbstätigen in Wien wiedergegeben. Zielpersonen waren selbst- und unselbständige, arbeitslose und in Karenzurlaub befindliche Personen. Kann die Zielperson nicht angetroffen werden, kann das Interview nicht durgeführt bzw. muss ein neuer Interviewtermin vereinbart werden.

Abb. 26: Anweisungen zur Identifizierung der Zielperson im Rahmen einer Haushaltsbefragung[129]

Fragebogen „Berufliche Weiterbildung in Wien“

[Zielpopulation: Unselbständig Erwerbstätige (auch Karenz, Arbeitslose) in Wien ohne Beamte und Pensionist/inn/en lt. Screening]

Interviewernummer: ☐☐☐

Nummer laut Adressenliste: ☐☐☐☐☐

FRAGE 0
(**INTERVIEWER/IN BITTE EINSTUFEN**:) Ergebnis des Anrufs

kein Anschluss, kein Privathaushalt.................................... 1 → **ABBRUCH**
Anrufbeantworter .... 2 → **ABBRUCH**
nach 45 Sekunden niemand abgehoben .... 3 → **ABBRUCH, NEUER KONTAKTVERSUCH**
Person erreicht, Vereinbarung neuer Termin....................... 4 → **DOKUMENTATION TERMIN**
Person erreicht, Interview kann gestartet werden............... 5 → **WEITER MIT FRAGE 1**

Guten Tag, mein Name ist [Name Interviewer/in] vom Sozialforschungsinstitut [Name Institut]. Wir führen für [Name Auftraggeber] eine Befragung zum Thema Beruf und berufliche Weiterbildung durch und würden dazu auch Ihnen gerne einige Fragen stellen, falls Sie in die Zielgruppe der Untersuchung passen. Ihre Antworten werden ausschließlich für Forschungszwecke verwendet und anonym ausgewertet. Ihre Informationen werden keinesfalls an andere Personen weitergegeben und alle Daten werden nach Abschluss der anonymisierten Auswertung vernichtet.

FRAGE 1
Sind Sie derzeit...? (**VORLESEN**)

selbständig erwerbstätig .... 1 → **WEITER MIT FRAGE 2**
unselbständig erwerbstätig .... 2 → **WEITER MIT FRAGE 3**
arbeitslos .... 3 → **WEITER MIT FRAGE 6**
in Karenz .... 4 → **WEITER MIT FRAGE 7**
in Ausbildung (Student/in, Schüler/in).................................... 5 → **ABBRUCH INTERVIEW**
in Pension .... 6 → **ABBRUCH INTERVIEW**

Quelle: Eigene Telefonbefragung

129 Kerschbaumer et al. 2006

Die softwaregestützte telefonische Befragung ermöglicht eine umfassende Steuerung der Befragungssituation, z.B. durch die automatisierte Vergabe von zu kontaktierenden Telefonnummern für die InterviewerInnen, Filterführung im Fragebogen, die Rotation von Fragen und Items oder das Einspielen von Höransagen, um nur einige zu nennen. Ein weiterer Vorteil sind die, die professionelle Planung und Durchführung von Telefonbefragungen vorausgesetzt, recht verlässlichen Ausschöpfungsquoten: Häufig werden Ausschöpfungsquoten um 50% erzielt.[130] Nicht zuletzt bietet die CATI-Befragung auch den Vorteil, dass - wie bei der Online-Befragung - die Daten sehr kurzfristig für Auswertungszwecke verfügbar sind, weil eine manuelle oder scannergestützte Datenerfassung nicht erforderlich ist.

Auch die Dauer des Telefoninterviews unterscheidet sich von anderen Erhebungsformen. Während beim persönlichen und beim schriftlichen Interview auch eine Länge von einer Stunde und mehr vertretbar ist, nimmt die Abbruchquote beim telefonischen Interview bereits deutlich früher zu. Für die Befragung von Privathaushalten sollten - als Faustregel - 30 Minuten Interviewdauer nicht überschritten werden; ideal ist eine kürzere Befragungszeit von ca. 20 Minuten. Bei Befragungen von Unternehmensleitungen sollte aufgrund des Umstands, dass die Teilnahme am Interview für die befragten Personen meist eine Unterbrechung oder Verzögerung des gewohnten Arbeitsablaufs bedeutet, erfahrungsgemäß eine Interviewdauer von 15 bis 20 Minuten zumindest nicht deutlich überzogen werden, um die Abbrüche in Grenzen zu halten.

Die telefonische Befragung weist einige Vor- und Nachteile auf, von denen einige exemplarisch aufgelistet werden sollen[131]:

Vorteile:

- Bessere Feldkontrolle und Standardisierung des InterviewerInnenverhaltens durch computergestützte Steuerung der Befragungssituation (bei CATI-Erhebungen)
- Recht hohe Akzeptanz auf Seiten der Befragten durch höhere Anonymität der Befragungssituation
- Kurzfristige Verfügbarkeit der Daten
- Geringere Tendenz zu sozial erwünschtem Verhalten
- Möglichkeit des Rückrufs für die Befragten (z.B. beim Wunsch, nähere Auskünfte über InterviewerInnen, durchführendes Institut und Auftraggeber zu erhalten)
- Reduktion des so genannten Primacy Effekts, d.i. die Tendenz zur Auswahl der ersten Antwortkategorie, die v.a. bei schriftlichen Befragungen auftreten kann.

Nachteile:

- Die größere Unsicherheit der InterviewerInnen bei der Kontaktaufnahme muss durch spezielle Schulungen kompensiert werden
- Häufigere Abbrüche durch die Befragten vor allem bei zunehmender Länge des Interviews
- Keine Möglichkeit der Verwendung von Hilfsmitteln (mit Ausnahme von Audiodateien)
- Geringere Bereitschaft zur detaillierten Beantwortung von offenen Fragen
- Recency-Effekt: Befragte tendieren zur Angabe der zuletzt vorgelesenen Antwortkategorien
- Zeitliche Limitierung der Interviewdauer.

---

130 Bei Telefonbefragungen wird anstelle des bei schriftlichen Befragungen verwendeten Begriffs „Rücklaufquote“ der Ausdruck „Ausschöpfungsquote“ verwendet.

131 Häder 2006: 249f.

Der ADM - Arbeitskreis deutscher Markt- und Sozialforschungsinstitute e.V. - hat spezifische „Richtlinien für telefonische Befragungen" erstellt, die vor allem auf die Einhaltung von Datenschutzbestimmung und auf die Qualitätssicherung gerichtet sind und darüber hinaus praktische Hinweise, beispielsweise für Anrufzeiten, enthalten. Die Lektüre dieser Regeln sei an dieser Stelle ausdrücklich empfohlen, weil sie eine sehr gute Orientierung für die Planung und Durchführung von Telefoninterviews bietet.[132]

6.2. Die Fragebogenkonstruktion

6.2.1. Bedeutung und Verständnis von Fragen und Items

Niemand beantwortet gerne einen Fragebogen, dessen Zweck nur schlecht oder gar nicht erläutert ist und der missverständliche Fragen mit unvollständigen Antwortkategorien enthält. Die Erstellung eines Fragebogens nach dem Motto „Machen wir doch schnell einen Fragebogen" erhöht die Chancen, sich unnötigen Ärger und Frustrationen einzuhandeln. Damit dieser Fall nicht eintritt, bietet die sozialwissenschaftliche Methodik einige Regeln für die Gestaltung und Konstruktion von Fragebögen.

Die entscheidenden Fragen in diesem Abschnitt lauten: Welche Regeln müssen bei der Konstruktion eines Fragebogens beachtet werden? Und: Wie soll ein Fragebogen aufgebaut werden?

Bei der Fragebogenplanung können wir zwischen Makroplanung und Mikroplanung unterscheiden.[133] Bei der *Makroplanung* stehen die Abfolge der Themen eines Fragebogens und die Gestaltung des Fragebogens in seiner Gesamtheit im Vordergrund. Die *Mikroplanung* hingegen bezieht sich auf die Abfolge einzelner Fragen innerhalb eines Themenbereichs. Ein wesentliches Ziel ist dabei die Vermeidung des sog. Ausstrahlungseffekts (auch: Halo-Effekt; ➔ Abschnitt 6.5.).

Überlegen wir uns zunächst, was die Bedeutung eines Fragebogens ist: Aus den vorangegangenen Kapiteln sollte deutlich hervorgegangen sein, dass ein Fragebogen immer auf den Vorarbeiten früherer Forschungsphasen aufbaut, also ein Zwischenergebnis darstellt. Mit einem Erhebungsinstrument werden jene Daten erhoben, die für die Messung der interessierenden Merkmale und Sachverhalte benötigt werden. Dazu ist eine Voraussetzung unbedingt notwendig: Die zu befragenden Personen müssen die im Fragebogen enthaltenen Fragen *eindeutig verstehen*.

Bei genauerer Betrachtung ist das gar nicht selbstverständlich. Dabei sind zwei Aspekte zu beachten: Als ForscherInnen wollen wir von den Befragten etwas ganz Bestimmtes „wissen". Im Sinne dieses *pragmatischen Verständnisses* müssen die ForscherInnen klar vermitteln, worauf sich eine Fragestellung inhaltlich genau bezieht; anders formuliert: Mit der Frage wird ein ganz bestimmter, möglichst genau definierter Erkenntniszweck verfolgt. Das ist beispielsweise bei der folgenden Frage *nicht* der Fall:

---

[132] ADM 2008b
[133] Scheuch 1973

„Was haben Sie am letzten Wochenende unternommen?“

Die Frage ist viel zu mehrdeutig und lässt für die Befragten zu große Interpretationsspielräume zu, als dass eine genaue Beantwortung möglich wäre.

Vom pragmatischen Verständnis kann das *semantische Verständnis* unterschieden werden[134]: Dabei geht es darum, welche *Bedeutung* eine Frage bzw. die in ihr verwendeten Begriffe haben sollen. Semantische Verständnisprobleme können schon bei scheinbar unverfänglichen Begriffen auftreten, wie das folgende Beispiel illustriert:

„Was haben Sie mit Ihrer Familie am letzten Wochenende unternommen?“

In dieser Frage ist beispielsweise der Begriff „Familie“ mehrdeutig, weil darunter die eigene Kernfamilie, die Herkunftsfamilie, die erweiterte Familie etc. verstanden werden könnte.

Somit ist es für die Praxis der Frageformulierung unerlässlich, zwischen dem eigenen inhaltlichen Erkenntnisinteresse, das in einer Frage ausgedrückt wird, und den möglichen Verständnisweisen der Befragten zu unterscheiden. Vor allem dann, wenn zum ersten Mal ein systematischer Fragebogen entwickelt wird, führt diese Unterscheidung zu einigen „Aha-Effekten“, wenn die ersten Frageformulierungen im Rahmen eines Pretests Testpersonen vorgelegt werden: Nicht selten stellt sich heraus, dass eine Frage anders verstanden wurde als von dem/der ForscherIn gemeint. Daher gilt als eine erste grundlegende Regel, dass die Formulierung einer Frage unmissverständlich und eindeutig sein muss, sodass die (von den ForscherInnen) beabsichtigte, „gemeinte“ Bedeutung mit der (von den Befragten) verstandenen Bedeutung identisch ist. Daraus folgt wiederum, dass Fragen möglichst einfach formuliert werden müssen.

6.2.2. Der Aufbau eines Fragebogens

Ein Fragebogen folgt einer bestimmten „Dramaturgie“, die zwei Aspekte aufweist: Zum einen ist die Abfolge von Fragen inklusive der Anordnung von Antwortmöglichkeiten zu beachten, zum anderen müssen einige allgemeine Regeln wie z.B. der Frageformulierung beachtet werden.

Am Beginn jeder Befragung müssen die BefragungsteilnehmerInnen über die Rahmenbedingungen der Befragung informiert werden. Darüber hinaus muss die anonyme Behandlung der Informationen und die Einhaltung der Datenschutzbestimmungen zugesichert und eingehalten werden. Bei persönlichen und telefonischen Interviews erfolgt dies direkt durch die InterviewerInnen; bei schriftlichen Befragungen wird dies in einem eigenen „Anschreiben“ am Beginn des Fragebogens kenntlich gemacht. Die wesentlichen Informationen dieser einführenden Erläuterung sind[135]:

- Name und Adresse der untersuchenden Einrichtung
- Thema der Befragung
- Zusammenhang von Thema, Verwertungsziel und Interesse des Befragten

---

134 Porst 2009: 18ff.
135 Kirchhoff et al. 2008: 29

- Begründung für die Auswahl der befragten Person
- Auftraggeber (bei extern beauftragten Projekten)
- Zusicherung der Anonymität und des Datenschutzes
- Hinweis auf die Form der Beantwortung
- Bei schriftlichen Befragungen: Rücksendetermin und evtl. Anreize für die Rücksendung.

Bei der Anordnung der Fragen sind zwei Aspekte zu beachten: Die Einleitungsfrage(n) und die nachfolgende Anordnung von thematisch zusammenhängenden Frageblöcken.

Die Gestaltung der einleitenden Fragen ist wichtig, weil diese Fragen für die weitere Beantwortung entscheidend sind. Werden die ersten drei oder vier Fragen beantwortet, steigt die Chance auf die Beantwortung des gesamten Fragebogens beträchtlich. Daher sollten die Einleitungsfragen interessant und zugleich neutral formuliert sowie einfach zu beantworten sein, um eine eventuelle Skepsis der Befragten abzubauen. Als Einleitung eignen sich besonders sogenannte „Eisbrecherfragen", die die Befragten dabei unterstützen, einen inhaltlichen Bezug zur Thematik herzustellen und Vertrauen zu entwickeln. Diese Eisbrecherfragen dienen nur diesem Zweck und werden in der Regel nicht ausgewertet.

Darüber hinaus sollten Einleitungsfragen auf wesentliche persönliche Merkmale der Befragten gerichtet sein, damit diese einen direkten Bezug der Fragebogenthematik zur eigenen Person herstellen können.[136] Einleitungsfragen, die mit einer Likert-Skala von „trifft zu" bis „trifft nicht zu" beantwortet werden sollen, erwecken bei der befragten Person hingegen den Eindruck, dass die Interviewthematik wenig oder nichts mit ihnen zu tun hat.

Im Hinblick auf die inhaltliche Gestaltung wird die Anordnung von Fragen in thematisch zusammenhängenden Frageblöcken (manchmal auch Fragebatterien oder, im Falle von Itemformulierungen, Itembatterien genannt): Eine Fragebatterie ist ein "Satz von Fragen, die den gleichen Ermittlungspunkt durch verschiedene Formulierungen zu klären suchen"[137]. Sie ist auf ein spezifisches Mikro-Thema innerhalb des Fragebogens gerichtet, z.B. auf die Erfassung von mehreren Indikatoren zu einer einzigen Dimension. Mit der aufeinanderfolgenden Anordnung von Fragebatterien werden auf diese Weise die unterschiedlichen Aspekte des interessierenden Themas behandelt.

Die Anordnung von Fragen soll also keineswegs „zufällig" über einen Fragebogen gestreut werden, vielmehr besteht ein Fragebogen aus thematisch zusammenhängenden und inhaltlich in sich geschlossenen Frage- oder Itembatterien. Der Übergang zwischen einzelnen Fragebatterien und damit der Übergang zu neuen Themenbereichen soll mittels einfacher Überleitungen für die Befragten sichtbar gemacht werden, z.B. durch Formulierungen wie „Die nächsten Fragen beziehen sich auf …" oder „Im folgenden Abschnitt steht … im Mittelpunkt".

Die Anordnung der Fragebatterien soll darüber hinaus speziellen inhaltlichen Gesichtspunkten folgen, die mit „sensiblen" oder „schwierigen" Fragen zusammenhängen. Wie in einem alltäglichen Gespräch kann auch in einem Interview davon ausgegangen werden, dass für die Beantwortung von stärker persönlichen Fragen, so sie für ein Forschungsprojekt erforderlich sind, auch ein gewisses Vertrauens-

[136] Schnell/Hill/Esser 2008: 343
[137] Scheuch 1973: 90

verhältnis voraussetzt. Eine gewisse Steigerung der Antwortbereitschaft auf diese Art von Fragen kann durch zwei Vorgehensweisen erzielt werden: Zum einen sollten „schwierige Fragen“ an späterer Stelle des Fragebogens platziert werden. Zum anderen kann dies auch durch die spezifische Formulierung der Antwortkategorien erreicht werden. So ist die Bereitschaft von Befragten zur Angabe Ihres monatlichen Einkommens erfahrungsgemäß geringer, wenn um genaue Angabe der persönlichen Einkommenshöhe gebeten wird, als wenn den Befragten durch entsprechende Antwortkategorien die Möglichkeit gegeben wird, sich bestimmten Einkommensklassen zuzuordnen.

Generell wird empfohlen, sensible Fragen an das Ende eines Fragebogens zu stellen.[138] Dies gilt auch für soziodemographische Fragen wie z.B. nach dem Alter. Je nach Forschungsinteresse können mitunter Abweichungen von diesen Gestaltungsregeln erforderlich sein, z.B. um bestimmte Personen, die nicht als Zielpersonen definiert wurden, aufgrund spezifischer Merkmale von einer weiteren Befragung auszuschließen. Im allgemeinen Sinn kann der Aufbau eines Fragebogens folgendermaßen dargestellt werden (Abb. 27):

Abb. 27: Aufbau eines Fragebogens - Makroplanung

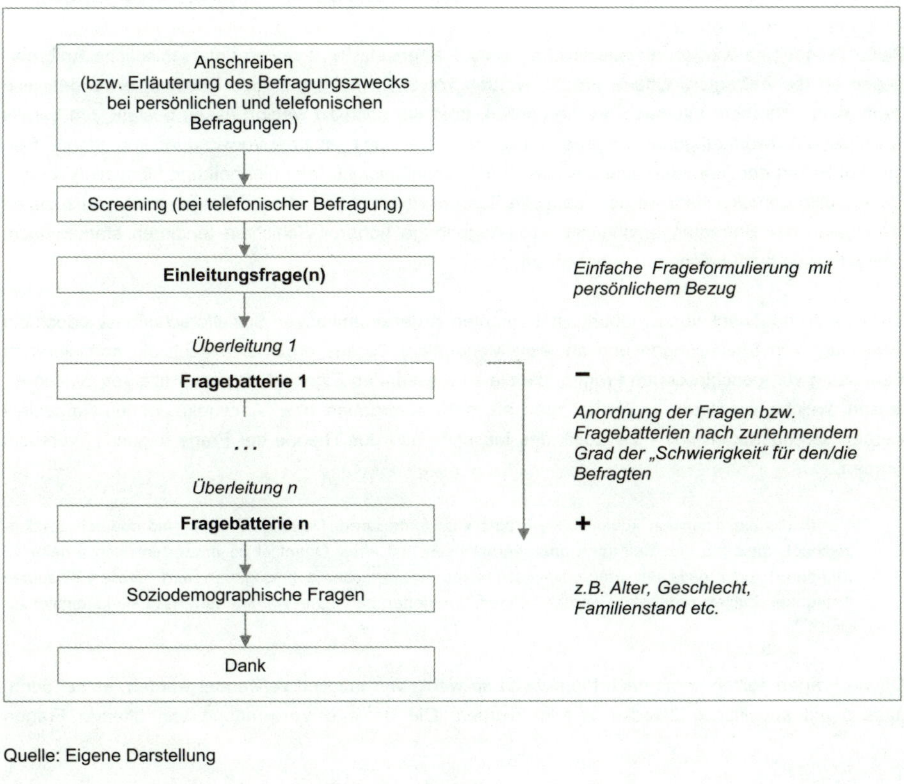

Quelle: Eigene Darstellung

[138] Dillman 1978: 125

6.3. Fragetypen

Grundsätzlich können Fragen nach mehreren Kriterien unterschieden werden. Zu den wichtigsten Unterscheidungskriterien zählen:

- die Art der Antwortvorgabe
- die Art ihrer Formulierung
- der inhaltliche Bezug der Frage
- die Funktion der Frage im Fragebogen.

6.3.1. Fragetypen nach der Art der Antwortvorgabe

Nach der Art der Antwortvorgabe wird zwischen offenen und geschlossenen Fragen unterschieden. *Offene* Fragen (engl. *open-ended questions*) sind solche, die den Befragten keine Antworten vorgeben; es ist diesen überlassen, die für sie passende Formulierung in einer gewissen Länge zu wählen. Bei *geschlossenen* Fragen (engl. *closed-ended questions*) sind die Antwortkategorien vorgegeben.

Beide Fragetypen werden für spezifische Zwecke eingesetzt und stellen unterschiedliche Anforderungen an die Befragten. Offene Fragen werden vor allem für explorative Zwecke verwendet, also dann, wenn Themen untersucht werden sollen, über die noch zu wenig Wissen besteht, um bereits spezifische Antwortkategorien vorgeben zu können. Allerdings setzt die Verwendung von offenen Fragen auf Seiten der Befragten eine gewisse Artikulationsfähigkeit, Informiertheit und Motivation voraus. Daher sollte berücksichtigt werden, dass die Beantwortbarkeit von offenen Fragen auch von sozialen Merkmalen der Befragten beeinflusst wird: Angehörige höherer Schichten tendieren stärker dazu, offene Fragen ausführlicher zu beantworten.[139]

Der eigentliche Zweck von Erhebungsinstrumenten in der quantitativen Sozialforschung ist jedoch die „Messung" von Einstellungen und anderen Merkmalen. Daraus ergibt sich auch die dominierende Bedeutung von geschlossenen Fragen, die die zu messenden Eigenschaften mit Hilfe von Skalen erfassen, welche wiederum im Fragebogen als Antwortvorgaben bzw. Antwortkategorien dargestellt werden. Grundsätzlich soll - der Logik des Messens und der Theorie der Frage folgend – versucht werden,

> "... für die Zieldimension «quantitative Fragen» zu formulieren. Derartige Fragen sind dadurch gekennzeichnet, dass sie den Befragten dazu veranlassen, mit einer Quantität zu antworten («ich arbeite 42 Stunden»), oder dass der Frage ein bestimmtes Antwortschema beigegeben wird, dessen einzelnen Kategorien Zahlen zugeordnet werden können, von denen behauptet werden darf, dass sie kardinaler Art sind".[140]

Offene Fragen sollten somit nach Möglichkeit so wenig wie möglich verwendet werden, es sei denn, dass damit spezifische Zwecke verfolgt werden. Die gezielte Verwendung von offenen Fragen

---

[139] Kromrey 2008: 377f
[140] Holm 1976: 99

empfiehlt sich dann, wenn geschlossene Fragen versagen, vor allem für folgende Zwecke[141]:

- zur Überprüfung von Wissen
- zum Kennenlernen des Sprachgebrauchs der Befragten zu einem bestimmten Thema
- zur Messung der Aktualität eines Themas (z.B. „Was ist für Sie gegenwärtig das wichtigste Thema in der Politik?)
- zur Exploration von weitgehend unbekannten Fragestellungen oder von Themen mit besonderer Vielfalt.

Offene Fragen sind mit einigen weiteren Schwierigkeiten behaftet. Erfahrungsgemäß ist der Anteil der beantworteten offenen Fragen im Vergleich zu den meist durchgängig beantworteten standardisierten Fragen gering. Es ist auch mit erheblichen Schwierigkeiten verbunden, offene Fragen auswertungstechnisch so zu codieren, dass Zusammenhänge mit standardisierten Fragen hergestellt werden können, sodass letztlich auch eine entsprechende Interpretation erschwert ist.

Sogenannte halboffene Fragen wiederum sehen zusätzlich zu den vorgegebenen Antwortkategorien eine offene Kategorie vor (z.B. „sonstiges: ....“). Dieser Fragetyp bietet sich dann an, wenn zwar eine Reihe von möglichen Antworten bekannt ist, aber noch mit zusätzlichen, noch nicht bekannten Antwortoptionen gerechnet werden muss.

6.3.2. Fragetypen nach der Art der Formulierung

Grundsätzlich sollten Fragen direkt formuliert werden. Es kann jedoch unter Umständen zweckmäßig sein, Fragen indirekt zu formulieren. Das ist etwa dann der Fall, wenn man davon ausgehen muss, dass die Befragten zu direkt gestellten Fragen eventuell keine „wahre“ Antwort geben würden. In diesem Fall werden Fragen mit einem kurzen einleitenden Statement oder auch einer kurzen Geschichte versehen, an die die eigentliche Frage anschließt.

> Direkte Formulierung:
> *Sollen Ihrer Meinung nach AusländerInnen für begangene Straftaten schwerer bestraft werden als InländerInnen?*
>
> Indirekte Formulierung:
> *Manche ÖsterreicherInnen sind der Meinung, dass AusländerInnen für begangene Straftaten schwerer bestraft werden sollen als InländerInnen. Teilen Sie diese Meinung?*

Die indirekte Formulierung in diesem Beispiel tendiert zu einer sogenannten projektiven Frage. Dieser Fragetyp ist dadurch gekennzeichnet, dass Fragen nach anderen Personen gestellt werden, wobei angenommen wird, dass die Befragten sich selbst an die Stelle der anderen setzen und so in Wahrheit die eigene Meinung wiedergeben.

---

141 Noelle-Neumann/Petersen 1998: 129f.

6.3.3. Fragetypen nach dem inhaltlichen Bezug

Neben den bisher erwähnten, grundlegenden Unterscheidungen werden in der quantitativen Sozialforschung vorrangig vier spezifische Typen von Fragen verwendet:

- Fragen nach Einstellungen oder Meinungen
- Fragen nach Überzeugungen
- Fragen nach dem Verhalten
- Fragen nach Eigenschaften.

Mit *Einstellungs- bzw. Meinungsfragen* (engl. *attitude or opinion questions*) werden Aspekte der Wünschbarkeit bzw. positive oder negative Beurteilungen erfasst, die die Befragten mit einer Frage oder einem Item verbinden. Charakteristische Formulierungen sind - in unterschiedlichen Abstufungen - beispielsweise „lehne ab/stimme zu", „"gut/schlecht" oder „sollte/sollte nicht".

Sollen Ihrer Meinung nach AusländerInnen, die ein Jahr in Österreich leben, die österreichische Staatsbürgerschaft beantragen können?

lehne ab ☐
stimme zu ☐

Überzeugungsfragen (engl. *questions of belief*) richten sich darauf, was Befragte persönlich für wahr oder falsch halten. Zu den charakteristischen Antwortformulierungen zählen etwa „richtig/falsch".

Sind AusländerInnen, die ein Jahr in Österreich leben, berechtigt die österreichische Staatsbürgerschaft zu beantragen?

richtig ☐
falsch ☐

Verhaltensfragen (engl. *behaviour questions*) richten sich auf Handlungen und Verhaltensweisen von Befragten. Mit diesen retrospektiven Fragen werden Art, Häufigkeit und Dauer von Handlungen in der Vergangenheit, also „berichtetes Verhalten", erfasst. Retrospektive Fragen sind allerdings mit einem einfachen, aber bedeutungsvollen Problem behaftet: dem Erinnerungsvermögen. Nicht selten stellt sich heraus, dass die erinnerten Angaben von den tatsächlichen Ereignissen deutlich abweichen.[142]

Wie häufig haben Sie persönlich in den letzten 12 Monaten Übergriffe gegen AusländerInnen beobachtet?

häufig ☐
manchmal ☐
selten ☐
nie ☐

Fragen, die sich auf *zukünftiges* Handeln richten, werden hingegen eher den Meinungsfragen zugeordnet.

---

[142] Klein/Fischer-Kerli 2000

Eigenschafts- oder Merkmalsfragen beziehen sich in der Regel auf sozialstatistische bzw. sozialdemographische Merkmale im weitesten Sinn. In Fragebögen werden mit diesen Fragen „routinemäßig" demographische Variable erhoben, um in der Phase der Datenauswertung Zusammenhänge zwischen den demographischen Merkmalen und den Einstellungen, Überzeugungen und Verhaltensweisen der Befragten zu ermitteln. Für diese Art von Fragen stehen etwa in Deutschland „Demographische Standards" inklusive detaillierter Beschreibungen der passenden Antwortkategorien zur Verfügung. Ein Beispiel daraus[143]:

Welchen Familienstand haben Sie?

Verheiratet und lebe mit meinem/r Ehepartner/in zusammen ☐
Verheiratet und lebe von meinem/r Ehepartner/in getrennt ☐
Ledig ☐
Geschieden ☐
Verwitwet ☐

6.3.4. Fragetypen nach der Funktion im Fragebogen

Ebenfalls besonders wichtig ist die Einteilung von Fragetypen nach ihrer Funktion im Fragebogen. Zu den wichtigsten Fragetypen zählen in dieser Hinsicht:

- die Kontrollfrage
- die Filter- bzw. Gabelfrage
- die Trichterfrage.

Kontrollfragen dienen dazu, eine schon auf eine andere Frage gegebene Antwort zu kontrollieren. Eine Kontrollfrage hat den gleichen Inhalt wie die bereits gestellte Frage, aber nicht den gleichen Wortlaut. Häufig werden Kontrollfragen auch in Form einer Verneinung gestellt. Sie sollen für die Befragten nicht sofort als Kontrollfrage erkennbar sein. Entscheidend ist natürlich, dass die Kontrollfrage sich auf die gleiche Dimension wie die zu kontrollierende Frage bezieht.

Filter- bzw. Gabelfragen werden dazu verwendet, um Befragte, für die ein oder mehrere bestimmte Teile eines Fragebogens nicht relevant sind, über diese Teile hinweg zu führen. Die Filterfrage wird also vor den potenziell irrelevanten Frageblöcken platziert. Eine Erweiterung der Filterfrage ist die so genannte Gabel. Dabei werden die Personen je nach Antwort in der Filterfrage gebeten, mit spezifischen Frageblöcken fortzusetzen. Beispielsweise werden im Anschluss an eine Frage nach dem Familienstand ledige Personen gebeten mit Frageblock C, geschiedene Personen mit Frageblock D und verwitwete Personen mit Frageblock E fortzusetzen. In dem Beispiel der Weiterbildungsstudie in Wien wurde folgender Filter verwendet, damit jene Personen, die an keiner innerbetrieblichen Schulung teilgenommen haben, eine Frage überspringen (Abb. 28):

---

[143] Statistisches Bundesamt (2004) Demographische Standards. Ausgabe 2004, S. 9 http://www.gesis.org/fileadmin/upload/dienstleistung/tools_standards/demsta2004.pdf (10.08.2009)

Abb. 28: Filterfrage

FRAGE 32: Haben Sie jemals an innerbetrieblichen Schulungen teilgenommen?
ja 1
nein .... 2 → **WEITER MIT FRAGE 34**

FRAGE 33: Waren Sie mit der letzten innerbetrieblichen Schulung, an der Sie teilgenommen haben, sehr, ziemlich, wenig oder gar nicht zufrieden?

sehr zufrieden 1
ziemlich zufrieden 2
wenig zufrieden 3
gar nicht zufrieden 4

FRAGE 34: Treffen die folgenden Aussagen auf den letzten Kurs zur beruflichen Weiterbildung, den Sie absolviert haben, sehr, ziemlich, wenig oder gar nicht zu?

	trifft sehr zu	trifft ziemlich zu	trifft wenig zu	trifft gar nicht zu
34.1 Die Inhalte wurden verständlich vermittelt	1	2	3	4
34.2 Der Kurs war gut organisiert	1	2	3	4
....				

Quelle: Kerschbaumer et al. 2007

Mittels *Trichterfragen* werden die Frage- bzw. Itemformulierungen schrittweise vom Allgemeinen zum Besonderen hin genauer formuliert. Diese Technik wird vor allem bei heiklen Fragen genutzt, etwa zu Fragen, die auf die Erfassung von abweichenden Verhaltensmustern oder Einstellungen abzielen. Erfahrungsgemäß ist die Verweigerungsrate geringer und die Antwortbereitschaft höher, wenn im Fragebogen zunächst unverfänglichere Statements formuliert werden und in den darauf folgenden Statements eine schrittweise Annäherung an sensible Themen vorgenommen wird. Allerdings kann bei Trichterfragen der Effekt eintreten, dass das Antwortverhalten der anfänglichen Fragen auch bei den nachfolgenden Fragen beibehalten wird und somit die ersteren Fragen auf die nachfolgenden „ausstrahlen".[144]

6.4. Regeln der Frage- und Antwortformulierung

Als grundsätzliche Regel der Frageformulierung gilt: Fragen sollen kurz, unmissverständlich und in einfachem Hochdeutsch formuliert werden. Wird diese Regel befolgt, ergeben sich einige weitere Regeln auf logischem Weg. Diese Regeln können wie folgt spezifiziert werden:

---

[144] Diekmann 2008: 478.

1. Wählen Sie einfache, sachgerechte Formulierungen, die folgende Eigenschaften aufweisen:

- möglichst kurz
- einfache, keine grammatikalisch schwierigen Formulierungen, insbesondere keine doppelten Verneinungen
- keine Fachausdrücke, Fremdwörter, Abkürzungen sowie Dialekt- oder Slangbegriffe
- möglichst große Nähe zur Alltagssprache
- keine Überforderung des Wissensstand des Befragten.

Ein schlechtes Beispiel, das gleich einen Großteil dieser Regeln verletzt, ist folgendes:

> *Sind sie gegen die Aufhebung des Wiederbetätigungsverbots für adoleszente Rechts-extremistInnen?*

Obgleich die Frageformulierung kurz ausgefallen ist, ist einiges an Nachdenken erforderlich: Was bedeutet es, gegen die Aufhebung eines Verbots zu sein? Darüber hinaus wird der Wissensstand vieler Befragten sowohl hinsichtlich des Geltungsbereichs des Wiederbetätigungsverbots als auch hinsichtlich der verwendeten Fachausdrücke überfordert.

2. Formulieren Sie eindeutig:

- Die Frage sollte tatsächlich nur eine Frage enthalten
- Es darf in ihr nur eine inhaltliche Bedeutung ausgedrückt werden
- Sie muss in einem einheitlichen Bezugsrahmen stehen; bei mehreren Fragen soll sie in einem einheitlichen Bezugsrahmen eingebettet sein
- Vermeiden Sie doppelte Stimuli
- Bei Fragen, die sich auf vergangene Aktivitäten beziehen, muss ein klarer zeitlicher Bezugsrahmen formuliert werden.

Ein Beispiel für eine gute und schlechte Variante wären etwa die folgenden Formulierungen:

> Gut:
> *Wie oft waren Sie innerhalb der letzten zwölf Monate beim Arbeitsmarktservice arbeitslos gemeldet?*
>
> Schlecht:
> *Waren Sie in der letzten Zeit arbeitslos oder mussten Sie Ihre berufliche Tätigkeit aus anderen Gründen unterbrechen?*

Wenn in einer Rohformulierung zwei unterschiedliche Frageinhalte „auftauchen", werden die zwei inhaltlichen Bezugsebenen in zwei verschiedene Fragen getrennt.

Das Kriterium der Eindeutigkeit ist auch für scheinbar klare Begriffe notwendig. So ist zum Beispiel zu erläutern, was mit Begriffen wie „Nettoeinkommen", „Wohnungsgröße" oder „berufliche Weiterbildung" gemeint ist. Was gehört zum Nettoeinkommen, was nicht? Worauf bezieht sich die Wohnungsgröße genau: Sollen Nebenräume, Keller- und Balkonflächen in die Wohnungsgröße eingerechnet werden? Welche Aktivitäten sollen die Befragten zu beruflicher Weiterbildung im Unterschied zu privater Weiterbildung zählen?

3. Wählen Sie sachbezogene, neutrale Formulierungen:

- Vermeiden Sie unbedingt Suggestivfragen, mit denen den Befragten Antworten in den Mund gelegt werden
- Vermeiden Sie explizit und implizit wertende Formulierungen und Begriffe. Explizit wertend sind beispielsweise Begriffe wie „Verbrechensflut", „Überfremdung" oder ähnliche.
- Vermeiden Sie auch implizit wertende Formulierungen, die mit wertenden Assoziationen für den Befragten verbunden sind
- Vermeiden Sie Formulierungen, die Befragte dazu anregen, nicht ihrer tatsächlichen Einstellung entsprechend, sondern „sozial erwünscht" zu antworten. Darunter versteht man die Tendenz von Befragten, die eigenen Antworten an sozial anerkannte und erwünschte Normen und Werthaltungen auszurichten.[145] „Soziale Erwünschtheit" kann auch durch die spezifische Situation erzeugt werden, z.B. wenn die Befragten sich an der Meinung anwesender Dritter orientieren.[146]
- Verwenden Sie keine hypothetischen Formulierungen.

  Schlecht:
  Die meisten Menschen glauben, dass ungehemmte Zuwanderung von AusländerInnen zu einem ungebremsten Anstieg von Gewaltverbrechen führt. Ist diese Ansicht Ihrer Meinung nach richtig oder falsch?

  Besser:
  Sind Sie der Ansicht, dass Zuwanderung zu einem Anstieg der Straftaten von AusländerInnen führt?

In der schlechten Variante werden sowohl explizit als auch implizit wertende Begriffe (Auskländerkriminalität, ungehemmt, ungebremst, Gewaltverbrechen) und eine suggestive Formulierung („die meisten Menschen") verwendet, die darüber hinaus auch zu sozial erwünschtem Antwortverhalten stimuliert, weil Befragte manchmal dazu tendieren, sich einer (vorgegebenen) Mehrheitsmeinung oder der Meinung von Autoritäten anzuschließen.

4. Wählen Sie Formulierungen, die den Wissensstand von Befragten nicht übersteigen.

- Fremdwörter und Fachausdrücke sind für viele Menschen nicht ohne Nachdenken verständlich. Wenn Sie verwendet werden müssen, dann müssen Sie in einem kurzen Statement erläutert werden. Der primäre Zweck eines Fragebogens ist jedoch die spontane und authentische Auskunft von Befragten.
- Komplexe Sachverhalte in einleitende Statements zu verpacken ist durchaus möglich, jedoch sollte vor der Erhebung überlegt werden, ob alle Befragten gleichermaßen in der Lage sind, ausführlicher Erläuterungen gleichlautend zu verstehen.

5. Sprechen Sie die Befragten nach Möglichkeit persönlich an:

- Auch bei inhaltlich neutralen Formulierungen sollten die Befragten erkennen, dass es ihre

---

145 Holm 1976; Hartmann 1994.
146 Esser 1986: 317 nennt dies „situationale soziale Erwünschtheit".

persönliche Meinung ist, die zählt. Daher sind Formulierungen wie „Sind Sie der Ansicht ...", „Halten Sie ..." u.a. empfehlenswert.

Wie die Fragen selbst müssen auch die *Antwortkategorien* unmissverständlich und disjunkt formuliert sein. Ein Beispiel zur Klassifizierung von Einkommensklassen wurde bereits formuliert. Bedenken Sie auch die folgenden Punkte[147]:

- Achten Sie bei der Auswahl der Antwortvorgaben darauf, dass diese das gesamte Spektrum möglicher Antworten abdecken.
- Je größer die Zahl der verwendeten Antwortvorgaben, desto größer ist die Wahrscheinlichkeit, dass Befragte verwirrt werden.
- Bei komplexen Antwortvorgaben, z.B. lange Sätze anstatt Stichworte, ist es empfehlenswert, Listenabfragen oder – wo möglich - Karten zu verwenden.
- Je weniger vertraut die benutzten Antwortvorgaben dem Befragten sind, desto kleiner muss ihre Anzahl sein.

Ein Tipp für die Behandlung von Antwortvorgaben bei persönlichen und telefonischen Interviews. In derartigen Interviews liegen den Befragten keine Antwortvorgaben in schriftlicher Form vor. Daher ist es notwendig, die Antwortvorgaben in die Frageformulierung selbst zu verpacken.

Bei der Konstruktion eines Fragebogens wird auch häufig darüber diskutiert, ob Antwortvorgaben mittlere, neutrale Kategorien (z.B. „teils, teils" oder „weder, noch") enthalten sollen. Diese Frage ist methodisch nicht entschieden. Eine Position plädiert dafür, mittlere Kategorien prinzipiell vorzusehen, weil es sich dabei um für Befragte relevante Kategorien handelt. Die zweite Position plädiert dafür, Antwortkategorien im Sinne einer positiven oder negativen Beurteilung zu formulieren. Bei manchen Befragungen sind zudem die Antwortkategorien „weiß nicht" oder „keine Angabe" erforderlich.

6.5. Fehlerquellen

Da es sich bei der Befragung um ein reaktives Verfahren handelt, sind einige Fehlerquellen zu bedenken. Allgemein können drei Arten von Fehlerquellen unterschieden werden[148]:

1. Befragtenmerkmale (soziale Erwünschtheit, Response-Set, „Meinungslose")
2. Fragemerkmale (Frageformulierung, Frageposition, Effekt von Antwortkategorien)
3. Merkmale des Interviewers/der Interviewerin und der Interviewsituation (Interviewermerkmale, Anwesenheit Dritter, Störungen der Interviewsituation).

ad 1. Im Bereich der *Befragtenmerkmale* ist die sog. „soziale Erwünschtheit" (engl. *social desirability*) eine nicht zu unterschätzende Fehlerquelle. Damit ist die Tendenz von Befragten gemeint, Antworten zu geben, die ihrer Meinung nach eher auf Zustimmung stoßen als die für sie tatsächlich zutreffende Antwort, bei der sie Ablehnung befürchten. Insbesondere bei heiklen Fragen muss daher mit einer die

[147] Scheuch 1973
[148] Diekmann 2008: 447.

tatsächliche Meinung oder die tatsächlich Beurteilung verzerrten Antwort gerechnet werden. In diesem Fall muss versucht werden, Fragen mit möglichst neutralen Formulierungen, also ohne wertbesetzte Formulierungen und Begriffe, zu entwickeln. Bei persönlichen Interviews kann auch eine zusätzliche „Anonymisierung" der Antwortsituation, etwa durch die Bitte, Antworten auf heikle Fragen in einem geschlossenen Kuvert dem Interviewer/der Interviewerin zu überreichen, Abhilfe schaffen.

Der sog. „Response-Set" bezieht sich auf systematische Antwortmuster, die unabhängig vom Inhalt der Fragen zustande kommen. So tendieren Befragte manchmal dazu, auf Skalen unabhängig vom Frageinhalt vorrangig die mittlere Antwortkategorie anzukreuzen oder hauptsächlich Antwortkategorien auszuwählen, die Zustimmung ausdrücken (Akquieszenz). Dieses Problem kann teilweise dadurch entschärft werden, indem die Items einer Skala variierend positiv und negativ „gepolt" werden, d.h. eine positive oder negative inhaltliche Fragerichtung aufweisen. Auch ist es mittels Itemkonsistenzanalyse (➔ Abschnitt 4.4.2.) möglich, solche Items wegen zu geringer Trennschärfe zu eliminieren.

Darüber hinaus kann das Problem bestehen, dass Befragte auch dann eine Antwort auf Fragen geben, wenn sie tatsächlich gar keine Meinung zu einem Thema haben. Das Problem der „Meinungslosigkeit" (engl. auch *pseudo-opinions*) kann am ehesten durch Filterfragen umgangen werden, etwa indem vor den eigentlich interessierenden Fragen erfasst wird, ob jemand zu diesen Fragen überhaupt eine Meinung hat (z.B. in der Form „Haben Sie schon ausreichend Gelegenheit gehabt, sich zu [Thema X] eine Meinung zu bilden?". Allerdings haben Filterfragen für manche Befragte auch eine abschreckende Wirkung. In diesem Fall kann das Problem dadurch entschärft werden, indem zusätzlich Fragen zur Intensität der eigenen Beschäftigung mit dem betreffenden Thema oder zur persönlichen Vertrautheit mit dem Thema gestellt werden. Auf diese Weise kann zumindest eine Einschätzung vorgenommen werden, ob die „Meinungslosigkeit" tatsächlich mit einer geringen Beschäftigung mit einem Thema zusammenhängt.

ad 2. Probleme, die mit *Fragemerkmalen* zusammenhängen, treten praktisch in jeder Befragung auf. Bekannt sind vor allem Probleme, die mit der Frageformulierung in Verbindung stehen. So können Befragte auf schärfere Formulierungen mit größerer Ablehnung reagieren als auf „weichere" Formulierungen. Auch die Entscheidung, eine interessierende Dimension als Rating- oder Ranking-Frage zu formulieren, kann erhebliche Konsequenzen für die Beantwortung haben. Während bei Rating-Fragen das Ausmaß der Zustimmung zu einem vorgegebenen Set an Items erfragt wird („Einschätzung"), werden bei Ranking-Fragen die Befragten gebeten, Themen nach Wichtigkeit zu ordnen („Reihung"). Entsprechende Vergleiche haben starke Unterschiede der Beantwortung in Abhängigkeit von der Art der Frageformulierung nachgewiesen.[149]

Ein weiterer wichtiger Effekt, den es zu berücksichtigen gilt, ist der sog. Fragereiheneffekt (auch Halo-Effekt genannt). Der daraus resultierende Positionseffekt bezieht sich auf den Umstand, dass das Antwortverhalten auch von der Positionierung der Fragen abhängt, weil eine Frage auf die weitere(n) Frage(n) „ausstrahlen" kann (können). Der Effekt besteht konkret darin, dass die Gedanken, Gefühle oder Erinnerungen, die in Verbindung mit einer bestimmten Frage ausgelöst werden, auch die Beantwortung von nachfolgenden Fragen beeinflussen. In der Marktforschung hat sich z.B. herausgestellt, dass das im Bewußtsein verankerte Image einer Marke das Antwortverhalten bei Produktvergleichen

---

[149] Diekmann 2008: 459f.

deutlich beeinflusst. Es wirkt sich also ein dominanter Eindruck, der bei einer Frage aktiviert wird, auf das Antwortverhalten bei weiteren Fragen (etwa zu weiteren Produkten oder Produkteigenschaften) aus. Praktisch kann hier die Veränderung der Reihenfolge von Fragen abhelfen, etwa, indem ursprünglich zusammenhängenden Fragen im Fragebogen stärker voneinander getrennt werden.

ad 3. Ein nicht unwesentliches Problem hängt mit dem sog. Sponsorship-Effekt zusammen. Sobald Befragte den Auftraggeber einer Untersuchung kennen, können sie zu einem Antwortverhalten tendieren, das nicht ihrer tatsächlichen Meinung entspricht. Insbesondere ist damit gemeint, dass Befragte sich Antworten zurechtlegen, die ihrer Meinung nach dem Auftraggeberinteresse eher entsprechen. So kann bei einer Befragung von Greenpeace etwa ein höherer Anteil von Atomgegnern herauskommen als bei eine Befragung eines Energieanbieters.[150]

Bei den *InterviewerInnen* können folgende Fehlerquellen auftreten, insbesondere bei persönlichen Interviews (z.B. im Rahmen von Straßenbefragungen), während bei telefonischen Befragungen und Online-Befragungen aufgrund der technischen Kontrollmöglichkeiten diese Fehlerquellen minimiert werden können.

- Scheininterviews: Die InterviewerInnen füllen den Fragebogen selbst aus: Hier kann durch eine Nachbefragung, ob das Interview durchgeführt wurde, Abhilfe geschaffen werden.
- Fälschung von Interviewteilen durch die InterviewerInnen: Dazu wird vor allem dann ungewollt motiviert, je besser die InterviewerInnen über die zugrunde liegenden Hypothesen aufgeklärt werden.
- Manipulierung des Antwortvorhaltens als Folge der Beeinflussung des Antwortverhaltens durch InterviewerInnen (z.B. durch Formulierung von eigenen Ansichten und Meinungen, aber auch durch Gesten, Mimik etc.)
- Anwesenheit dritter Personen (siehe „soziale Erwünschtheit").
- Schlechte Bezahlung senkt die Leistungsmotivation von InterviewerInnen.

Auch äußere Merkmale wie Geschlecht, Kleidung und Alter können das Antwortverhalten beeinflussen. Generell können solche Fehlerquellen durch möglichst zufällige Zuweisung von InterviewerInnen zu Befragten, durch gründliche Einschulung, Interviewkontrollen sowie durch den erwähnten Einsatz technischer Befragungssysteme vermindert werden.

Auf Seiten der Befragten können Fehler und Antwortverzerrungen (engl. *response errors*) in zweierlei Form auftreten: Als Methodeneffekte im engeren Sinne und als Reaktion der Befragten auf das Erhebungsinstrument. Unter Methodeneffekten werden Fehler verstanden, die durch die Kombination von spezifischer Kommunikationssituation und Einsatz von technischen Mitteln entstehen. So stellte sich heraus, dass bei Telefonbefragungen das Geschlecht der InterviewerInnen einen Einfluss auf das Antwortverhalten von männlichen und weiblichen Befragten haben kann. Beispielsweise wurde gezeigt, dass Männer gegenüber männlichen Interviewern eher konservative Einstellungen, Frauen gegenüber männlichen Interviewern eher „feministische" Einstellungen vertraten.[151]

---

[150] Brosius/Koschel 2005
[151] Koll 2002: 20

Schließlich ist die Anwesenheit Dritter während der Befragung ein nicht zu unterschätzendes Problem, weil dadurch sowohl das Antwortverhalten der befragten Person im Sinne der sozialen Erwünschtheit (der/die Befragte antwortet im Sinne der anwesenden dritten Person), aber auch durch direkte Beeinflussung der Meinung durch die dritte Person verzerrt werden kann. So hat sich beispielsweise herausgestellt, dass bei Befragungen zur Beteiligung an Haushaltsarbeiten, Männer eine geringere Beteiligung angaben, wenn ihre Partnerin anwesend war. Im Sinne von Interviewereffekten stellte sich auch heraus, dass männliche Befragte gegenüber männlichen Interviewern eine höhere Haushaltsbeteiligung angaben als gegenüber weiblichen Interviewerinnen.[152] In diesem Fall sollten bei persönlichen Interviews Vorkehrungen für eine unbeeinflusste Interviewsituation getroffen werden.

!	Generell zeigen diese Fehlerquellen die **Wichtigkeit von Pretests** (➔ Abschnitt 7.2.) für die frühzeitige Erkennung und möglichst umfassende Beseitigung von Fehlerquellen auf. Der Gewinn, den Pretests für die Konstruktion von Erhebungsinstrumenten mit möglichst geringer Fehleranfälligkeit, für die Instruktion von InterviewerInnen und für die vorausschauende Gestaltung von Interviewsituationen mit sich bringt, übersteigt den Aufwand um ein Vielfaches!

[152] Diekmann 2008: 469f.

7. Praxistipps für die Durchführung von Erhebungen

Die einzelnen Arbeitsschritte von der Konkretisierung des Forschungsproblems über Konzeptspezifikation und Operationalisierung bis zur Konstruktion des endgültigen Erhebungsinstruments sind sehr arbeitsintensiv. Es ist daher nur konsequent, auch den Prozess der Datenerhebung sorgfältig zu organisieren, weil die Qualität der Daten wesentlich von der Sorgfalt der Feldorganisation abhängt. Zu den vorbereitenden Arbeiten der Datenerhebung zählen natürlich jene Aspekte der Erhebungsplanung, auf die bereits in den vorangegangenen Kapiteln eingegangen wurde, so z.B. die Auswahl von Untersuchungspersonen (➔ Kapitel 5.), die Auswahl von geeigneten Erhebungsmethoden und die Schulung von InterviewerInnen. Natürlich kann die „Feldarbeit", also der konkrete Prozess der Datenerhebung, je nach Fragestellung, Umfang der Erhebung und Erhebungsmethode stark variieren. Die in den folgenden Abschnitten erläuterten praktischen Tipps für die Organisation und Durchführung sind daher selektiv.

7.1. Exploration und Zugang zum Feld

Generell muss vor einer Erhebung überlegt werden, unter welchen Rahmenbedingungen die eigentliche Feldarbeit durchgeführt werden kann. So sind die Rahmenbedingungen für eine Befragung von KonsumentInnen in einem Einkaufszentrum völlig anders beschaffen als bei einer MitarbeiterInnenbefragung in einem Unternehmen oder bei einer Bevölkerungsbefragung in einem bestimmten politischen Bezirk. Zwecks Vermeidung von störenden „Überraschungseffekten" sollten im Zuge der Felderkundung vor der Datenerhebung daher einige wesentliche Informationen gesammelt und vorbereitende Schritte für den reibungslosen Ablauf der Erhebung getroffen werden. Im Besonderen sollten - zusätzlich zu den bereits genannten Punkten der Erhebungsplanung - vor der Erhebung die folgenden Punkte bedacht werden:

- Exploration und Zugang zum Feld
- Statistische Grundlageninformationen
- Pretest
- Organisatorische und zeitliche Rahmenbedingungen der Befragung.

Exploration und Zugang zum Feld

Vor allem in der Auftragsforschung ist es sehr ratsam, die grundsätzlichen Modalitäten eines Befragungsprojekts, insbesondere die Organisation der Erhebung, aber auch die Formen der Ergebniskommunikation, mit den zuständigen Stellen vor der Datenerhebung im Detail zu besprechen. Grundsätzlich sollten alle potenziell relevanten Akteure des Feldes über inhaltliche und praktische Aspekte der Erhebung informiert werden. Dies ist auch empfehlenswert, weil Befragungen innerhalb der beauftragenden Organisation Interesse und Erwartungen wecken. Eine gute Information der Auftraggeber ermöglicht es auch diesen, bei Bedarf den eigenen MitarbeiterInnen oder KundInnen Informationen bereitzustellen bzw. für Rückfragen zur Verfügung zu stehen.

Bei MitarbeiterInnenbefragungen hat es sich sehr bewährt, nicht nur die Unternehmensleitung und die Personalabteilung, sondern auch die Belegschaftsvertretung über die Zielsetzungen des Projekts, die

Inhalte und den praktischen Ablauf der Befragung zu informieren. Bei PatientInnenbefragungen wird neben der Krankenhausleitung und der Personalabteilung möglicherweise auch die für die Qualitätssicherung zuständige Abteilung ein wichtiger Ansprechpartner sein. Eine derartige Vorgehensweise ist auch für die organisatorische Unterstützung der Befragung durch den Auftraggeber wichtig: Beispielsweise möchten Auftraggeber selbst Informationsschreiben über die bevorstehende Befragung an die Befragungspersonen versenden. Besonders wichtig ist es, die praktischen Aspekte der Befragungsorganisation im Detail mit Auftraggebern festzulegen. Dazu gehören

- die Bereitstellung von grundlegenden Informationen über die Befragungspopulation
- die Information der Befragungspersonen über die Erhebung, insbesondere ihre Zielsetzungen
- die Klärung des Zeitraums, in dem die Befragung durchgeführt werden soll (die „Feldzeit")
- die Form der Verteilung und Einsammlung von Fragebögen in Unternehmen (z.B. Abgabe des Fragebogens in bereitgestellten Urnen oder Postfächern)
- die Übermittlung von Informationen über den Rücklauf während der Befragung (z.B. durch die Personalabteilung)
- die Festlegung von Personen, die den Befragungspersonen Informationen und Unterstützung während der Erhebung bieten (z.B. durch das Kundenservice)
- Häufigkeiten und Intervalle von Erinnerungsaktionen.

!	Als - leider oft zu wenig beachtete - Grundregel der vorbereitenden Feldarbeit gilt, dass vor allem in der Auftragsforschung alle Vorkehrungen für die **größtmögliche Transparenz der Befragung** getroffen werden sollten, weil dies nicht nur den Zugang zum Untersuchungsfeld, sondern auch die Akzeptanz des Projekts, die Motivation zur Teilnahme und letztlich die Daten- und Ergebnisqualität maßgeblich unterstützt. Die funktionierende Zusammenarbeit mit Auftraggebern ist ein Schlüssel zur erfolgreichen Feldarbeit.

Um eine effiziente Organisation der Erhebung zu gewährleisten, ist häufig eine Feldexploration sinnvoll. Vor KonsumentInnenbefragungen in Einkaufszentren ist es beispielsweise empfehlenswert, im Rahmen einer Begehung Informationen über räumliche Gegebenheiten, KundInnenfrequenzen und InterviewerInnenstandorte zu sammeln. Welche Orte in einem Einkaufszentrum bieten sowohl gute KundInnenfrequenzen als auch ansprechende Orte für die Durchführung von Interviews? Kann von den Auftraggebern oder anderen verantwortlichen Stellen – besonders im Fall von längeren Interviews – eine abgeschirmte Sitzgelegenheit für Interviewzwecke bereitgestellt werden? Welche Zeiten sind ideal für die Erhebung? Mittwoch-Vormittage mit geringen KundInnenfrequenzen sind möglicherweise weniger effizient für die Ausschöpfung als Freitag-Nachmittage oder Samstage.

Anders verhält es sich bei MitarbeiterInnenbefragungen. Hier ist vor der Erhebung auf Urlaubszeiten und auf die konkrete Arbeitszeitorganisation zu achten. Eine Erhebung, die sich mit Urlaubszeiten überschneidet, ist wohl kaum ratsam. Auch die Form der Erhebung (z.B. online, Hauspost oder Urnenmodell) hat einige Konsequenzen für die Distribution und Retournierung der beantworteten Fragebögen. Bei Bevölkerungsbefragungen spielen neben den spezifischen Befragungsmethoden auch häufig die Zusammenarbeit mit Verwaltung und Politik, räumliche Entfernungen oder die Mobilität von InterviewerInnen eine wesentliche Rolle für das Gelingen eines Erhebungsprojekts.

Statistische Grundlageninformationen

Wie bereits im Abschnitt 5.1 beschrieben, sind vollständige und aktuelle Listen der Grundgesamtheit eine wesentliche Voraussetzung für die Stichprobenziehung. Während solche Listen bei Bevölkerungsumfragen über amtliche Dokumentationen generiert werden können, müssen sie in der Auftragsforschung meist in Zusammenarbeit vom Auftraggeber bereitgestellt werden (z.B. Adressdateien von KundInnen, MitarbeiterInnen, PatientInnen etc.). Oft erhält man erst aufgrund dieser Listen erste Informationen über den Umfang und die Struktur der Untersuchungspopulation, die meist wesentliche Aufschlüsse für die Untersuchungsplanung geben. Die Bereitstellung solcher Listen bedeutet für Auftraggeber in der Regel einen gewissen Aufwand: Oft muss ein Verzeichnis von MitarbeiterInnen, KundInnen oder PatientInnen in tabellarischer Form erst aus dem hauseigenen EDV-System heraus erstellt werden. Solche Informationen geben wesentliche Aufschlüsse über ganz praktische Fragen: Wie viele Fragebögen sind überhaupt zu versenden bzw. wie viele Befragungsteilnehmerlnnen sind persönlich zu kontaktieren? Welche Kosten und welcher Zeitaufwand sind damit verbunden? Welcher Zeitrahmen wird für die Befragung zu veranschlagen sein? Diese Informationen können darüber hinaus bereits Anhaltspunkte dafür liefern, welche statistischen Auswertungsmöglichkeiten genutzt werden können.

Zu den ersten Vorkehrungen der Feldarbeit zählt vor allem bei Auftragsprojekten die Zusammenarbeit mit dem Auftraggeber im Hinblick auf die erforderlichen Grundlageninformationen. Denken wir an PatientInnenbefragungen im Auftrag eines Krankenhausbetreibers: Eine vollständige Adressliste der im letzten Jahr entlassenen PatientInnen stellt die Grundlage für die Organisation der Befragung dar. Besonders vorteilhaft ist es, wenn bereits vorab bekannt ist, in welchen Abteilungen die zu befragenden PatientInnen behandelt wurden: Derartige Informationen liefern bereits Hinweise über die Verteilung von Merkmalen in der Grundgesamtheit. Eine von einem Auftraggeber bereitgestellte Aufstellung, die einige grundlegende Informationen über die Struktur der Untersuchungspopulation einer PatientInnenbefragung gibt, ist in der folgenden Tabelle dargestellt:

Tab. 6: Beispiel „Strukturdaten"

Abteilung / *Geschlecht*	**Abteilung 1 Innere Medizin**	**Abteilung 2 Chirurgie**	**Abteilung 3 Gynäkologie**	**Abteilung 4 Geburtshilfe**	**Abteilung 5 HNO**	**Gesamt**
Männer	1490	1231	0	0	112	2833
Frauen	1706	1413	645	614	58	4436
Patienten gesamt	**3196**	**2644**	**645**	**614**	**170**	**7269**

Quelle: Eigene Studie

Entsprechende Aufstellungen erleichtern nicht nur die Erhebungsplanung (z.B. für die Bestimmung der angestrebten Stichprobegröße und/oder der Stichprobenquoten), sondern auch qualitätssichernde Maßnahmen der Befragungsorganisation wie die Rücklaufkontrolle. So ist es z.B. bei MitarbeiterInnenbefragungen hilfreich, wenn eine Personalabteilung anonymisierte Informationen über die Geschlechterverteilung, die Anzahl von MitarbeiterInnen an verschiedenen Unternehmensstandorten oder die Verteilung der beruflichen Stellung der MitarbeiterInnen (z.B. ArbeiterInnen, Angestellte mit und ohne Leitungsfunktionen) etc. geben kann.

7.2. Der Pretest

Neu entwickelte Fragebögen sollten in jedem Fall einem Pretest unterzogen werden. Zum einen kann so die durchschnittliche Befragungszeit ermittelt werden. Wesentliche Zwecke eines Pretests bestehen vor allem in der Überprüfung der Verständlichkeit von Fragen, der Kontinuität des Befragungsablaufs und der Güte der Filterführung, also von inhaltlichen und formalen Aspekten des Erhebungsinstruments. Bei größeren Bevölkerungsbefragungen (z.B. 2000 Befragte) wird manchmal auch eine Pretest-Stichprobengröße von 100 Befragten erreicht. Damit kann die Varianz ermittelt werden, Itembatterien auf Konsistenz geprüft und Faktorenanalysen durchgeführt werden. Nicht zuletzt werden Pretests auch genutzt, um die Feldbedingungen, d.h. die Verwendbarkeit des Erhebungsinstruments in der Feldsituation einzuschätzen und das Interesse der Befragten zu eruieren.

Im Rahmen von Pretests werden die Befragten gebeten, auf missverständliche Fragen und Antwortformulierungen hinzuweisen. Dafür stehen mehrere Methoden zur Verfügung. Zu den gebräuchlichsten Verfahren zählen[153]:

- Beobachtungspretest (Standard Pretest)
- Behaviour Coding
- Think-Aloud-Methode
- Paraphrasing.

Beim Beobachtungspretest werden die Reaktionen der Befragten bei der Beantwortung bzw. beim Ausfüllen des Fragebogens beobachtet und nach einem vorher entwickelten Schema dokumentiert. Eine systematischere Variante dieses Standardverfahrens ist das so genannte Behavour Coding. Dabei wird das Verhalten von InterviewerInnen und Befragten einer strukturierten Beobachtung und Proto-kollierung durch Dritte unterzogen. Dadurch werden z.B. auch spezifische Wahrnehmungsmuster, Ermüdungserscheinungen oder Konzentrationsprobleme sichtbar. Natürlich können diese Verfahren auch durch Ton- oder Videomitschnitte ergänzt werden. Die Think-Aloud-Methode wird ebenfalls sehr häufig verwendet. Dabei werden die Befragten gebeten, während (Concurrent Think Aloud) oder nach (Retrospective Think Aloud) der Beantwortung einer Frage „laut zu denken" und die eigene Verständnisweise wiederzugeben. Für die Think-Aloud-Methode, die speziell für die Überprüfung des Verständnisses von Frage- und Antwortformulierung geeignet ist, empfiehlt sich eine Tonbandaufzeichnung ganz besonders. Ebenfalls gut für das Verständnis des Frageninhalts geeignet ist das *Paraphrasing*, bei dem die Befragten gebeten werden, nach der Beantwortung die Frage mit eigenen Worten zu wiederholen. Häufig werden diese und andere Methoden auch in kombinierter Form für Pretest-Zwecke eingesetzt.

Die Ergebnisse eines Pretests sind nur dann hilfreich, wenn sie auch systematisch dokumentiert und ausgewertet werden. In der Regel werden aufgrund der Ergebnisse die Fragebögen modifiziert und – nicht unwesentlich – nach Möglichkeit auch gekürzt. Bei umfangreichen Modifikationen ist es ratsam, einen nochmaligen Pretest durchzuführen.

---

[153] Eine ausführliche Darstellung der unterschiedlichen Pretest-Verfahren bietet Häder 2006: 385ff.

! Erfahrungsgemäß werden durch einen **Pretest** ganz **entscheidende Verbesserungen** des Erhebungsinstruments erreicht. Der zusätzliche Aufwand ist zudem überschaubar und der Vorteil der besseren Verständlichkeit des Erhebungsinstruments schlägt sich in deutlich verbessertem Antwortverhalten und somit letztlich auch in einer deutlich besseren Datenqualität nieder.

Ein Pretest kann natürlich auch für die Einschulung von InterviewerInnen genutzt werden.

Für die Stichprobengröße eines Pretests können ungefähre Anhaltspunkte gegeben werden. Wie oben bereits betont, sollte bei größeren Befragungsprojekten die Pretest-Stichprobe eine Größe aufweisen, die auch bestimmte statistische Prüfverfahren ermöglicht (z.B. Itemkonsistenzanalyse). Steht hingegen die Verständlichkeit von Fragen und Antwortvorgaben im Vordergrund, kann auch mit weniger Pretest-Probanden das Auslangen gefunden werden. Empfohlen wird, eine Anzahl von 10 Befragten im Pretest nicht zu unterschreiten, häufig ist eine Pretest-Stichprobengröße von 20-50 Befragten anzutreffen[154].

7.3. Organisation und Umsetzung von Erhebungen

Fragebögen versenden und – warten? Zielführender ist es, den Erhebungsprozess aktiv zu managen. Die Erhebungsphase selbst kann und soll als „Projekt im Projekt" betrachtet werden. Entsprechend sind für diese Phase des Forschungsprozesses die erforderlichen Ressourcen und der zeitliche Ablauf der Erhebung zu planen. Werden InterviewerInnen eingesetzt, müssen diese geschult und mit klaren Anweisungen für die Feldarbeit ausgestattet werden. Darüber hinaus sind auch Arbeitszeiten und Einsatzgebiete von InterviewerInnen zu kalkulieren.

Bei der Organisation von Erhebungen ist auch zu berücksichtigen, welcher Output in einem bestimmten Zeitrahmen mit den zur Verfügung stehenden Ressourcen erzielt werden soll, wobei sich der Begriff „Output" in diesem Fall auf die letztlich zu erzielende Anzahl an vollständig durchgeführten Interviews bezieht. Zwar kann diese „Output-Größe" nicht mit absoluter Sicherheit erreicht werden, je nach Stichprobenziehung und Fragestellung wird aber für bestimmte Auswertungen ein Mindestmaß an „Fällen" benötigt.

Sowohl für die eigene Planung als auch zur Orientierung für den Auftraggeber ist ein Zeitplan empfehlenswert, der den zeitlichen Ablauf der Erhebung wiedergibt. Dabei sind zu beachten:

- der Zeitpunkt der Vorinformation an die Befragten
- der Anfangs- und Endzeitpunkt der Erhebung
- der Zeitpunkt und die Form der Dank- und Erinnerungsaktionen
- sowie ein Reservezeitraum (i.d.R. 1-2 Wochen)

---

[154] Schnell/Hill/Esser 2008: 349.

Für die „ideale" Dauer von Erhebungen gibt es keine Faustregel. Erfahrungsgemäß zeigt sich jedoch, dass postalische Befragungen in mehrfacher Hinsicht sehr aufwändig sein können. In zeitlicher Hinsicht muss bei postalischen Befragungen schon aufgrund der Postwege für Anschreiben, Versand und Retournierung der Fragebögen sowie für Erinnerungsaktionen mit deutlich höheren Feldzeiten gerechnet werden als bei Online- oder Telefonbefragungen: Bei postalischen Befragungen von z.B. 1000 befragten Haushalten ist eine Feldzeit von rund acht Wochen ab Versand der Fragebögen zu kalkulieren. Sofern die Rücklaufquote nicht zu einem früheren Zeitpunkt als ausreichend beurteilt werden kann, ist ein länger als acht Wochen dauerndes Zeitfenster bei ein bis zwei Erinnerungsaktionen allerdings nicht mehr sinnvoll, da der Effekt im Sinne von zusätzlich einlangenden Fragebögen mit zunehmender Dauer immer geringer wird: Spätestens nach der zweiten Erinnerungsaktion „tröpfeln" Fragebögen nur mehr vereinzelt ein. Erfahrungsgemäß langt bei postalischen Befragungen der Großteil der beantworteten Fragebögen innerhalb von zwei bis drei Wochen ein.

Bei Telefonbefragungen und Onlinebefragungen steht ein Großteil der beantworteten Fragebögen mitunter bereits innerhalb einiger Tage für die weitere Bearbeitung zur Verfügung. In der Regel kann wegen der direkten Beobachtbarkeit des Rücklaufs die Feldzeit frühzeitig eingeschätzt werden.

Wie bereits betont wurde, ergeben sich zufriedenstellende Rücklauf- bzw. Ausschöpfungsquoten nicht von selbst; vielmehr sind sie das Resultat gut organisierter Feldarbeit. Praktische Hinweise für eine professionelle Erhebungsorganisation enthält die bereits im Kapitel 6 angesprochene Total-Design-Method (TDM, in neueren Publikationen Tailored-Design Method genannt[155]). Die TDM-Methode besteht aus einem einfachen Bündel an Regeln, die von der Fragebogengestaltung bis zur Gestaltung des Befragtenkontakts reichen. Die wesentlichen Elemente der Methode sind[156]:

- Optimierung der Fragebogengestaltung (DIN A4, möglichst gebunden im Heftformat)
- Nach Möglichkeit personalisierte Anschreiben
- Bei postalischen Befragungen: Versendung der Fragebögen mit frankiertem Antwortkuvert
- Mehrfache Kontaktaufnahme (z.B. durch Erinnerungsaktionen)
- Materielle oder finanzielle Anreize zur Surveyteilnahme.

Hinzuzufügen ist, dass bei Befragungsprojekten für öffentliche Auftraggeber auch ein offizielles Begleitschreiben die Wichtigkeit der Studie betont und die Motivation zur Teilnahme unterstützt.

Das TDM-Vorgehen beruht auf mehreren Überlegungen: Die BefragungsteilnehmerInnen werden als kompetente AkteurInnen betrachtet, denen die Beantwortung erleichtert werden muss. Die Herstellung von Vertrauen minimiert zudem die sozialen Kosten für die BefragungsteilnehmerInnen. Schlussendlich sollte für die Befragten der Gewinn möglichst hoch sein. Erfahrungsgemäß können mit dem TDM-Verfahren bei postalischen Befragungen Rücklaufquoten zwischen 50% und 75% erzielt werden. Der Rücklauf ist auch von der Fragebogenlänge abhängig: Als Orientierung für die ideale Länge von schriftlichen Befragungen werden 8 bis 16 Seiten mit einer Anzahl von 10-12 Variablen pro Seite angegeben; bei längeren Fragebögen sinkt die Rücklaufwahrscheinlichkeit. Kurze Fragebögen (ca. 3-4 Seiten) werden hingegen von Befragten als weniger relevante Studie eingestuft. Vergleiche von Rücklaufquoten zeigen, dass zwei Erinnerungsaktionen im Durchschnitt eine jeweils 10% höhere

---

[155] Dillman 2000
[156] Dillman 1991: 14ff.

Ausschöpfungsrate bewirken.[157] Generell wird die Teilnahmebereitschaft an Befragungen also der „Anzahl und der Art der Kontakte“ zu den Befragten mitbestimmt.[158]

Die Wirkung von materiellen oder monetären Reizen (z.B. kleine Preise im Rahmen von Gewinnspielen wie Gutscheine, kleiner Geldbeträge o.ä.) auf den Rücklauf scheint sowohl hinsichtlich der Effektivität als auch der Konsequenzen für das Antwortverhalten geklärt. Derartige Anreize dürften jedoch vor allem dann einen eher positiven Effekt auf den Rücklauf auslösen, wenn diese tatsächlich gegeben (etwa als Beilage zum Fragebogen) und nicht bloß in Aussicht gestellt werden (etwa als angekündigter Preis im Rahmen eines Gewinnspiels). Im Allgemeinen dürften die negativen Effekte im Hinblick auf Verzerrungen des Antwortverhaltens entweder vernachlässigbar oder nicht existent sein. Allerdings gibt es zu dieser Frage auch unterschiedliche empirische Befunde.[159]

[157] Reuband 2001. Allerdings bedeutet ein höherer Rücklauf nicht automatisch geringere Selektivität oder geringere Verzerrungen, s. ebenda S. 311.

[158] Petermann 2005: 58.

[159] Stadtmüller/Porst 2005, Diekmann/Jann 2001. Allerdings muss bei schriftlichen Befragungen generell darauf hingewiesen werden, dass die Teilnahmebereitschaft von sozialen Faktoren wie z.B. dem Bildungsgrad deutlich beeinflusst wird.

8. Auswertungsverfahren

In diesem Kapitel werden einige grundlegende statistische Auswertungsverfahren im Überblick dargestellt. Dezidiert nicht behandelt werden die Grundlagen der Statistik sowie Statistik-Programme. Dazu möchten wir auf die entsprechenden Lehrbücher sowie die dafür angebotenen einschlägigen Lehrveranstaltungen verweisen.

8.1. Datenübertragung und Datenaufbereitung

Bevor mit den erhobenen Daten Auswertungen durchgeführt werden können, ist es notwendig, die Daten in eine für eine Auswertung geeignete Form zu bringen.

Bei Online- oder Telefonbefragungen (CAPI bzw. CATI) erfolgt die Übertragung der Daten in ein Datenfile in der Regel automatisiert während der Datenerhebung, sodass die Rohdaten bereits mit Abschluss der Feldarbeit zur Verfügung stehen. Die mit Papierfragebögen erhobenen Daten müssen hingegen entweder manuell oder maschinell (z.B. durch Einlesen der Fragebögen mittels Scanner) in ein entsprechendes Datenformat gebracht werden. Für die Erstellung eines fertigen Datenfiles sind folgende vorbereitende Schritte erforderlich[160]:

- Erstellung eines Codeplans
- Fehlerkontrolle und Fehlerbereinigung
- Behandlung fehlender Werte („missing values")
- Umformung und Umcodierung von Variablen.

Im ersten Schritt erstellen Sie einen *Codeplan*. Ein Codeplan ist eine Auflistung aller verwendeten Variablen und enthält alle relevanten Informationen darüber, welche inhaltlichen Bedeutungen die numerischen Codes besitzen. Empfehlenswert ist auch eine fortlaufende Nummerierung und eine kurze Benennung aller Variablen (Variablenname). Abb. 30 enthält ein Beispiel für einen derartigen Codeplan.

Der Codeplan hat zwei grundlegende Zwecke: Zum einen erleichtert er die Kontrolle von falschen Werten im Datensatz. Wenn etwa bei V2 im Datensatz bei einem Befragten der Wert „6" auftaucht (s. Abb. 29), wird es sich um einen Fehler der Datenübertragung handeln, der bei einem Blick in den entsprechenden Fragebogen bereinigt werden kann. Zum anderen stellen die numerischen Codes eben jene Werte dar, mit denen die statistischen Berechnungen durchgeführt werden. Eine korrekte Datenübertragung ist daher die Voraussetzung für korrekte statistische Analysen.

---

160 Im Zuge der Datenaufbereitung sind auch der Stellenwert und die Behandlung offener Fragen zu klären. Da die quantitative Sozialforschung vorrangig mit standardisierten Mess- und Erhebungsinstrumenten arbeitet, wird darauf in dieser Einführung nicht eingegangen.

Abb. 29: Auszug aus einem Codeplan

Fortlaufende Nummerierung der Variablen	Variablenname	Ausprägungen (Codes)	Erläuterung
V1	geschl	1 = männlich 2 = weiblich 9 = keine Angabe (Missing)	Geschlecht Befragungsperson
V2	educ	1 = ohne Pflichtschulabschluss 2 = Pflichtschule 3 = Lehrabschluss oder Abschluss einer Berufsbildenden Mittleren Schule (BMS) 4 = AHS oder BHS (mit Matura) 5 = Akademie, (Fach-)Hochschule & höher 98 = weiß nicht 99 = keine Angabe (missing malue)	Höchste abgeschlossene Ausbildung

Quelle: Eigene Darstellung

Im zweiten Schritt führen Sie eine *Fehlerkontrolle* und *Fehlerbereinigun*g durch. Dabei müssen mehrere Möglichkeiten überprüft werden:

- Tauchen im Datensatz Codes auf, die nicht den im Codeplan definierten Codes entsprechen (so genannte „Wild Codes“, siehe vorheriges Beispiel), muss zunächst ein Abgleich in den Erhebungsunterlagen und, wenn möglich, eine Korrektur vorgenommenen werden. Ist eine Korrektur unmöglich, sind diese Werte als „missing values“ zu codieren.
- Tauchen unplausible Werte auf (etwa dann, wenn ein Befragter das Alter „18 Jahre“ und als Familienstand „Witwer“ angibt), ist zunächst das Zustandekommen dieses Werts zu überprüfen. Möglicherweise geht aus dem entsprechenden Fragebogen eindeutig hervor, dass der Befragte nicht 18, sondern 81 Jahre alt ist. In diesem Fall ist der Wert zu korrigieren und kann so im Datensatz verbleiben.
- Auch die Konsistenz von Antworten muss geprüft werden. So werden 15-jährige AHS-SchülerInnen keine Angaben zur zuletzt gewählten Partei machen können. Inkonsistente Werte müssen aus dem Datensatz entfernt werden, sofern die richtigen Werte nicht im Zuge der Überprüfung ermittelt werden können.

Derartige Schwierigkeiten treten in Online- und Telefonbefragungen so gut wie nicht auf, weil mit den entsprechenden Softwaresystemen Vorkehrungen für eine korrekte Beantwortung getroffen werden (z.B. durch automatische Blockierung der nächsten Frage bei unvollständiger oder unkorrekter Beantwortung einer Frage oder durch Instruktionen für die Befragten in Form eines Pop-up-Fensters).

Bei *fehlenden Werten* und „Weiß nicht“-Antworten wird folgendermaßen vorgegangen: Als Konvention werden in der quantitativen Sozialforschung für „Weiß nicht“-Antworten der Code „98“ und für „keine Angabe“ die Codes „9“, „99“ usw. vergeben. Wesentlich ist dabei, auf die natürlichen Ausprägungen von Variablen zu achten: So wird man beispielsweise bei der Variable „Alter“ die Codes „98“ nicht für „weiß nicht“ und den Code „99“ nicht für „keine Angabe“ verwenden, da diese Codes gültige Werte repräsentieren können (Befragte können tatsächlich 98 oder 99 Jahre alt sein). In diesem Fall behilft man sich mit den nächst höheren Kategorien (z.B. 998 und 999). Bei Filterfragen im Rahmen von Online- oder Telefonbefragungen ist es auch üblich, für eine Variable, die im Zuge der Filterführung von den Befragten übersprungen werden kann, den Code „97“ zu vergeben (= für „Frage nicht gestellt“ oder „Frage nicht anwendbar“).

Für Analysen ist es mitunter notwendig, eine *Umformung* und *Umcodierung* vorzunehmen. Dafür bieten die gängigen Statistikprogramme entsprechende Routinen. So könnte z.B. für Auswertungszwecke die V2 in Abb. 29 durch Zusammenziehung in nur zwei Kategorien („niedrige Bildung" = ohne Pflichtschulabschluss und Pflichtschulabschluss und „höhere Bildung" = alle übrigen Bildungskategorien) zusammengefasst werden.

Ist der Datensatz bereinigt, kann mit den Analysen begonnen werden. Die Auswertungsverfahren der Deskriptiv- und Inferenzstatistik werden nach der Anzahl der berücksichtigten Variablen untergliedert:

- Univariate Methoden: Verfahren zur Beschreibung der Verteilung einzelner Variablen
- Bivariate Methoden: Verfahren zur Analyse des Zusammenhangs zwischen zwei Variablen
- Multivariate Methoden: Verfahren zur Analyse des Zusammenhangs zwischen mehr als zwei Variablen.

8.2. Univariate Analysen

Am Beginn jeder Auswertung sollten Sie sich einen Überblick über die Datenlage verschaffen, indem Sie auf dem Weg der univariaten Deskription eine möglichst knappe Charakterisierung und zusammenfassende Beschreibung der Variablen durchführen[161].

8.2.1. Lageparameter und Streuungsmaße

Dabei wird gefragt, wie oft die einzelnen Ausprägungen einer Variablen absolut oder relativ in der untersuchten Population genannt wurden und welche Merkmale die Verteilungen der Variablenwerte aufweisen. Die Darstellung und Beschreibung der Häufigkeitsverteilungen kann in zweifacher Gestalt erfolgen: (1) auf grafischem Weg in Form von Tabellen oder Diagrammen (Tab. 7); und (2) durch Maßzahlen, die die Eigenschaften von Verteilungen aufzeigen bzw. sie charakterisieren.

Tab. 7: Tabellarische Darstellung der Häufigkeitsverteilung „Höchster Schulabschluss"

		Häufigkeit	Gültige Prozente	Kumulierte Prozente
Gültig	Keine Angabe	0	0.0	0.0
	Kein Schulabschluss	14	1,0	1,0
	Pflichtschule	227	15,1	16,1
	Lehre	466	31,1	47,1
	Berufsbildende Mittlere Schule (BMS)	177	11,8	58,9
	Berufsbildende Höhere Schule (BHS)	129	8,6	67,5
	Allgemeinbildende Höhere Schule (AHS)	210	14,0	81,5
	Akademie, Fachhochschule, Universität	277	18,5	100,0
Fehlend	Filter	0	0.0	
	Keine Angabe	0	0.0	
Gesamt		1500	100.0	

Quelle: Datensatz der Weiterbildungsstudie (Kerschbaumer et al. 2007)

[161] Benninghaus 2005: 15

Im vorliegenden Beispiel liegt der Median also „in“ der Gruppe der Personen mit einem Abschluss einer Berufsbildenden Mittleren Schule.

Für die univariate Analyse werden vor allem Maßzahlen der zentralen Tendenz (Mittelwerte) und Maßzahlen der Dispersion (Streuung) verwendet. Die Mittelwerte geben an, in welchem Bereich das „Schwergewicht“ der Häufigkeitsverteilung einer Variablen liegt. Der Mittelwert ist wiederum Voraussetzung für die Berechnung der Streuungsmaße. Die Streuungsmaße zeigen, wie weit die einzelnen Werte einer Variablen von der Mitte der gegebenen Häufigkeitsverteilung abweichen, z.B. wie viele Jahre die Altersangaben von Befragten im Schnitt vom ermittelten Durchschnittsalter aller Befragten abweichen.

Je nach Skalenniveau der Daten (➔ Abschnitt 4.4.1.) werden unterschiedliche Maßzahlen verwendet, die in Tab. 8 dargestellt sind:

Tab. 8: Maßzahlen

Skalenniveau	**Maße der zentralen Tendenz**	**Streuungsmaße**
Nominalskala	Modus (häufigster Wert)	Range
Ordinalskala	Median (Zentralwert)	Quartilsabstand
Intervallskala	Arithmetisches Mittel	Standardabweichung, Varianz
Ratioskala	Geometrisches Mittel	Variationskoeffizient, Gini-Koeffizient

Quelle: Diekmann 2008: 687

Für die Darstellung des Mittelwerts bei *klassifikatorischen Nominalskalen* (z.B. Berufe, Familienstand) kann natürlich kein arithmetischer Mittelwert berechnet werden; es kommt in diesem Fall als Maß der zentralen Tendenz nur der *Modalwert* in Betracht, der angibt, welches Objekt (z.B. welcher Beruf) in der Stichprobe am häufigsten vertreten ist. Anders formuliert: Er ist der am häufigsten vorkommende Wert einer Variablen. Der Modus ist nur bei diskreten Variablen sinnvoll.

Liegt mindestens eine *Ordinalskala* vor, wird für die Darstellung der zentralen Tendenz der *Median* verwendet. Der Median unterteilt eine Häufigkeitsverteilung in zwei gleich große Hälften: 50% der Werte einer Variablen liegen „vor“ und 50% „nach“ dem Median. Der Median eignet sich auch für die Ermittlung des Mittelwerts bei kleinen Stichproben mit extremen Werteverteilungen.

Bei einer *Intervallskala* wird davon ausgegangen, dass die Abstände zwischen den einzelnen Variablenwerten als gleich groß aufgefasst werden. Hier wird der *arithmetische Mittelwert* als Maßzahl der zentralen Tendenz verwendet. Charakteristisch für den arithmetischen Mittelwert ist, dass jeder Wert einer Verteilung Eingang in seine Berechnung findet. Nachteilig ist aber aus eben diesem Grund, dass Extremwerte einen verzerrenden Einfluss haben können. In der Weiterbildungsstudie wurde z.B. gefragt, wie viele betreuungspflichtige Kinder im Haushalt der befragten Person leben. Der arithmetische Mittelwert beträgt in diesem Beispiel 0,68 betreuungspflichtige Kinder pro Haushalt (Tab. 9).

Tab. 9: Tabellarische Darstellung „Anzahl der betreuungspflichtigen Kinder im Haushalt“

Frage 12: Wie viele betreuungspflichtige Kinder leben in Ihrem Haushalt?

		Häufigkeit	Prozent	Gültige Prozente	Kumulierte Prozente
Gültig	0	899	60,0	60,0	60,0
	1	280	18,7	18,7	78,7
	2	238	15,9	15,9	94,5
	3	65	4,3	4,3	98,9
	4	15	1,0	1,0	99,9
	5	1	,1	,1	99,9
	6	1	,1	,1	100,0
	Gesamt	1499	100,0	100,0	

Quelle: Datensatz der Weiterbildungsstudie (Kerschbaumer et al. 2007)

Genauere Informationen über die *Verteilung* der Variablenwerte liefern die *Maße der Dispersion* bzw. die *Streuungsmaße*. Betrachten wir den aus der vorherigen Tabelle hervorgegangenen Mittelwert, so könnten wir vermuten, dass die befragten Personen in den letzten zwei Jahren jeweils rund eineinhalb Weiterbildungsveranstaltungen besucht haben. Ein nochmaliger Blick auf die Antwortverteilungen zeigt jedoch, dass diese Interpretation wenig aussagekräftig ist, weil schnell ersichtlich wird, dass mehr als die Hälfte der Befragten im genannten Zeitraum überhaupt keine Weiterbildung besucht hat. Daher ist es sinnvoll, die Streuungsmaße im Detail zu betrachten.

Für die Berechnung der Streuung stehen mehrere Varianten zur Verfügung:

- Der „Range“ gibt die Spannweite zwischen maximalem und minimalem Wert wieder. Im obigen Beispiel beträgt die Spannweite 6 - 0 = 6. Eine hohe Spannweite deutet an, dass ein niedriges arithmetisches Mittel wenig aussagekräftig ist; daher wird bei nominalskalierten Daten meist die Verwendung des Modalwerts empfohlen.

- Bei ordinalskalierten Daten kann der Quartilsabstand berechnet werden. Dabei werden die Variablenwerte für die untersten 25% (Q_1) und die obersten 25% (Q_3) einer Verteilung ermittelt, also jene Werte, die das untere und obere Viertel einer Verteilung abschneiden. Der Quartilsabstand misst die Streuung der Verteilung, indem die Differenz zwischen dem oberen (dritten) und dem unteren (ersten) Quartil berechnet wird: $QA = Q_3 - Q_1$. Innerhalb des Quartilsabstands liegen die mittleren 50% der Variablenwerte. Ein Vorteil des Quartilsabstands liegt darin, dass auch offene Antwortkategorien (z.B. Einkommen: „2500 Euro und mehr) berücksichtigt werden können.

Die wichtigste Maßzahl für die Streuung ist die *Standardabweichung s*. Sie setzt intervallskalierte Daten voraus und gibt an, wie weit die einzelnen Werte einer Variablen von ihrem eigenen arithmetischen Mittel im Durchschnitt abweichen. Die Berechnung der Standardabweichung setzt die Berechnung der Varianz s^2 voraus, die definiert ist als Summe der quadrierten Abweichungen der Variablenwerte vom arithmetischen Mittel, dividiert durch die Anzahl aller Messwerte. Die Standardabweichung wiederum ist die Wurzel der Varianz.

Für die Berechnung der Standardabweichung sollten mindestens 100 Fälle gegeben sein, deren Variablenwerte durch Normalverteilung gekennzeichnet sind. In diesem Fall gibt die Standardabweichung an, dass sich

- 68% der Werte im Intervall Mittelwert plus/minus einfache Standardabweichung ($\bar{x} \pm$ s)
- 95% der Werte im Intervall Mittelwert plus/minus zweifache Standardabweichung ($\bar{x} \pm$ 2s)
- 99% der Werte im Intervall Mittelwert plus/minus dreifache Standardabweichung ($\bar{x} \pm$ 3s)

befinden (Abb. 30).

Abb. 30: Streuungsbereiche in der Normalverteilung

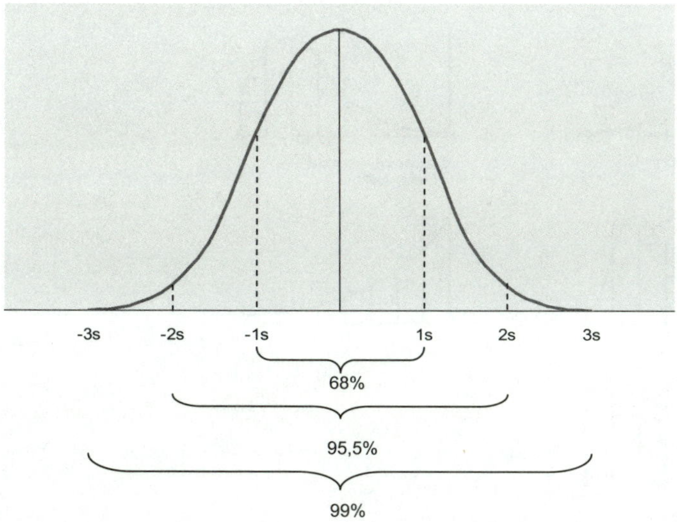

Quelle: Bortz 2005: 41

Im obigen Beispiel zur Anzahl der betreuungspflichtigen Kinder im Haushalt beträgt die Standardabweichung s = 0,97. Das bedeutet, dass die Messwerte (= die erhobenen Antworten) um 0,97 Einheiten von ihrem arithmetischen Mittel abweichen bzw. anders formuliert: Die Messwerte weichen im Durchschnitt um 0,97 betreuungspflichtige Kinder von der durchschnittlichen Anzahl der betreuungspflichtigen Kinder (0,68) ab. Gemäß den Richtwerten der Streuungsbereiche müssen 68% aller Messwerte innerhalb der Standardabweichung liegen. Wie ein Blick auf Tab. 9 zeigt, liegen tatsächlich knapp 79% der Messwerte innerhalb der Standardabweichung.

8.2.2. Normalverteilungstests

Die Normalverteilung ist eine besonders wichtige Anforderung an Daten, weil sie eine Voraussetzung für zahlreiche statistische Verfahren ab dem Niveau von intervallskalierten Daten, im besonderen für die meisten bivariaten und multivariaten Analysen, darstellt. Die Normalverteilung nimmt die Form der so genannten Gauß'schen Glockenkurve an (s. Abb. 30). Sie ist gekennzeichnet durch eine symmetrische, eingipflige Verteilung der Variablenwerte, bei der sich die meisten Werte um den

Mittelwert gruppieren und die Häufigkeiten nach beiden Seiten gleichmäßig abfallen.

Die Verteilungen einer Variablen können in der Realität sehr unterschiedliche Formen aufweisen. Abb. 31 zeigt die wichtigsten Verteilungsformen.

Abb. 31: Verteilungsformen

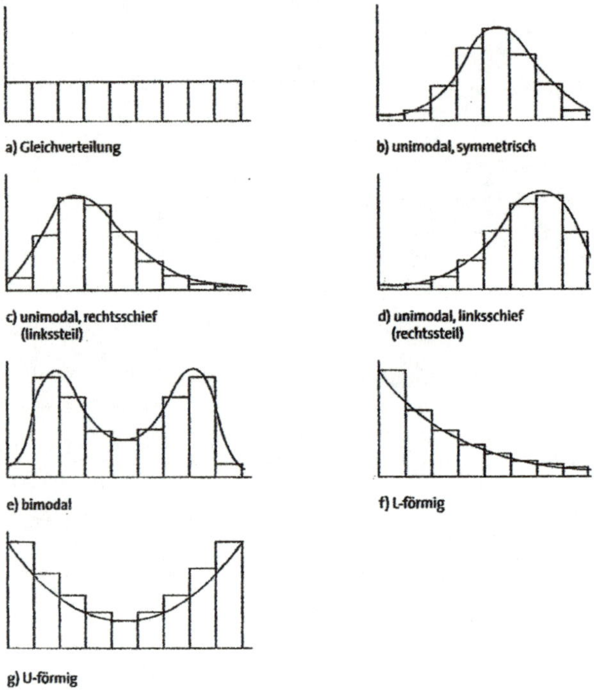

Quelle: Diekmann 2008: 674

!	In der Realität kommen selten *genau* normalverteilte Daten vor. Deshalb ist eine **Prüfung** mit spezifischen statistischen Verfahren erforderlich, um festzustellen, ob die Variablenwerte **hinreichend** normalverteilt sind.

Ob eine Normalverteilung vorliegt, kann in einem ersten Schritt mithilfe eines Histogramms erkundet werden. Häufig ist eine genaue Schätzung mittels Histogrammen jedoch nicht möglich. Zwei gängige Verfahren zur „Prüfung auf Normalverteilung“ sind:

- der Chi^2-Anpassungstest
- der Kolmogorov-Smirnov-Anpassungstest.

Chi²-Anpassungstest (χ^2)

Mit dem χ^2-*Test auf Normalverteilung* wird geprüft, ob die beobachtete Verteilung der Variablenwerte der vorgegebenen (erwarteten) Verteilung entspricht. Voraussetzungen für die Verwendung des Chi-Test auf Normalverteilung sind: (1) kategoriale Daten (nominal oder ordinal) in gruppierter Form; (2) 80% der erwarteten Häufigkeiten sind größer oder gleich 5; (3) alle erwarteten Häufigkeiten sind größer als 1. Dem χ^2-Test auf Normalverteilung liegen zwei Hypothesen zugrunde:

H_0: Die Werte (Häufigkeiten) in der untersuchten Stichprobe sind normal verteilt (ist in PASW standardmäßige Formulierung der Nullhypothese!)[162]
H_1: Die Stichprobe ist nicht normalverteilt.

Die maßgeblichen Kennziffern des Chi²-Tests auf Normalverteilung sind der beobachtete und der kritische χ^2-Wert, die Freiheitsgrade df und der p-Wert für das Signifikanzniveau:

- Die Kennziffer χ^2 ist ein Maß für die Übereinstimmung zwischen der beobachteten Verteilung und der erwarteten Verteilung (wie gesagt: in PASW wird Normalverteilung in H_0 unterstellt). Wenn beide vollständig übereinstimmen, wird $\chi^2 = 0$. Je mehr sich die beiden Verteilungen unterscheiden, desto größer wird χ^2 und desto eher wird die Nullhypothese abgelehnt.
- Die Freiheitsgrade (engl. *degrees of freedom*) errechnen sich aus der Anzahl der Merkmalsausprägungen der Variablen k, abzüglich der Anzahl der Parameter m (bei Normalverteilungstests sind dies 2: Mittelwert μ und Varianz s^2) minus 1; somit df = k-m-1.
- Das Signifikanzniveau α, d.i. jene Maßzahl, die als Entscheidungsgrenze angibt, wie groß die Wahrscheinlichkeit sein darf, mit der die Nullhypothese fälschlicherweise verworfen werden kann (daher auch „Irrtumswahrscheinlichkeit" genannt). Beim χ^2-Anpassungstest wird anstelle des ansonsten üblichen $\alpha = 0.05$ (5%-Irrtumswahrscheinlichkeit) ein „strengeres" Signifikanzniveau von $\alpha = 0.01$ empfohlen[163].

Bleiben wir bei dem Beispiel aus Tab. 9 (S. 128). Schon bei Betrachtung der Verteilung der Variablenwerte ist klar, dass eine Normalverteilung unwahr-scheinlich ist, weil die Verteilung nicht annähernd eingipflig und symmetrisch ist.

Zunächst wird der kritische χ^2-Wert ermittelt. Für unser Beispiel wurden die 16 Variablenwerte in sieben Klassen gruppiert, somit k=7; es sind zwei Parameter: μ und s^2, somit m=2; daher df = 7-2-1 = 4. Aus der χ^2-Verteilung, die in Statistik-Lehrbüchern zu finden ist, wird bei df = 4 für das empfohlene Signifikanzniveau von $\alpha < 0{,}01$ der kritische χ^2-Wert ermittelt. In unserem Fall ist dies: $\chi^2 = 13{,}277$.

Im nächsten Schritt wird der beobachtete χ^2-Wert berechnet (in PASW unter „Analysieren > Nichtparametrische Tests"). Im vorliegenden Beispiel beträgt der beobachtete χ^2-Wert: 4269,252.

!	Als Interpretationsregel beim Chi²-Tests auf Normalverteilung gilt: Um H_0 (Daten sind normalverteilt) beibehalten zu können, muss der beobachtete χ^2-Wert kleiner sein als der kritische χ^2-Wert.

[162] Kähler 2008: 273ff.
[163] Kähler 2008: 275

Das ist in unserem Beispiel nicht der Fall; daher wird H_0 verworfen und es gilt: Die Daten sind nicht normalverteilt (wie vermutet).

Der χ^2-Anpassungstest kann vor allem für große Stichproben verwendet werden: Je größer der Stichprobenumfang und je kleiner das Signifikanzniveau α, desto aussagekräftiger ist der Test.

Kolmogorov-Smirnov-Test

Der χ^2-Anpassungstest hat den Nachteil, dass bei stetigen Variablen eine Gruppierung der Werte erforderlich ist. Die Klassenbildung kann die Teststatistik und somit das Testergebnis beeinflussen, ein Problem, das sich besonders bei kleinen Stichproben auswirkt. Daher wird für die Prüfung der Normalverteilung auch der gegenüber der Stichprobengröße robustere Kolmogorow-Smirnov-Test (KS-Test) verwendet. Er beruht ebenfalls auf dem Konzept der erwartbaren Häufigkeiten. Für den KS-Test gilt als Null - bzw. als Alternativhypothese:

H_0: Die Daten sind normalverteilt.
H_1: Die Daten sind nicht normalverteilt.

Die entscheidenden Kennziffern für den KS-Test sind das Signifikanzniveau α und die Irrtumswahrscheinlichkeit p. Die eigentlich relevante Testgröße beim KS-Test ist der p-Wert. Für die Prüfung der Hypothesen gilt[164]:

$p > 0{,}05$: Die Nullhypothese wird akzeptiert – die Daten sind normalverteilt
$p \leq 0{,}05$: Die Nullhypothese wird verworfen – die Daten sind nicht normalverteilt.

Nehmen wir aus der Weiterbildungsstudie das Beispiel der wöchentlichen Arbeitszeit der Befragten. Einen ersten Eindruck, ob die analysierten Daten normalverteilt sind, bietet schon ein einfaches Histogramm, in dem auch die Normalverteilungskurve abgebildet wird (Abb. 32). Auf den ersten Blick zeigt sich recht klar, dass die beobachtete Verteilung von der Normalverteilungskurve abweicht.

164 Achtung: Beim KS-Test wird die Signifikanz - im Unterschied zu den übrigen Signifikanztests - „umgekehrt“ interpretiert: Wenn die Signifikanz größer als das festgelegte Signifikanzniveau ist, wird die Nullhypothese akzeptiert.

Abb. 32: Beispiel - Histogramm Variable „Wöchentliche Arbeitszeit“

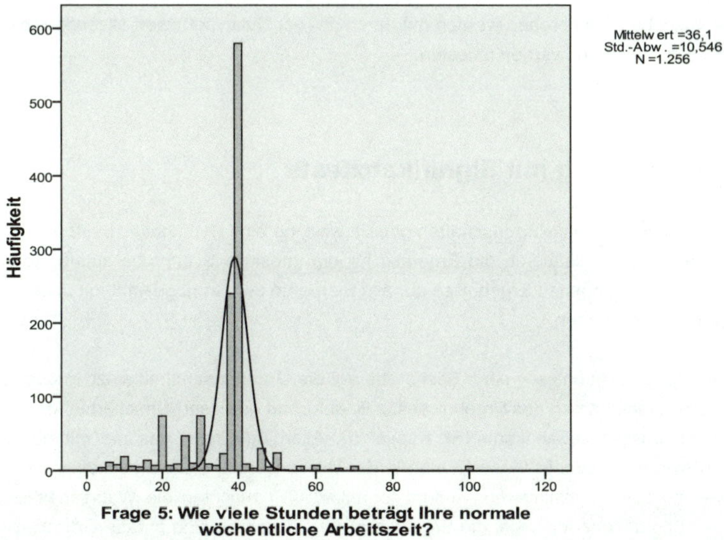

Quelle: Datensatz der Weiterbildungsstudie

Der mit PASW durchgeführte KS-Test ergibt folgenden Output:

Abb. 33: Kolmogorov-Smirnov-Anpassungstest

		Frage 5: Wie viele Stunden beträgt Ihre normale wöchentliche Arbeitszeit?
N		1256
Parameter der Normalverteilung[a,b]	Mittelwert	36,10
	Standardabweichung	10,546
Extremste Differenzen	Absolut	,301
	Positiv	,275
	Negativ	-,301
Kolmogorov-Smirnov-Z		10,656
Asymptotische Signifikanz (2-seitig)		,000

a. Die zu testende Verteilung ist eine Normalverteilung.

b. Aus den Daten berechnet.

Quelle: Datensatz der Weiterbildungsstudie

Auch der KS-Anpassungstest (s. Abb. 33) ergibt mit einem p = 0,000, dass die Signifikanz deutlich unter dem für eine Normalverteilungsannahme geforderten Niveau von p > 0,05 liegt. Für die Interpretation bedeutet dies: Die Werte der Variablen „wöchentliche Arbeitszeit“ sind nicht normalverteilt.

Der KS-Test weist gegenüber dem χ^2-Anpassungstest einige Vorteile auf: Er unterliegt bezüglich dem Stichprobenumfang keinerlei Einschränkungen, erfordert keine Klassifizierungen, ist anschaulich und in der Anwendung einfach. Als Nachteil sollte beachtet werden, dass der Test manchmal wenig trennscharf ist: Bei manchen Stichproben werden mit dem KS-Test Nullhypothesen akzeptiert, die mit dem χ^2-Anpassungstest abgelehnt werden müssten.

8.3. Hypothesenprüfung mit Signifikanztests

Wenn in den Sozial- und Wirtschaftswissenschaften geprüft wird, ob eine Hypothese zutrifft oder nicht, interessieren wir uns nicht nur dafür, ob ein Ergebnis für die spezielle Stichprobe zutrifft, sondern auch, ob diese stichprobenbezogenen Ergebnisse auf alle Elemente der Grundgesamtheit übertragen, also verallgemeinert werden können.

Die Verallgemeinerung von Ergebnissen einer Stichprobe auf die Grundgesamtheit setzt voraus, dass man ein zufälliges Zustandekommen des Ergebnisses, z.B. aufgrund gewisser „Unschärfen" der Stichprobenziehung selbst, aussschließen kann (➔ Kapitel 5). Allerdings kann das nie mit absoluter Sicherheit erwiesen werden. Vielmehr versucht man in der Wissenschaft, die Wahrscheinlichkeit des Irrtums so weit wie möglich zu minimieren. Anders formuliert: Wir möchten die Wahrscheinlichkeit minimieren, dass wir uns bei der Aussage, die Ergebnisse der Stichprobe sind auf die Grundgesamtheit verallgemeinerbar, irren.

Zu diesem Zweck werden *Signifikanztests* durchgeführt. Die Signifikanz drückt aus, ob ein hypothetisch vermuteter Zusammenhang zwischen zwei Variablen zufällig ist oder ob man mit hoher Wahrscheinlichkeit davon ausgehen kann, dass ein statistisch bedeutsamer Zusammenhang vorliegt.

Zu diesem Zweck legt man der Hypothesenprüfung eine Unterscheidung zwischen Nullhypothese und Alternativhypothese zugrunde:

Nullhypothese H_0: Der Zusammenhang ist zufällig (es besteht kein Zusammenhang)
Alternativhypothese H_1: Der Zusammenhang ist nicht zufällig (es besteht ein Zusammenhang)

Das Ergebnis eines Signifikanztests hilft uns bei der Entscheidung, entweder die Nullhypothese oder die Alternativhypothese anzunehmen. Der Signifikanztest gibt anhand des sog. p-Werts die Wahrscheinlichkeit an, ob die beobachteten Daten für oder gegen die Nullhypothese sprechen. Ist der p-Wert klein, geht man davon aus, dass die Nullhypothese nicht zutrifft; in diesem Fall wird die Alternativhypothese angenommen. Ist der p-Wert groß, wird davon ausgegangen, dass die Nullhypothese zutrifft.

In den Sozial- und Wirtschaftswissenschaften werden im Sinne von Konventionen Signifikanzniveaus von 0.05, 0.01 und 0.001 verwendet, oder, anders formuliert: Irrtumswahrscheinlichkeiten (auch als „α" bezeichnet) von 5%, 1% oder 0,1%. Welches Signifikanzniveau festgelegt wird, also, wie groß der p-Wert sein darf, ist eine inhaltliche Frage und eine Frage, wie viel statistische „Sicherheit" benötigt wird. Für viele Berechnungen wird standardmäßig ein Signifikanzniveau von 0,05 festgelegt. Das bedeutet, dass man einen Zusammenhang als signifikant akzeptiert, welcher nur in 5 Prozent aller Stichprobenziehungen rein zufällig auftreten würde, wenn der vermutete Zusammenhang in der Grundgesamtheit tatsächlich nicht besteht.

Was bedeutet nun der p-Wert bzw. die Signifikanz? Vergegenwärtigen wir uns, dass wir an Ergebnissen mit einer möglichst geringen Irrtumswahrscheinlichkeit interessiert sind. Dabei können uns zwei Fehler unterlaufen, der Fehler 1. Art (α-Fehler) und der Fehler 2. Art (β-Fehler).

α-Fehler: In der Stichprobe wird ein Zusammenhang entdeckt, der in der Grundgesamtheit tatsächlich nicht existiert
➔ Die Alternativhypothese wird fälschlicherweise angenommen.

β-Fehler: In der Stichprobe wird ein Zusammenhang *nicht* entdeckt, obwohl er in der Grundgesamtheit tatsächlich vorhanden ist
➔ Die Alternativhypothese wird fälschlicherweise verworfen.

In der Praxis ist vor allem der α-Fehler relevant.[165] Eben hier wird versucht, durch Festlegung des Signifikanzniveaus α die Wahrscheinlichkeit, die Alternativhypothese fälschlicherweise anzunehmen, zu minimieren. In der Regel wird ein Signifikanzniveau von 5% oder 1% (anders herum; $p > 0{,}05$ oder $p > 0{,}01$) festgelegt. Das Signifikanzniveau α, ausgedrückt durch den p-Wert, gibt in diesem Fall die Wahrscheinlichkeit an, einen Zusammenhang zu entdecken, obwohl er in der Grundgesamtheit nicht existiert. Liegt diese Wahrscheinlichkeit unter dem festgelegten Signifikanzniveau, ist also die Wahrscheinlichkeit, sich zu irren, kleiner als 5% (oder, wenn festgelegt, kleiner als 1%), kann die Alternativhypothese angenommen werden und von einem signifikanten Zusammenhang ausgegangen werden.

!	Die Signifikanz ist eine Voraussetzung dafür, dass überhaupt von einem Zusammenhang ausgegangen werden kann. Die Stärke eines Zusammenhangs darf nur auf Grundlage von signifikanten Maßen interpretiert werden!

Bei der Interpretation von Signifikanztests ist ein weit verbreiteter Fehler beobachtbar. Er besteht in der Verwechslung zwischen einem „signifikanten" und einem „starken" Zusammenhang. Ein Zusammenhang kann zwar signifikant, aber gleichzeitig so schwach sein, dass er theoretisch und praktisch bedeutungslos ist. Signifikanztests geben also keinen Hinweis auf die Stärke eines Zusammenhangs!

Grundsätzlich gilt für die Interpretation: Zufällige Zusammenhänge zwischen Variablen schlagen sich im Signifikanztest in einem hohen Wahrscheinlichkeitswert bzw. einer hohen Irrtumswahrscheinlichkeit ($p > 0{,}05$) nieder. In diesem Fall wird H_0 angenommen, nämlich, dass kein Zusammenhang besteht. Eine geringe Irrtumswahrscheinlichkeit zeigt, dass sich das Stichprobenergebnis schlecht mit der Nullhypothese vereinbaren lässt, somit kann zugunsten der Alternativhypothese - es besteht ein Zusammenhang - entschieden werden.[166]

---

165 Schnell/Hill/Esser 2008: 452f.
166 Bortz/Döring 2008: 29f.

Die gebräuchlichen Signifikanzniveaus sind:

Irrtumswahrscheinlichkeit	Bedeutung	Symbolisierung
$p > 0{,}05$	nicht signifikant	n.s.
$p \leq 0{,}05$	signifikant	*
$p \leq 0{,}01$	hoch signifikant	**
$p \leq 0{,}001$	höchst signifikant	***

Zu den gebräuchlichsten Verfahren der Hypothesenprüfung mittels Signifikanztests zählen der T-Test, der χ^2-Test sowie die Verfahren der Varianzanalyse. Zwischen diesen Tests bestehen Unterschiede im Hinblick auf das Skalenniveau und die verwendeten Kennziffern. Wichtig: Voraussetzung ist immer Normalverteilung der Daten. Sind diese nicht normalverteilt, werden sogenannte nicht-parametrische Tests wie z.B. der UTest nach Mann-Whitney oder der Wilcoxon-Rangsummentest verwendet.

8.3.1. Chi^2-Test

χ^2-Tests werden nicht nur für die Prüfung der Verteilung von Variablenwerten verwendet (siehe den eindimensionalen χ^2-Test → Abschnitt 8.2.2), sondern auch für die Prüfung der Unabhängigkeit von Variablen. Der sogenannte *zwei*dimensionale χ^2-Test dient also zur Prüfung von Hypothesen: Gefragt wird, ob zwei Variablen voneinander unabhängig sind oder ob zwischen ihnen ein Zusammenhang besteht.

Die Grundidee des χ^2-Tests besteht darin, die Werte der sog. *Kontingenztabelle* (enthält die beobachteten Werte) mit den Werten der sog. *Indifferenztabelle* (enthält die erwarteten Werte) zu vergleichen. Je mehr die Werte der Kontingenz- von jenen der Indifferenztabelle abweichen, umso stärker hängen beide Variablen zusammen.

Ein Vorteil der χ^2-Tests besteht darin, dass sie für Daten mit beliebigen Skalenniveaus verwendet werden können. Je nachdem, wie viele Merkmalsausprägungen die Variablen besitzen, kommen in der statistischen Analyse unterschiedliche Koeffizienten zur Anwendung. Die Bezeichnung „χ^2-Test“ ist also eine Art Sammelbegriff für Testverfahren, die auf derselben Logik basieren.

Die Voraussetzungen für die Anwendung von χ^2-Testverfahren sind:

- Jede Zelle muss besetzt sein
- Jede Beobachtung muss eindeutig einer Merkmalskategorie oder einer Kombination von Merkmalskategorien zugeordnet werden können
- eine *erwartete* Häufigkeit von 5 oder mehr in mindestens 80% aller Zellen.

Betrachten wir die grundlegendste Variante eines zweidimensionalen χ^2-Tests auf Unabhängigkeit, eine Kombination von zwei Variablen mit jeweils zwei dichotomen Merkmalsausprägungen. Diese Anordnung wird konventionell auch „Vierfeldertafel“ oder „2x2 Kontingenztabelle“ genannt. Auch bei zweidimensionalen χ^2-Tests auf Unabhängigkeit werden eine Null- und eine Alternativhypothese formuliert:

H_0: Die beiden Variablen sind voneinander unabhängig
H_1: Zwischen den beiden Variablen besteht ein Zusammenhang.

Nehmen wir zur Illustration Daten aus der Weiterbildungsstudie. Es interessierte, ob zwischen der Weiterbildungsteilnahme von ArbeiterInnen und Angestellten ein Unterscheid besteht. Dafür wurde die Variable „Weiterbildungsteilnahme" dichotomisiert: Es interessierte nur, ob ArbeiterInnen bzw. Angestellte in den letzten beiden Jahren an Weiterbildungskursen teilgenommen haben oder nicht. Die Variable „Weiterbildungsteilnahme" hatte somit nur zwei Ausprägungen: „an Weiterbildungskursen teilgenommen" und an „Weiterbildungskursen nicht teilgenommen". In Tab. 10 sind die absoluten und relativen Verteilungen der Antworten wiedergegeben. Dargestellt sind auch die Spalten- und Zeilenprozente (auch „Randhäufigkeiten" genannt, kursiv).

Tab. 10: Kontingenztabelle „Teilnahme an beruflicher Weiterbildung nach beruflicher Stellung"

		Variable „Berufliche Stellung"		
		Arbeiter/innen	Angestellte	**Zeilen-summe**
Variable „Weiterbildungs teilnahme"	nicht teilgenommen	138 **a** 80,7%	478 **b** 44,1%	616 49,1%
	teilgenommen	33 **c** 19,3%	606 **d** 55,9%	639 50,9%
	Spaltensumme	171 100,0%	1084 100,0%	1255

Quelle: Datensatz der Weiterbildungsstudie (Kerschbaumer et al. 2007)

Die Tabelle zeigt, dass zwischen der Weiterbildungsteilnahme von ArbeiterInnen und Angestellten deutliche Unterschiede bestehen: 19,3% ArbeiterInnen mit Weiterbildungsteilnahme stehen 55,9% Angestellten mit Weiterbildungsteilnahme gegenüber. Die Differenz zwischen diesen beiden Prozentsätzen ist ein erstes Maß für die Beziehung zwischen den beiden Variablen.

Die Prozentsatzdifferenz berechnet sich wie folgt:

$$d\% = \frac{100\,(ad - bc)}{(a+c)(b+d)}$$

bzw. mit den Beispielzahlen:

$$d\% = \frac{100\,(138 \cdot 606 - 478 \cdot 33)}{(138+33) \cdot (478+606)} = 36{,}06\%$$

Im Beispiel beträgt die Prozentsatzdifferenz 36,06%. Sie gibt in diesem Fall an, um wie viel Prozentpunkte der Anteil der Angestellten mit Weiterbildungsteilnahme höher ist als der entsprechende Anteil bei ArbeiterInnen. Sie liefert somit auch eine Information über die Stärke des Zusammenhangs. Bei vollständiger Unabhängigkeit (Indifferenz) der beiden Variablen voneinander würde die Prozentsatzdifferenz 0 betragen (bzw. +/- 100 bei vollständiger Abhängigkeit).

Für die Berechnung des Chi^2-Werts werden nun im nächsten Schritt die beobachteten Werte der Kontingenztabelle mit den erwarteten Werten der sog. Indifferenztabelle verglichen. Die Indifferenztabelle enthält jene Werte, die man erwarten würde, wenn keine Beziehung zwischen den Variablen bestünde, wenn die beiden Variablen also unabhängig wären. Wie kommt man nun zu den Werten der Indifferenztabelle?

Für die Indifferenztabelle werden auf Basis der jeweiligen Zeilen- und Spaltensummen der Kontingenztabelle, also der Randhäufigkeiten, die erwarteten Häufigkeiten der Indifferenztabelle errechnet. Diese werden für jede Zelle der Indifferenztabelle wie folgt errechnet:

$$f_e = \frac{\text{Zeilensumme * Spaltensumme}}{\text{Stichprobenumfang n}}$$

Für das vorliegende Beispiel ergibt sich damit folgende Indifferenztabelle (Tab. 11):

Tab. 11: Indifferenztabelle „Teilnahme an beruflicher Weiterbildung nach beruflicher Stellung“

		Variable „Berufliche Stellung“		
		Arbeiter/innen	Angestellte	**Zeilen-summe**
Variable „Weiterbildungs teilnahme“	nicht teilgenommen	89,93 **a**	532,07 **b**	685
	teilgenommen	87,07 **c**	551,93 **d**	570
	Spaltensumme	171	1084	1255

Quelle: Kerschbaumer et al. 2007

Der χ^2-Wert ist ein Assoziationsmaß, das auf dem *Vergleich* der beobachteten (aus der Kontingenztabelle) mit den erwarteten Werten (aus der Indifferenztabelle) jeder Zelle beruht. Die Formel lautet:

$$\chi^2 = (a_b - a_e)^2 / a_e + (b_b - b_e)^2 / b_e + (c_b - c_e)^2 / c_e + (d_b - d_e)^2 / d_e$$

bzw. mit den Beispielzahlen:

$$\chi^2 = \frac{(138-89{,}93)^2}{89{,}93} + \frac{(478-532{,}07)^2}{532{,}07} + \frac{(33-87{,}07)^2}{87{,}07} + \frac{(606-551{,}93)^2}{551{,}93} = 79{,}19$$

Anstelle der hier verwendeten Ziffern a, b, c, d wird in der Statistik meist die Notation f_b (für beobachtete Werte und f_e (für erwartete Werte) verwendet. Die Formel für die Berechnung lautet in dieser Form:

$$\chi^2 = \sum \frac{(f_b - f_e)^2}{f_e}$$

Der χ^2-Wert sagt noch nichts über die Signifikanz des Zusammenhangs. Er ist nur ein Maß für die Abweichung der beobachteten von den erwarteten Werten. Ein - in der Realität so gut wie nie vorkommender - χ^2-Wert von Null würde bedeuten, dass alle beobachteten mit allen erwarteten Häufigkeiten völlig übereinstimmen. Je geringer die Übereinstimmung, desto größer ist der χ^2-Wert.

Im nächsten Schritt muss die Signifikanz geprüft werden. Dafür ist es erforderlich, den χ^2-Wert bei einem festgelegten Signifikanzniveau mit dem zulässigen kritischen χ^2-Wert zu vergleichen. Als Konvention gilt, wie bereits bekannt, meist ein Signifikanzniveau von $\alpha = 0{,}05$. Um den kritischen Wert zu finden, müssen zuvor noch die „Freiheitsgrade" (engl. *degree of freedom*) bestimmt werden[167]. Erst dann ist eine Interpretation des χ^2-Werts möglich. Die Freiheitsgrade errechnen sich als Produkt aus der Anzahl der Spalten m und Zeilen n einer Vierfeldertafel, von denen jeweils 1 subtrahiert wird:

$$df = (m-1) \times (n-1)$$

Bei einer Vierfeldertafel mit 2 Spalten und 2 Zeilen beträgt die Anzahl der Freiheitsgrade somit 1.

Für den Vergleich des errechneten mit dem kritischen χ^2-Wert ist es notwendig, in einer Tabelle der χ^2-Verteilungen den zulässigen χ^2-Wert bei dem geforderten Signifikanzniveau zu ermitteln[168]. Der kritische Wert ist der Schnittpunkt zwischen dem errechneten Freiheitsgrad und dem geforderten Signifikanzniveau. Der kritische Wert von 3,84146 befindet sich an der Schnittstelle von df = 1 und dem geforderten Signifikanzniveau $\alpha = 0{,}05$ (entspricht in der Tabelle der χ^2-Verteilungen der Spalte 0,950).

Zur Erinnerung: Ist der errechnete χ^2-Wert bei dem geforderten Signifikanzniveau von $\alpha < 0{,}05$ größer als der kritische, aus der Tabelle ermittelte Wert, wird H_0 (es besteht kein Zusammenhang) zurückgewiesen und die Alternativhypothese angenommen (es besteht ein Zusammenhang; Abb. 34).

Abb. 34: χ^2-Verteilungstabelle

818 Tabellen

Tabelle C (Fortsetzung)

Fläche df	0,750	0,900	0,950	0,975	0,990	0,995	0,999
1	1,32330	2,70554	3,84146	5,02389	6,63490	7,87944	10,828
2	2,77259	4,60517	5,99147	7,37776	9,21034	10,5966	13,816
3	4,10835	6,25139	7,81473	9,34840	11,3449	12,8381	16,266
4	5,38527	7,77944	9,48773	11,1439	13,2767	14,8602	18,467
5	6,62568	9,23635	11,0705	12,8325	15,0863	16,7496	20,515
6	7,84080	10,6446	12,5916	14,4494	16,8119	18,5476	22,458
7	9,03715	12,0170	14,0671	16,0128	18,4753	20,2777	24,322
8	10,2188	13,3616	15,5073	17,5346	20,0902	21,9550	26,125
9	11,3887	14,6837	16,9190	19,0228	21,6660	23,5893	27,877

Quelle: Bortz 2005: 818

---

167 Zum Konzept der Freiheitsgrade vgl. Rasch et al. 2008 Bd. 1: 53ff.

168 Verteilungstabellen finden sich in den meisten Lehrbüchern der Statistik im Anhang, so z.B. die Tabelle der χ^2-Verteilungen in Bortz 2005: 817.

Somit ergibt sich: In unserem Beispiel ist der errechnete χ^2-Wert = 79,19 auf einem Signifikanzniveau von 0,05 höher als der kritische Wert 3,84. Das bedeutet, dass die Nullhypothese zurückgewiesen und - im Gegenzug - auf dem 5%-Niveau ein signifikanter Zusammenhang zwischen Weiterbildungsteilnahme und beruflicher Stellung angenommen werden kann. Bei einer zweiten Betrachtung zeigt sich, dass der Zusammenhang auch auf einem 1%-Niveau signifikant ist (siehe den kritischen χ^2-Wert 6,63 an der Schnittstelle von df = 1 und $\alpha < 0{,}01$). Je größer der Wert, desto mehr Sicherheit haben wir in unserem Beispiel für die Annahme, dass der behauptete Zusammenhang nicht nur besteht, sondern auch hoch signifikant ist.

Für die inhaltliche Interpretation bedeutet dies, dass die Alternativhypothese angenommen werden kann, wonach ein hoch signifikanter Unterschied in der Weiterbildungsteilnahme beider Gruppen besteht und zwar in der Hinsicht, dass Angestellte hoch signifikant häufiger an Weiterbildungskursen teilnehmen als ArbeiterInnen.

8.3.2. T-Test

Wie ist die Vorgehensweise, wenn geprüft werden soll, ob sich zwei Gruppen in einem bestimmten Merkmal systematisch voneinander unterscheiden? In der Regel wird dazu der t-Test verwendet. Voraussetzung für die Anwendung des t-Tests sind intervallskalierte Daten. Er liefert eine Entscheidungshilfe für die Frage, ob ein gefundener Mittelwertsunterschied zufällig (=Nullhypothese) besteht oder ob es zwischen den Werten zweier Variablen bedeutsame, signifikante Unterschiede gibt (Alternativhypothese).

Im Unterschied zum χ^2-Test, dessen Berechnung auf der Differenz zwischen beobachteten und erwarteten Werten beruht, werden beim t-Test die *Mittelwerte* zweier Variablen verglichen. Der entscheidende Wert für die Berechnung des t-Tests ist die Differenz der Gruppenmittelwerte. Diese Differenz $\overline{X}_1 - \overline{X}_2$ bildet den so genannten Stichprobenkennwert.

Betrachten wir das an einem Beispiel aus der Weiterbildungsstudie: Untersucht wurden dabei die Motive für die Teilnahme an beruflicher Weiterbildung. Die Befragten wurden gebeten, mehrere Items zu den Motiven beruflicher Weiterbildung auf einer vierstufigen Ratingskala (1 = „trifft völlig zu“, 2 = „trifft ziemlich zu“, 3 = „trifft weniger zu“, 4 = „trifft überhaupt nicht zu“) zu beurteilen. Geprüft werden sollte, ob das Motiv „Karriere machen“ bei Männern und Frauen ein unterschiedlich starkes Motiv für die Teilnahme an Weiterbildung darstellt. Wie Tab. 12 zeigt, sind die Mittelwerte der Männer (MW = 2,47) und der Frauen (MW = 2,64) leicht unterschiedlich.

Tab. 12: Lageparameter

Ich nehme teil ...	Frage 9: Geschlecht	N	Mittelwert	Standard-abweichung	Standardfehler des Mittelwertes
Frage 29e: weil ich Karriere machen will	männlich	331	2,47	1,206	,066
	weiblich	349	2,64	1,167	,062

Quelle: Datensatz der Weiterbildungsstudie

Die Frage lautet nun, ob diese Mittelwertdifferenz zufällig zustande gekommen ist oder nicht, also ob die Beurteilungen von Männern und Frauen einen systematischen Unterschied aufweisen.Diese Frage läßt sich mithilfe des t-Tests beantworten.

Jedoch muss zuvor noch getestet werden, ob eine wesentliche Voraussetzung des t-Tests, die Varianzhomogenität, zutrifft. Varianz ist bekanntlich die Streuung von Messwerten; unterscheidet sich die Streuung zweier Stichproben nicht, ist Varianzhomogenität (Gleichheit) gegeben. In diesem Fall ist die Voraussetzung für den t-Test erfüllt. Für diesen Vergleich mit dem „Levene-Test auf Varianzgleichheit“ gibt PASW standardmäßig die Kennwerte aus (Tab. 13).

In PASW werden weiters zwei t-Tests errechnet. Welcher davon für die Bewertung der Signifikanz der Mittelwertsunterschiede herangezogen wird, hängt von der Signifikanz des Tests auf Varianzgleichheit ab: Ist der Levene-Test – so wie in unserem Beispiel - nicht signifikant ($p > 0,05$), wird die erste Zeile der Tabelle interpretiert und zwar der in der Spalte der zweiseitigen Signifikanz (p-Wert); ist der Levene-Test signifikant ($p < 0,05$), wird der entsprechende Wert in der zweiten Zeile der Tabelle interpretiert.

Tab. 13: PASW-Ausgabe T-Test

Test bei unabhängigen Stichproben									
Frage 29e: weil ich Karriere Machen will	Levene-Test der Varianzgleichheit		T-Test für die Mittelwertgleichheit						
	F	Signifikanz	T	Df	Sig. (2-seitig)	Mittlere Differenz	Standardfehler der Differenz	95% Konfidenzintervall der Differenz	
								Untere	Obere
Varianzen sind gleich	1,436	*,231*	-1,888	678	*,059*$^{+}$	-,172	,091	-,351	,007
Varianzen sind nicht gleich			-1,886	672,573	,060	-,172	,091	-,351	,007

Quelle: Daten der Weiterbildungsstudie

Die Signifikanz sagt uns, ob die Nullhypothese abgelehnt wird. Als Regel für die Interpretation gilt: Ist der Test auf Varianzhomogenität nicht signifikant, wird die Signifikanz der ersten Zeile interpretiert. Die entscheidende Signifikanz liegt in unserem Beispiel mit 0,059 knapp (gekennzeichnet durch ein „+“ nach dem Signifikanzwert) über dem festgelegten Signifikanzniveau $\alpha = 0,05$. Die Nullhypothese, dass die Unterschiede zufällig sind, kann somit nicht zurückgewiesen werden: Es gibt keinen signifikanten Unterschied zwischen Männern und Frauen in Bezug auf die Wichtigkeit des Motivs „Karriere machen“ für die Teilnahme an Weiterbildung, allerdings kann eine gewisse Tendenz angenommen werden.

8.3.3 Varianzanalyse

Mit dem t-Test wird festgestellt, ob zwischen den Mittelwerten von zwei Gruppen systematische Unterschiede bestehen. Will man untersuchen, ob zwischen den Mittelwerten von mehr als zwei Gruppen Unterschiede bestehen, kommen Verfahren der Varianzanalyse zur Anwendung (engl. **an**alysis **o**f variance, daher auch in manchen Statistikprogrammen kurz ANOVA genannt). Die Varianzanalyse gehört zu den strukturprüfenden Verfahren. Sie untersucht den Einfluss einer oder mehrerer UV (in der Varianzanalyse „Faktoren" genannt) auf eine oder mehrere AV („Zielvariable" genannt) durch Feststellung der Mittelwertdifferenzen zwischen zwei oder mehreren Gruppen von Merkmalsträgern.

Geprüft wird also, ob die Mittelwerte aller Gruppen identisch sind (Nullhypothese: zwischen den Mittelwerten der Gruppen besteht kein Unterschied; Alternativhypothese: es besteht ein Unterschied).

Der Begriff „Varianzanalysen" umfasst eine Reihe von unterschiedlichen Tests. Die verschiedenen Arten können nach der Anzahl der UV und nach der Anzahl der AV eingeteilt werden:

- Wird der Einfluss einer oder mehrere UV auf *eine* AV untersucht handelt es sich um eine *univariate* Varianzanalyse; wird der Einfluss einer oder mehrerer UV auf *mehrere* AV untersucht, um eine *multivariate* Varianzanalyse.

- Je nach Anzahl der UV sprechen wir bei einer AV von einfaktoriellen, zweifaktoriellen, dreifaktoriellen usf. Varianzanalysen.

Dem entsprechend können die unterschiedlichen Verfahren der Varianzanalyse in der folgenden Übersicht dargestellt werden (Abb. 35):

Abb. 35: Verfahren der Varianzanalyse

Varianzanalyse: untersucht den Einfluss von		**Verfahren**	**Typ**
Anzahl UV	auf Anzahl AV		
1	1	einfaktorielle Varianzanalyse (univariat)	**ANOVA**
2	1	zweifaktorielle Varianzanalyse	
3	1	dreifaktorielle Varianzanalyse	
...	...	...	
≥ 1	≥ 2	multivariate Varianzanalyse	**MANOVA**

Quelle: In Anlehnung an Backhaus et al. 2005: 121

Rechnerisch basiert die Varianzanalyse auf drei grundlegenden Schritten:

- Vorausgesetzt werden Nominalskalenniveau (UV) und Intervallskalenniveau (AV) sowie Normalverteilung und Varianzhomogenität. Dem entsprechend müssen zuerst die bereits beschriebenen Methoden zur Prüfung der Normalverteilung (KS-Test) und der Varianzhomogenität (siehe Levene-Test auf Varianzgleichheit) vor der eigentlichen Varianzanalyse durchgeführt werden.
- Bei der Varianzanalyse wird die gesamte beobachtete Varianz der Gruppen in die Varianz innerhalb der Gruppen und in die Varianz zwischen den Gruppen zerlegt. Getestet wird, ob die Varianz zwischen den Gruppen größer ist als die Varianz in den Gruppen. Das ist der eigentliche Kern der Varianzanalyse. Das Verhältnis der Varianz innerhalb der Gruppen und der Varianz zwischen den Gruppen ist die Grundlage für die Berechnung der Prüfgröße F, der so genannten F-Verteilung.

Ist die H_0 wahr (keine Unterschiede zwischen Gruppen), gibt es keine Varianz der Faktoren. Je mehr F den Wert 1.0 übersteigt, desto größer ist die Wahrscheinlichkeit, dass die UV (bzw. in experimentellen Untersuchungen: das Treatment) einen Effekt auf die AV hat bzw. dass ein systematischer Unterschied im Sinne von H_1 vorliegt.

- Wenn der F-Wert statistisch signifikant ist, kann mit sogenannten post-hoc Tests (Einzelvergleichen) untersucht werden, *welche* Gruppen sich bezüglich der Mittelwerte der AV signifikant voneinander unterscheiden (bzw. ob eine Einteilung in Gruppen (UV) gerechtfertigt ist).

Ein Beispiel für eine einfaktorielle Varianzanalyse ist etwa die Überprüfung der Frage, ob der Konsum von Fastfood (UV) einen Einfluss auf das Körpergewicht (AV) hat. Die UV „Fastfoodkonsum" könnte drei Ausprägungen annehmen: Verweigerer, gelegentliche Fastfood-Konsumenten und starke Fastfood-Konsumenten. Gemessen an der Anzahl der pro Tag konsumierten Fastfoodprodukte werden die Versuchspersonen einer der drei Gruppen zugeordnet und die individuellen Körpergewichte gemessen. Sind die Voraussetzungen für eine Varianzanalyse (Normalverteilung und Varianzhomogenität) gegeben, kann getestet werden, ob sich die Mittelwerte der AV in drei (oder mehreren) Gruppen unterscheiden.[169]

8.4. Bivariate Analysen

Im vorhergehenden Abschnitt wurde dargestellt, wie die in Hypothesen formulierten Zusammenhänge zwischen Variablen mittels Signifikanztests auf ihre Bedeutung und Systematik überprüft werden können. Auf der nächsten Stufe der Datenanalyse geht es darum zu klären, welche Art und welche Stärke ein Zusammenhang zwischen zwei Variablen aufweist. Dabei wird der Zusammenhang zwischen einer UV (als „erklärende" Variable) und einer AV (die „zu erklärende" Variable) untersucht. Die zentrale Frage ist, ob die Variation der Werte der AV durch die Variation der UV erklärt werden kann.

Zunächst stellt sich dabei die Frage, ob zwischen UV und AV überhaupt ein Zusammenhang besteht. Die statistische Beziehung zwischen diesen beiden Variablen können unterschiedliche Formen annehmen:

- positiver Zusammenhang: Wenn UV hoch, dann ist auch AV hoch
- negativer Zusammenhang: Wenn UV hoch, dann AV niedrig
- linearer/nicht-linearer Zusammenhang: Verändern sich die UV-Werte proportional zur Veränderung der AV-Werte?

8.4.1. Zusammenhangsmaße (Assoziations- bzw. Kontingenzmaße)

Die grundlegende Annahme über den Zusammenhang von Variablen besagt, dass zwischen ihnen eine Assoziation besteht: Wenn eine *Beziehung* zwischen den Variablen besteht, müssen die konditi-

[169] Zur Vorgehensweise bei Varianzanalysen mit PASW vgl. Hatzinger/Nagel 2009: 268ff.

onalen Verteilungen, ausgedrückt in Proportionen oder Prozentwerten, voneinander abweichen.[170] Die bereits bekannte Prozentsatzdifferenz ist ein erstes Assoziationsmaß bzw. ein Zusammenhangsmaß, auch der Ausdruck Kontingenz bzw. Kontingenzmaß wird dafür verwendet.

Assoziationen zweier Variablen können in Form der bereits bekannten Kontingenztabellen oder grafisch in Form von Streudiagrammen dargestellt werden. Die Kontingenz zweier Variablen kann bereits bei nominalskalierten Daten festgestellt werden. Das Erkennen eines Zusammenhangs zwischen zwei Variablen ist mitunter schwierig, wenn die Variablen viele Merkmalsausprägungen aufweisen. Daher ist es für eine Darstellung in einer Kontingenztabelle oft erforderlich, die Merkmalsausprägungen von Variablen zu wenigen Kategorien zusammenzufassen. Im nachfolgenden Beispiel (Tab. 14) wurden die ursprünglich 7 Bildungsstufen zu 4 Kategorien zusammengefasst, um eine übersichtlichere Darstellung zu erreichen.

Betrachten wir die Beziehung zwischen Alter und Bildungsstufe der Wiener Erwerbstätigen. Nach Spalten prozentuiert ergeben sich in der Kontingenztabelle folgende Verteilungen:

Tab. 14: Kontingenztabelle „Altersgruppen und Bildungsstufen"

		Altersgruppen			Gesamt
		15-34 Jahre	35-54 Jahre	55 J. und älter	
Bildungs-stufen	max. Pflichtschulabschluss	17,5%	15,0%	17,9%	16,0%
	Lehrabschluss oder BHS-Abschluss	33,2%	47,4%	45,0%	43,1%
	AHS-Abschluss/BHS mit Matura	29,0%	19,4%	23,6%	22,5%
	Akademie, Fachhochschule, Univ.	20,3%	18,2%	13,6%	18,4%
Gesamt	rel.	100,0%	100,0%	100,0%	100,0%
	abs.	428	927	140	1495

Quelle: Datensatz der Weiterbildungsstudie (Kerschbaumer et al. 2007)

Bei der Betrachtung der Tabelle zeigt sich, dass die jüngere Altersgruppe etwas stärker in den höheren Bildungsstufen (AHS/BHS-Abschluss und höher) vertreten ist als die älteren Gruppen. Auch wenn bereits aus einer Kontingenztabelle ein Zusammenhang vermutet werden kann, ist eine statistische Prüfung des Zusammenhangs unabdingbar.

Das Maß der Assoziation zweier Variablen wird - je nach Datenniveau - mit unterschiedlichen Kontingenz*koeffizienten* ausgedrückt. Für die meisten Kontingenzkoeffizienten gilt, dass sie in einem Wertebereich zwischen 0 und +1 liegen: 0 bedeutet, dass kein statistischer Zusammenhang zwischen den Variablen besteht, +1 ein perfekt positiver Zusammenhang.[171] Im Hinblick auf das Datenniveau ist zu beachten, dass eine Richtung des Zusammenhangs (positiv oder negativ) nur bei mindestens ordinalskalierten Daten sinnvoll interpretiert werden kann. Die gebräuchlichsten Assoziationsmaße (hier ergänzt durch Korrelationsmaße) für die Messung der Stärke des Zusammenhangs sind nach den

---

[170] Benninghaus 2005: 108
[171] Einige Assoziationsmaße für nominalskalierte Daten liegen nur zwischen 0 und 1.

einzelnen Skalenniveaus in Tab. 15 zusammengefaßt.

Tab. 15: Übersicht über gebräuchliche Zusammenhangsmaße[172]

AV **Skalenniveau** *UV*	**nominal**	**ordinal**	**metrisch**
nominal	m x n-Tafeln (polytom): Chi²-basierte Koeffizienten Cramers V (Wert 0 bis 1) Kontingenzkoeffizient C nach Pearson (0 bis 1) 2 x 2-Tafeln (dichotom): Phi	m x n-Tafeln: Chi²-basierte Koeffizienten Cramers V (Wert 0 bis 1) Kontingenzkoeffizient C nach Pearson (0 bis 1)	Eta-Koeffizient (0 bis 1)
ordinal	m x n-Tafeln: Chi²-basierte Koeffizienten Cramers V (Wert 0 bis 1) Kontingenzkoeffizient C nach Pearson (0 bis 1)	Rangkorrelationskoeffizient nach Spearman (r_s, Wert -1 bis 1) Kendalls τ (tau b , tau c; Wert -1 bis +1) Gamma γ	-
metrisch	-	-	Produkt-Moment-Korrelationskoeffizient r nach Pearson (misst lineare Zusammenhänge; Wert -1 bis +1)

Quelle: In Anlehnung an Müller-Benedict 2007: 263ff sowie Janssen/Laatz 2007: 268ff

Betrachten wir an einem Beispiel den Zusammenhang von Alter (3 Altersgruppen) und Weiterbildungsteilnahme (Abb. 36); die Variable Weiterbildungsteilnahme wurde für diese Zwecke dichotomisiert: Die Anzahl der besuchten Weiterbildungen in den letzten beiden Jahren wurde grob untergliedert in „keine Teilnahme“ (0 Weiterbildungen) und „Teilnahme“ (1 bis n Weiterbildungen). Da in diesem Fall alle Zusammenhangsmaße Chi^2-basiert sind, werden für die unterschiedlichen Koeffizienten auch dieselben Werte errechnet. Die Signifikanz für den Zusammenhang der beiden nominalskalierten Variablen beträgt 0.017 ($p < 0,05$); somit ist der Zusammenhang signifikant: Die Nullhypothese (es besteht kein Zusammenhang) wird verworfen. Um die Stärke des Zusammenhangs bestimmen zu können, muss nun das entsprechende Assoziationsmaß interpretiert werden.

PASW gibt bei der Berechnung von Zusammenhangsmaßen standardmäßig mehrere Zusammenhangsmaße inklusive der Signifikanzen aus. Welches Zusammenhangsmaß ist das richtige?

Phi, Cramers V und der Kontingenzkoeffizient C geben die Stärke eines Zusammenhangs zwischen Variablen an. Phi wird nur für 2x2-Tabellen (2 Spalten, 2 Zeilen) verwendet, der Kontingenzkoeffizient C kann auch für größere Tabellen, Cramers V für beliebig große Tabellen verwendet werden. Phi kommt somit für die Interpretation von Abb. 36 nicht in Frage. Der Kontingenzkoeffizient C hat den Nachteil, dass er die Grenze von +1 für einen perfekten Zusammenhang nicht erreichen kann. Dieses Problem besteht bei Cramers V nicht, daher wird für größere Tabellen meist dieses Maß verwendet.

---

172 Siehe für eine vertiefende Darstellung der gebräuchlichsten Zusammenhangsmaße Janssen/Laatz 2007: 268ff.

Abb. 36: Zusammenhangsmaße (PASW-Output)

Weiterbildung teilgenommen: ja-nein * Altersgruppen Kreuztabelle

Weiterbildungsteilnahme		Altersgruppen			Gesamt
		15-34 Jahre	35-54 Jahre	55 J. und älter	
nicht an Weiterbildung teilgenommen	Anzahl	232	491	91	814
	%	54,3%	53,0%	65,9%	54,6%
an Weiterbildung teilgenommen	Anzahl	195	435	47	677
	%	45,7%	47,0%	34,1%	45,4%
Gesamt	Anzahl	427	926	138	1491
	%	100,0%	100,0%	100,0%	100,0%

Symmetrische Maße

		Wert	Näherungsweise Signifikanz
Nominal- bzgl. Nominalmaß	Phi	,074	,017
	Cramer-V	,074	,017
	Kontingenzkoeffizient	,074	,017
Anzahl der gültigen Fälle		1491	

Quelle: Datensatz der Weiterbildungsstudie

Für die Interpretation nehmen wir Cramers V (im allgemeinen Sinn gilt sie auch für die übrigen angeführten Zusammenhangsmaße): Der Zusammenhang zwischen Alter und Weiterbildungsteilnahme ist mit 0,074 sehr schwach. Als Signifikanztest („Näherungsweise Signifikanz" in Abb. 36) wurde ein Chi^2-Test mit dem Ergebnis $p = 0{,}017$ durchgeführt. Das bedeutet, dass eine 1,7%ige Wahrscheinlichkeit besteht, dass das Ergebnis auch dann zufällig zustande gekommen sein kann, wenn in Wirklichkeit die Nullhypothese gilt. Wichtig ist in diesem Zusammenhang, dass einerseits zwischen der Stärke eines Zusammenhangs, ausgedrückt durch Zusammenhangsmaße, und andererseits der Signifikanz des Zusammenhangs, die Aufschluß über die Wahrscheinlichkeit gibt, die Alternativhypothese fälschlicherweise anzunehmen bzw. zu verwerfen, unterschieden wird.

8.4.2. Korrelationsmaße

Kontingenzkoeffizienten geben in der Regel Aufschluss über das Vorliegen von Zusammenhängen. In den Sozial- und Wirtschaftswissenschaften besteht darüber hinaus ein großes Interesse an kausalen Beziehungen. Eine Voraussetzung für Kausalität ist die Korrelation. Mit Korrelationskoeffizienten wird die Stärke der Abhängigkeit zwischen zwei Variablen ermittelt. Achtung: Die Korrelation selbst ist noch kein Beweis für das Vorliegen einer Kausalbeziehung und darf auch nicht vorschnell im Sinne eines Kausalmodells interpretiert werden.

Korrelationskoeffizienten weisen Werte zwischen -1 und +1 auf: 0 bedeutet, dass kein statistischer Zusammenhang zwischen den Variablen besteht, -1 drückt einen perfekt negativen Zusammenhang aus, +1 eine perfekt positiven Zusammenhang. Die Korrelation gibt somit auch die Richtung eines Zusammenhangs an:

- *Positive* Korrelation: Der Wert der AV ist umso höher, je höher der Wert der UV ist.
- *Negative* Korrelation: Der Wert der AV ist umso niedriger, je höher der Wert der UV ist.
- *Keine* Korrelation: Hohe Werte der UV entsprechen beliebigen Werten der AV und umgekehrt.

Der gebräuchlichste Korrelationskoeffizient ist der Produkt-Moment-Korrelationskoeffizient nach Pearson (Pearsons r), der metrisch skalierte Variable voraussetzt und der Rangkorrelationskoeffizient nach Spearman (ρ, griech.: rho), der für ordinalskalierte Variable anwendbar ist.

Beispiel: In der Weiterbildungsstudie wurden die Einstellungen zu beruflicher Weiterbildung erhoben. Eine Einstellungsdimension lautete „Weiterbildung bringt mich beruflich weiter"; die Variable war vierstufig intervallskaliert. Dabei interessierte, ob ein Zusammenhang mit der Variable „Alter" (ratioskaliert, in Lebensjahren) in der folgenden Form besteht: Je höher das Alter, desto stärker die Einstellung „Weiterbildung bringt mich beruflich weiter". Der Output in PASW zeigt folgendes Ergebnis (Abb. 37):

Abb. 37: Beispiel Produkt-Moment-Korrelationskoeffizient (PASW-Output)

Korrelationen

		Frage 10: Altern (in Jahren)	Frage 22d: Weiterbildung bringt mich beruflich weiter
Frage 10: Alter (in Jahren)	Korrelation nach Pearson	1	,234**
	Signifikanz (2-seitig)		,000
	N	1500	1479
Frage 22d: Weiterbildung bringt mich beruflich weiter	Korrelation nach Pearson	,234**	1
	Signifikanz (2-seitig)	,000	
	N	1479	1479

**. Die Korrelation ist auf dem Niveau von 0,01 (2-seitig) signifikant.

Quelle: Datensatz der Weiterbildungsstudie

Das Ergebnis zeigt mit $p < 0{,}001$ einen höchst signifikanten Zusammenhang. Die Wahrscheinlichkeit, dass der Zusammenhang (somit: die Alternativhypothese) irrtümlich angenommen wird, ist sehr gering, weil kleiner als 0,1%. Die Korrelation ist mit $r = 0{,}234$ schwach positiv. Somit besteht ein höchst signifikanter, aber schwacher Zusammenhang zwischen dem Alter und der spezifischen Einstellung. Das ist durchaus typisch für große Fallzahlen, weil die Signifikanz mit steigender Fallzahl zunimmt. In PASW werden höchst signifikante Korrelationen mit drei Sternchen (***) versehen, signifikante Korrelationen mit einem Sternchen (*).

Wann ist eine Korrelation als schwach oder stark zu beurteilen? Als Konvention werden in der Praxis Korrelationen zwischen 0.4 - 0.6 bereits als starke Zusammenhänge bewertet. Jedoch muss hier, wie bereits betont, berücksichtigt werden, dass das Maß für die Stärke eines Zusammenhangs ein bestimmtes Signifikanzniveau voraussetzt und die Signifikanz mit der Anzahl der Fälle zunimmt.

Wichtig ist in diesem Zusammenhang, dass der Korrelationskoeffizient nicht bedeutet, dass - wie in unserem Beispiel - 23,4% der *Werte* der einen Variablen durch die *Werte* der anderen Variablen „erklärt" werden können. Für die Interpretation ist vielmehr das *Bestimmtheitsmaß* r^2 heranzuziehen.

Dieses beträgt in unserem Beispiel 0,055 und gibt an, wie viel Prozent der Varianz, d. h. der Unterschiede der einen Variablen durch die Unterschiede der anderen Variablen erklärt werden können. Im vorliegenden Beispiel sind dies also 5,5%.

Im Zusammenhang mit Korrelationskoeffizienten wurde bereits betont, dass Korrelation nicht gleichbedeutend mit Kausalität ist. Um von einer Korrelation auf Kausalität schließen zu können, müssen - zusätzlich zur statistisch starken Korrelation von UV und AV - folgende Bedingungen gelten:

- UV geht AV zeitlich voran (entweder bei Paneldaten oder wenn - bei Querschnittsdaten - theoretisch gerechtfertigt).
- Die Korrelation von UV und AV bleibt erhalten, auch wenn man für dritte Variable kontrolliert (Prüfung von Scheinkorrelationen).

Das Problem der Scheinkorrelation (➔ Abschnitt 3.1) liegt vor, wenn die Variablen UV und AV zwar korrelieren, jedoch zusätzliche, auf den ersten Blick nicht sichtbare Variable die AV bzw. die Beziehung zwischen UV und AV beeinflussen. Diese dritte(n) Variable(n) geht (gehen) quasi den beiden eigentlich interessierenden Variablen voraus („Antezedens"). Dieses Problem kann nur durch die so genannte Drittvariablenkontrolle (➔ Kapitel 3) behoben werden. Dafür stehen multivariate Verfahren (z.B. partielle Korrelationsanalysen) zur Verfügung, die in dieser Einführung nicht erläutert werden.[173]

8.4.3. Regressionsanalyse

Während die Korrelationsanalyse für die Ermittlung der Stärke des Zusammenhangs zwischen zwei Variablen verwendet wird, ist mit der Regressionsanalyse eine Möglichkeit gegeben, die Art (speziell: die Richtung) dieses Zusammenhangs aufzudecken und den Wert einer AV aus den Werten anderer UV vorherzusagen bzw. zu schätzen. Die Frage ist: Wie wirkt sich die Veränderung der UV auf eine AV aus?

Die Regressionsanalyse ist ein Verfahren zur *Schätzung* von Zusammenhängen zwischen Variablen. Das Ergebnis einer Regressionsanalyse ist die Darstellung einer abhängigen Variablen Y als Funktion *f* einer oder mehrerer unabhängiger Variablen X_i. Diese Funktion wird als „Regressionsmodell" bezeichnet. Die Grundidee der Regressionsanalyse besteht also darin, anhand eines Modells den Wert einer AV (auch Prognosevariable oder Regressand genannt) aus den Werten einer oder mehrerer UV (auch Prädiktorvariable oder Regressoren genannt) zu schätzen bzw. zu prognostizieren.[174] So wird die Regressionsanalyse z.B. im Marketing für die Schätzung des Zusammenhangs zwischen der Absatzmenge (AV) und Marketing-Instrumenten wie dem Preis und dem Werbebudget (als UV) verwendet.

Unterschieden werden zunächst lineare und logistische Regression. Bei der *linearen* Regression

---

[173] Für eine detaillierte Behandlung der Drittvariablenkontrolle im Rahmen multivariater Verfahren siehe Benninghaus 2005: 257ff.

[174] Während die Werte der Variablen beobachtbar sind, werden die Parameter der Regressionsfunktion und der sog. Residualfunktionen geschätzt. Siehe für eine detaillierte Darstellung der Schätzung im Rahmen von Regressionsanalysen Albers/Skiera 1999.

muss die AV intervallskaliert sein; die lineare Regression kann wiederum unterschieden werden in die *einfache* lineare Regressionsanalyse (eine UV) und in die *multiple* Regressionsanalyse (mehrere UV; siehe das Beispiel ➔ Abschnitt 9.1). Die *logistische* Regression wird für kategoriale, dichotome AV und beliebig skalierte UV verwendet. Die logistische Regression wird vor allem dann eingesetzt, wenn die Einflüsse auf binäre abhängige Variable nicht mit anderen regressionsanalytischen Verfahren untersucht werden können. Das ist dann der Fall, wenn wesentliche Anwendungsvoraussetzungen wie die Normalverteilung der Residuen oder Varianzhomogenität nicht gegeben sind. Vor allem in den Wirtschaftswissenschaften, zunehmend aber auch in den Sozialwissenschaften kommt die logistische Regression zu Anwendung, weil die verfügbaren Daten häufig nur dichotom kategorisiert werden können und der besondere Vorteil genutzt wird, dass damit die Wahrscheinlichkeit eines Zielereignisses geschätzt werden kann.[175]

Betrachten wir in schematischer Form einen Zusammenhang in Gestalt einer linearen Regression (Abb. 38). Vermutet wird, dass die Weiterbildungsintensität (gemessen durch die Anzahl der besuchten Weiterbildungen) steigt, je höher das Alter ist. Eine perfekte Je-desto-Beziehung würde in Gestalt einer Regressionsgeraden folgenden linearen Zusammenhang zeigen, die die Variable Anzahl der besuchten Weiterbildungsveranstaltungen (Y) als Funktion des Alters (X) angibt:

Abb. 38: Lineare Regressionsfunktion

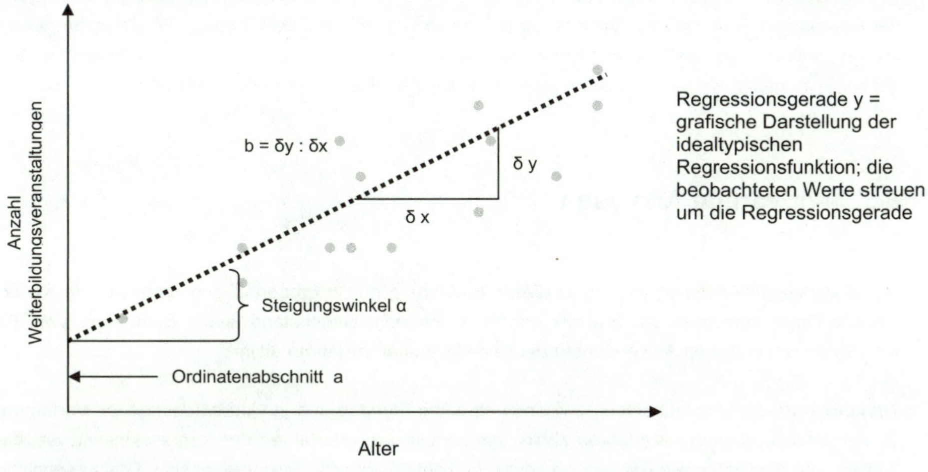

a = Ordinatenabschnitt bzw. konstantes Glied: markiert den Abschnitt bis zum Schnittpunkt der Regressionsgeraden mit der y-Achse

b = Regressionskoeffizient: geometrisch gesehen die Neigung der Regressionsgeraden

y = Schätzung der abhängigen Variablen

x = unabhängige Variable

Quelle: In Anlehnung an Urban & Mayerl 2008: 37ff.

---

[175] Eine umfassende Einführung in die unterschiedlichen Arten der Regressionsanalyse bieten Urban/Mayer 2008 sowie Backhaus et al. 2008.

Die Regressionsgleichung drückt den Zusammenhang zwischen den beiden Variablen als Funktion der Weiterbildungsintensität (AV) vom Alter (als UV) in der folgenden Form aus:

$$y = a + bx$$

wobei a und b als sog. Regressionskoeffizienten bezeichnet werden. Beim vorliegenden einfachen linearen Regressionsmodell werden die Werte der AV (hier: Anzahl der Weiterbildungsveranstaltungen) als Summe der Konstanten a und der mit dem Regressionskoeffizienten b gewichteten UV vorhergesagt. Der Regressionskoeffizient gibt das *Ausmaß der Steigung* (bzw. Zunahme) *der AV* an, wenn die UV um eine Einheit zunimmt. Umgelegt auf unser Beispiel: Nimmt das Alter um eine Einheit (Jahr) zu, steigt der Regressionskoeffizient um ein bestimmtes Maß, z.B. um 0,5 Einheiten „Weiterbildung" (in PASW dargestellt als BETA).

Das Grundprinzip der einfachen linearen Regression besteht somit darin, dass „die Werte der abhängigen Variablen jedes einzelnen Falles als Summe aus einer Konstanten und der mit einem ‚Regressionskoeffizienten' gewichteten unabhängigen Variablen vorhergesagt"[176] werden. Die Differenzen zwischen beobachteten und vorgesagten Werten sind die so genannten „Residuen".[177]

Das zentrale Maß für die *Güte* der Regressionsschätzung ist das Bestimmtheitsmaß R^2 (Quadrat des Korrelationskoeffizienten), das auch Determinationskoeffizient genannt wird. Es stellt das Verhältnis von erklärter Streuung zur Gesamtstreuung dar ($0 \leq r^2 \leq 1$). Anders formuliert: Je geringer die Varianz der Residuen im Vergleich zur Varianz der AV, desto besser kann die AV durch die UV vorhergesagt werden, weil die „erklärte" Varianz größer ist. Je näher R^2 an 1 liegt, desto mehr an Gesamtvarianz der UV kann erklärt werden und desto geringer ist der Anteil der Varianz der Residuen.

8.5. Multivariate Analysen

Die multivariaten Analysen werden in dieser Einführung nur in groben Zügen umrissen, da sie erweiterte Grundkenntnisse der Statistik erfordern, die nicht Gegenstand dieser Einführung sind. Es werden die wesentlichen Anwendungszwecke multivariater Verfahren erklärt.

Wesentlich ist die Unterscheidung zwischen struktur*prüfenden* und struktur*entdeckenden* Verfahren. Zu den strukturprüfenden Verfahren zählen die komplexeren Verfahren der Regressionsanalyse, die multiple und die logistische Regression sowie die konfirmatorische Faktorenanalyse. Das wesentliche Ziel der strukturentdeckenden Verfahren besteht darin, latente Strukturen im Datenmaterial offenzulegen. Zu den strukturentdeckenden Verfahren zählen die explorative Faktorenanalyse und die Clusteranalyse. Die strukturentdeckenden Verfahren werden - im Unterschied zu den hypothesenprüfenden Verfahren - für die Generierung von Hypothesen genutzt.

---

176 Schnell/Hill/Esser 2008: 455

177 Eben diese Residuen dürfen bei der linearen Regression keine systematischen Tendenzen zeigen, weil es ansonsten systematische Einflüsse auf die AV gäbe. Daher muss zur Beurteilung der Güte eines Regressionsmodells eine Analyse der Residuen durchgeführt werden.

Die Grundzüge der Regression wurden bereits dargestellt; sie gelten auch für die multiple und für die logistische Regression im Rahmen der Verwendung als strukturprüfende Verfahren.

Unter den strukturentdeckenden Verfahren sind vor allem die Faktorenanalyse und die Clusteranalyse verbreitet. Mit Hilfe der Faktorenanalyse wird untersucht, ob sich eine Vielzahl von Variablen (z. B. eine größere Anzahl von Items in einem Fragebogen) auf wenige dahinterstehende latente Variable (sog. Faktoren) zurückführen lassen. Das ist besonders dann aufschlußreich, wenn sich eine größere Anzahl von Variablen inhaltlich auf ähnliche Sachverhalte bezieht. In diesem Fall ist die Vermutung naheliegend, dass diese Vielzahl an Variablen als Anzeiger (Indikatoren) für eine geringere Anzahl an dahinterstehenden latenten Variablen aufgefasst werden kann. Die Faktorenanalyse ist somit ein Verfahren zur Dimensionsreduktion.

Denken wir etwa an Fragebögen, die große Itembatterien zur Messung von Einstellungen beinhalten. Mittels explorativer Faktorenanalyse wird im Zuge der Auswertung geprüft, ob diese Vielzahl an Items auf eine kleinere Anzahl dahinterliegender Faktoren reduziert werden kann. Auf diese Weise werden im Datenmaterial latente Strukturen identifiziert, die auf den ersten Blick nicht zutage treten. In der Folge kann dann die Vielzahl von ursprünglichen Variablen auf wenige, wichtige Faktoren zurückgeführt werden. Die so ermittelten Faktoren können dann selbst wiederum als neue Variable für weitere Analysen verwendet werden.

Während mit der explorativen Faktorenanalyse eine Dimensionsreduktion anhand von *Merkmalen* (Variablen) vorgenommen wird, werden mit der Clusteranalyse die beobachteten *Fälle* (Objekte) zu möglichst gut voneinander unterscheidbaren Clustern gebündelt.

Die Grundidee der Clusteranalyse besteht darin, eine Menge von Fällen so in Gruppen (Cluster) zu unterteilen, dass die Fälle, die einer Gruppe zugeordnet werden, möglichst hohe Ähnlichkeiten aufweisen, und zu den Fällen, die unterschiedlichen Gruppen zugeordnet werden, möglichst große Unterschiede aufweisen. Es werden auf diese Weise Gruppen mit hohen Ähnlichkeiten gebildet, die wiederum möglichst große Unterschiede zu anderen, in sich ähnlichen Gruppen aufweisen. Die Clusteranalyse basiert auf der Berechnung von Abstandsmaßen zwischen den Objekten.

In der Marktforschung interessiert es zum Beispiel, ob Kunden eines Versandhauses anhand bestimmter Merkmale (z.B. Anzahl der Bestellungen, Art der Bestellung, bevorzugte Zahlungsart etc.) in Gruppen eingeteilt werden können, die sich möglichst ähnlich sind, wobei zwischen den Gruppen möglichst große Unterschiede bestehen sollen. Es werden dabei jene Fälle von Kunden als ähnlich gesehen, die sich in der Gesamtheit der interessierenden Merkmale ähneln. Die Clusteranalyse stellt ein Verfahren dar, mit dem die Ähnlichkeit bzw. Unterschiede von Fällen (z.B. Kunden) durch Vergleich der Kombinationen aus mehreren Merkmalen festgestellt werden kann.

9. Anwendungsbeispiele

Die folgenden Beispiele sollen einen Einblick in die Praxis der empirischen Forschung in den Sozial- und Wirtschaftswissenschaften vermitteln. Am Beginn jedes Beispiels werden kurz die Motivation jeder Studie sowie die zugrundeliegenden Fragestellungen und Erhebungsformen dargestellt.

Aus jeder Studie wird eine spezifische Fragestellung herausgegriffen. Es wird also nicht der Anspruch erhoben, die Studien in ihrer Gesamtheit darzustellen. Vielmehr geht es darum, die Vorgehensweise der Studie bezüglich der Operationalisierung der ausgewählten Fragestellung, die statistische Auswertung und die Interpretation der Ergebnisse zu veranschaulichen.

Drei der dargestellten Studien können als Beispiele für eine korrekte Vorgehensweise dienen. Dies trifft auf die erste Studie nicht zu, dennoch kann auch sie ein instruktives Beispiel sein, welche Probleme sich aus der Kombination eines komplexen Designs und nicht gelungener Operationalisierung auch bei der Auswertung und Interpretation der statistischen Befunde ergeben können. Dass auch trotz korrekter Vorgehensweise viele Ergebnisse einen mitunter großen Interpretationsspielraum zulassen, gehört in der empirischen Sozialforschung zur alltäglichen Praxis, die es zu bewältigen gilt.

9.1. Marktforschung: Vertrauen und Internet-Shopping

Der Internethandel hat in den letzten Jahren enorm an Bedeutung gewonnen. Studien belegen allerdings, dass zu geringes Vertrauen in Internethändler und Online-Vertriebskanäle nach wie vor viele potenzielle KonsumentInnen vom Kauf via Internet abhalten. Dies gilt insbesondere für vertrauensintensive Produkte wie z.B. Medikamente. Eine Studie zum „Konsumentenvertrauen im Internet“[178] beschäftigte sich aus diesem Grund mit zwei Fragen:

- Beeinflusst das Konsumentenvertrauen das Kaufverhalten im Internet und, wenn ja, wie stark?
- In welcher Beziehung steht der Einfluss des Vertrauens mit der Produktart?

Das Forschungsprojekt richtet sich somit auf die Zielgruppe „Internet-User“. Damit entsteht, wie auch die AutorInnen feststellen, das Problem, eine nicht den allgemeinen Anforderungen der Repräsentativität entsprechende Stichprobe zu ziehen, weil diese nicht auf einer Zufallsauswahl beruhte. Man entschied sich stattdessen für eine den Kriterien der Selbstselektion folgende Stichprobenziehung, indem Internet-User direkt im Web zur Teilnahme an der Befragung eingeladen wurden. Im Zuge der Auswertung treten die Effekte dieser Vorgehensweise deutlich zutage: Von insgesamt 249 BefragungsteilnehmerInnen entsprachen zwar die Geschlechterverteilung (47,8% Frauen, 52,2% Männer) nahezu der Internet nutzenden Bevölkerung, jedoch bestand ein deutlicher Überhang an StudentInnen (61%) gegenüber der zweitstärksten Gruppe an BefragungsteilnehmerInnen, den Angestellten (21%). Diese Verteilung erklärt auch den großen Anteil an BefragungsteilnehmerInnen mit einem niedrigen Einkommen unter € 1000.- pro Monat (73,2%). Weiter unten soll auf die damit

[178] Ahlert et al. 2008

zusammenhängenden Probleme der Interpretation eingegangen werden.

Das Untersuchungsdesign basiert auf einem Strukturgleichungsmodell. Strukturgleichungsmodelle sind multivariate Methoden zur Überprüfung der Abhängkeiten zwischen Konstrukten bzw. latenten Variablen. Im Mittelpunkt des Beispiels steht die Überlegung, dass das zu untersuchende Konstrukt „Konsumentenvertrauen“ zwei wesentliche Dimensionen aufweist, nämlich das allgemeine „Vertrauen in das Internet“ und das spezifische „Vertrauen in den Internethändler“. Diese beiden Vertrauensdimensionen beeinflussen, so die weitere Überlegung, wiederum die konkrete Kaufabsicht. In diesem Zusammenhang wurden zwei weitere Annahmen getroffen: Das Verhältnis von Vertrauen in das Internet und konkreter Kaufabsicht wird sowohl vom wahrgenommenen Risiko, das mit einem Internetkauf verbunden wird, als auch von der jeweiligen Produktkategorie beeinflusst. Desgleichen wird das Verhältnis von Vertrauen in den Internet-Händler und konkreter Kaufabsicht von diesen beiden Faktoren beeinflusst. Weiters wurde davon ausgegangen, dass das Vertrauen in den Internet-Kauf von einer generellen Vertrauensdisposition beeinflusst wird.

Das hypothetische Strukturgleichungsmodell kann in einem Pfaddiagramm schematisch dargestellt werden (Abb. 39). Ein Pfaddiagramm ist eine grafische Darstellung der vermuteten Zusammenhänge zwischen den untersuchten Variablen, wobei die Beziehungen in der grafischen Darstellung durch Pfeile angegeben werden[179].

Abb. 39: Pfaddiagramm Vertrauen Internet-Kauf

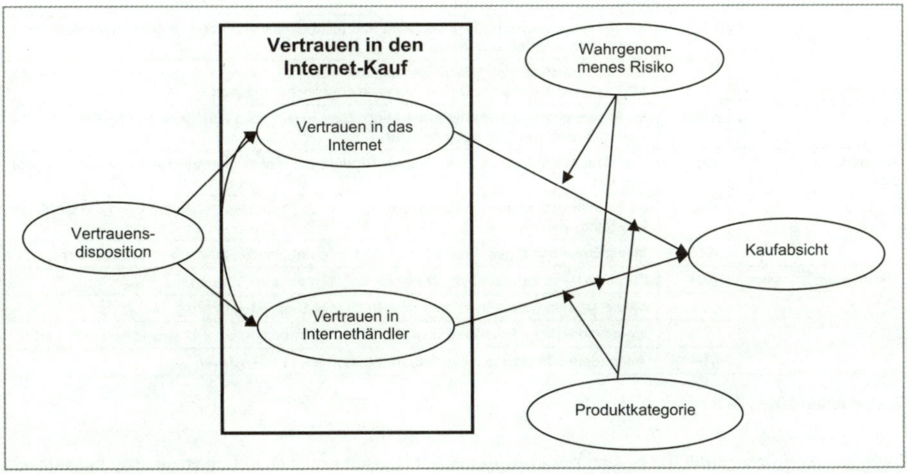

Quelle: Ahlert et al. 2009: 23

Die dem Modell zugrundeliegenden Konstrukte mussten zunächst mit entsprechenden Indikatoren operationalisiert werden. Diese Indikatoren wurden in Form von Multi-Item-Batterien mit Hilfe von sie-

[179] Loehlin 1992

benstufigen Skalen mit den Endpunkten 1 = „trifft voll zu“ und 7 = „trifft überhaupt nicht zu“ gemessen.

Die Erfassung der Konstrukte mittels Indikatoren hat natürlich zur Voraussetzung, dass die gewählten Indikatoren bzw. die Items die interessierenden Konstrukte eindimensional messen. Indikatoren, die dies nicht leisten, müssen ausgeschieden werden. Um diese Voraussetzung und in weiterer Folge die Voraussetzungen für eine Kausalanalyse zu prüfen, wurde in der Untersuchung eine konfirmatorische Faktorenanalyse eingesetzt, die in der empirischen Sozialforschung für die Überprüfung von Hypothesen verwendet wird. Die Überprüfung der Item-Trennschärfe ergab, dass nur eines von 19 Items eliminiert werden musste, um ein Cronbachs Alpha von > 0.81 zu erreichen, was hinreichend zufriedenstellend ist. In Abb. 40 ist die finale Item-Batterie dargestellt.

Abb. 40: Item-Batterie

Konstrukt	Item	Itemformulierung im Fragebogen
Wahrgenommenes Risiko (Risk)	Risk1	Das Kaufen von Produkten bei einem Internet-Händler ist risikoreich.
	Risk2	Das Kaufen von Produkten bei einem Internet-Händler bringt Unsicherheit und Schadenpotenzial mit sich.
	Risk3	Produkte bei einem Internet-Händler zu kaufen, führt zu negativen Auswirkungen.
	Risk4	Ich finde es gefährlich, bei einem Internet-Händler Produkte zu kaufen.
Vertrauen Internet-Händler (= Apotheke) (VH)	VH1	Internet-Händler sind vertrauenswürdig.
	VH2	Internet-Händler wollen dafür bekannt sein, ihre Versprechen zu halten und ihren Verpflichtungen nachzukommen.
	VH3	Ich vertraue darauf, dass Internet-Händler nur mein Bestes im Sinn haben.
Vertrauen Technologie (Internet) (VI)	VI1	Das Internet bietet ausreichende Schutzmaßnahmen, so dass ich mich wohl fühle, wenn ich es für Transaktionen nutze.
	VI2	Ich bin sicher, dass mich gesetzliche und technologische Vorkehrungen angemessen vor Problemen im Internet schützen.
	VI3	Ich bin zuversichtlich, dass die digitale Verschlüsselung und andere technologische Maßnahmen im Internet Online-Transaktionen sicher machen.
	VI4	Im Allgemeinen stellt das Internet heutzutage eine stabile und sichere Umgebung für die Durchführung von Transaktionen dar.
Kaufabsicht (KA)	KA1	Die Wahrscheinlichkeit, dass ich ein Produkt bei einem Internet-Händler kaufe, ist sehr hoch.
	KA2	Es ist sehr gut möglich, dass ich den Kauf eines Produktes bei einem Internet-Händler in Erwägung ziehe.
	KA3	Meine Bereitschaft, ein Produkt bei einem Internet-Händler zu kaufen, ist sehr hoch.
Vertrauensdisposition (VD)	VD1	Für mich ist es sehr einfach, Personen oder Dingen zu vertrauen.
	VD2	Meine Tendenz, Personen oder Dingen zu vertrauen, ist sehr hoch.
	VD3	Ich tendiere dazu, Personen oder Dingen zu vertrauen, obwohl ich wenig von ihnen weiß.
	VD4	Jemandem oder etwas zu vertrauen, ist überhaupt nicht schwer.

Quelle: Ahlert 2009: 24

Denn nur wenn es zutrifft, dass sich mehrere Items auf denselben Sachverhalt (bzw. das betreffende Konstrukt) beziehen bzw. von diesen Items auf eine zugrunde liegende latente Variable („Faktor“) geschlossen werden kann, ist davon auszugehen, dass eben diese Faktoren jene Konstrukte darstellen, die im hypothetischen Modell angenommen wurden. Das ist auch für die statistische Praxis bedeutsam, weil die neu ermittelten Faktoren wie Variablen behandelt werden können; sie können sodann für weitere statistische Berechnungen, im vorliegenden Projekt für eine Kausalanalyse, verwendet werden. Die konfirmatorische Faktorenanalyse brachte den in Abb. 41 dargestellten PASW-Output.

Abb. 41: Faktorenmatrix

Rotierte Faktorenmatrix[a]

	Faktor			
	1	2	3	4
Wahrgenommenes Risiko Apo 2	-,863	-,096	-,244	-,026
Wahrgenommenes Risiko Apo 4	-,809	-,100	-,314	-,061
Wahrgenommenes Risiko Apo 1	-,802	-,150	-,276	,022
Wahrgenommenes Risiko Apo 3	-,711	-,172	-,193	,073
Vertrauen Apotheke 1	,685	,138	,509	,082
Vertrauen Apotheke 3	,468	,241	,393	,138
Vertrauen Aptoheke 2	,449	,086	,423	,020
Technologievertrauen 3	,116	,898	,076	,093
Technologievertrauen 2	,124	,858	,064	,139
Technologievertrauen 4	,130	,841	,111	,141
Technologievertrauen 1	,187	,789	,056	,170
Kaufabsicht Apo 3	,411	,079	,876	,070
Kaufabsicht Apo 1	,407	,067	,839	,062
Kaufabsicht Apo 2	,427	,092	,823	,067
Vertrauensdisposition 2	,053	,093	,037	,915
Vertrauensdisposition 1	,071	,119	,029	,899
Vertrauensdisposition 3	-,036	,077	,080	,751
Vertrauensdisposition 4	-,012	,206	,039	,696

Extraktionsmethode: Hauptachsen-Faktorenanalyse.
Rotationsmethode: Varimax mit Kaiser-Normalisierung.
a. Die Rotation ist in 6 Iterationen konvergiert.

Quelle: Ahlert et al. 2009: 68

Wie die Faktorenmatrix zeigt, können mit Ausnahme der Items zum Konstrukt „Vertrauen in den Internethändler" die restlichen Items auf vier Faktoren verdichtet werden, die den hypothetischen Konstrukten entsprechen. Die Werte in der Faktorenmatrix stellen die Korrelationen der einzelnen Items mit dem jeweiligen Faktor dar.[180] Die Autoren haben sich, obwohl die Items zu „Vertrauen in den Internethändler" nicht eindeutig einem Faktor zuordenbar sind, sondern auf zwei Faktoren „laden" (blau markiert), dennoch entschlossen, dieses zentrale Konstrukt für die Kausalanalyse zu verwenden. Damit ist eine gewisse Problematik verbunden, auf die weiter unten noch eingegangen wird.

Die weiteren Schritte des Forschungsprozesses dienten der hier nicht näher beschriebenen Überprüfung von weiteren Prämissen zur Anwendung der Kausalanalyse.

Im Zuge der Kausalanalyse wurden in weiterer Folge mit den neu ermittelten Variablen die ursprünglichen Hypothesen geprüft. Hier sollen nur zwei Hypothesen hervorgehoben werden (die Ergebnisse zu den weiteren Hypothesen können den Pfadkorrelationskoeffizienten[181] im nunmehr finalen, weil geprüften hypothetischen Modell, s. Abb. 42, entnommen werden):

---

[180] Als Konvention werden in der Faktorenanalyse im Hinblick auf die Faktorladung nur Item-Korrelationskoeffizienten > 0.4 berücksichtigt (manche AutorInnen verlangen auch 0.5).

[181] Die Berechnung von Pfadkoeffizienten baut auf den bekannten Korrelationskoeffizienten auf. Der Pfadkoeffizient oder Betawert ist ein standardisierter partieller Regressionskoeffizient. Da Pfadkoeffizienten standardisiert sind, sind sie direkt miteinander vergleichbar.

- Das Vertrauen in das Internet hat eine positive Wirkung auf die Absicht, Produkte online zu kaufen
- Das Vertrauen in den Internet-Händler hat eine positive Wirkung auf die Absicht, Produkte online zu kaufen.

Für die erste Hypothese ergab sich ein leicht negativer, nicht-signifikanter Pfadkoeffizient p = -0.037. Für die zweite Hypothese (hohes Vertrauen in den Internethändler stärkt die Kaufabsicht) ergab sich ein höchst signifikanter und starker Pfadkoeffizient p = 0.804. Das bedeutet, dass das Vertrauen in den Internethändler eine wesentliche Voraussetzung für den Kauf im Internet ist, nicht jedoch das allgemeine Vertrauen in das Internet. In der Analyse hat sich des Weiteren herausgestellt, dass Unterschiede zwischen den beiden Vertrauensdimensionen auch von der Vertrauensdisposition der Internet-User abhängig ist, also von der generellen Bereitschaft von Personen, jemandem Vertrauen entgegenzubringen.

Das gesamte Kausalmodell ist in Abb. 42 dargestellt. Die Pfadanalyse ist ein statistisches Verfahren zur Überprüfung von linearen Kausalmodellen. Die Stärke der kausalen Beziehung zwischen je zwei Variablen wird durch den sog. Pfadkoeffizienten ausgedrückt.[182] Die Ergebnisse der statistischen Berechnungen liefern Aufschluss über die Zusammenhänge der im Kausalmodell enthaltenen Variablen.

Abb. 42: Pfaddiagramm mit Korrelationswerten

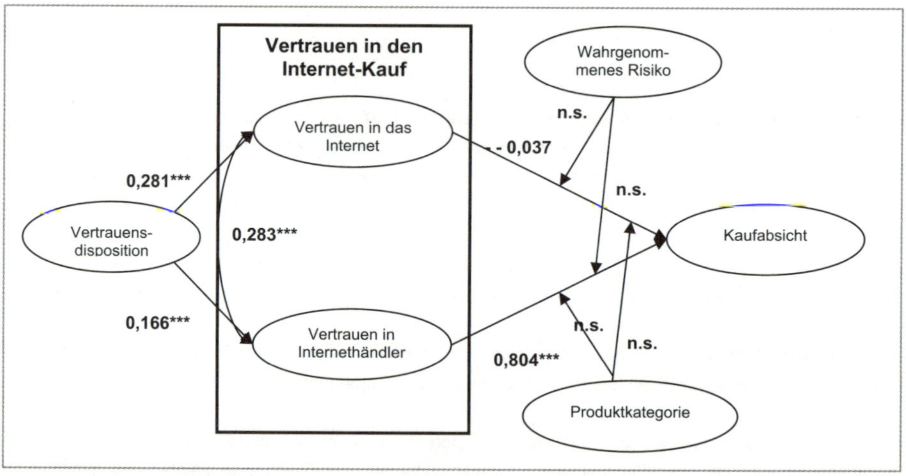

Quelle: Ahlert et al. 2008: 31

Die Beispielstudie weist aber in Summe vier problematische Aspekte auf:

182 Pfadkoeffizienten lassen sich aus Korrelationskoeffizienten ableiten oder als partielle Regressionskoeffizienten aus standardisierten Daten berechnen.

- Wie gezeigt wurde, laden einige Items auf zwei Faktoren, wodurch die eindeutige Zuordnung der Items zu einem Faktor erschwert wird. Die Unterschiede zwischen den betreffenden Item-Faktor-Korrelationen (siehe die Items, die sowohl auf Faktor 1 und Faktor 3 laden) sind gering; dies spricht gegen eine Zuordnung, die von den Autoren zwar als problematisch konstatiert, dennoch vorgenommen wurde. Grundsätzlich sollten Items hoch auf einem Faktor und niedrig auf anderen Faktoren laden.

- Der zweite problematische Aspekt ergibt sich aus dem ersten: Trotz nicht eindeutiger Zuordnung der Items zu einem Faktor wurde dieser als eigenständige Variable („Vertrauen in den Internethändler") in der Kausalanalyse behandelt. Darüber hinaus wurden auch die Items zu „Wahrgenommenes Risiko" als demselben Faktor zugehörig interpretiert und in die Kausalanalyse aufgenommen.[183] Es muss daher bezweifelt werden, ob alle für das Modell erforderlichen fünf Variablen in einem mittels Faktorenanalyse bestätigten Sinne vorliegen. Daher sind auch im Besonderen die Korrelationswerte, die Aufschluss über die Abhängigkeiten zwischen der Variablen „Wahrgenommenes Risiko" und den mit ihr verknüpften Variablen geben, skeptisch einzuschätzen.

- Ein bereits angesprochenes Problem betrifft die Stichprobenziehung, das auch bei klaren statistischen Kennwerten nur eine eingeschränkte Interpretation zulässt. Die ermittelten Beziehungen mögen für die Stichprobe selbst gelten. Ein Repräsentationsschluss auf die Gesamtheit der Internet-User verbietet sich allerdings, weil die Grundgesamtheit ebenso wenig auch nur annähernd bekannt ist wie die Teilmenge der Internet-Shopper. Auf diese Weise können auch scheinbar klare statistische Befunde nur eingeschränkte Gültigkeit beanspruchen.

- Nicht zuletzt muss man auch die Frage stellen, ob die Pfadkoeffizienten, für die ja die mit der konformatorischen Faktorenanalyse errechneten Faktoren verwendet wurden, überhaupt für die Berechnung der Korrelationskoeffizienten herangezogen werden können, wenn man davon ausgeht, dass die Zuordnung von Items zu zwei Faktoren erhebliche Interpretationsschwierigkeiten nach sich zieht und die erforderliche Eindeutigkeit vermissen lässt.

9.2. Hochschulforschung: Gründe des Studienabbruchs

Angesichts der großen Anzahl von Studierenden und ihrer Bedeutung als soziale Gruppe gibt es relativ wenig verläßliche Informationen über die Entwicklung von Studienkarrieren. Wenn auch die Ausgaben für den Hochschulbetrieb in den letzten Jahren stagnierten, so handelt es sich in modernen Gesellschaften doch um beträchtliche Investitionen in einen wichtigen Bereich des Bildungssystems. Aus diesem Grund hat die Gesellschaft auch ein Interesse daran, dass möglichst viele Studierende das Studium beenden; Studienabbrüche können aus ökonomischer Sicht daher als „Fehlinvestitionen" betrachtet werden.

Vor diesem Hintergrund ging eine an der WU durchgeführte Studie über „StudienabbrecherInnen an der WU Wien" der Frage nach, durch welche Faktoren Studienabbrüche beeinflusst werden.[184] Im

---

[183] Grundsätzlich können Faktorladung positive oder negative Werte annehmen.
[184] Reiger 2010

Besonderen interessierte es, welche Einschätzungen, Einstellungen, Motive und private Lebemsumstände einer „erfolgreichen" Studienkarriere im Wege stehen und die Wahrscheinlichkeit eines Studienabbruchs erhöhen.

Die Studie ist als Kohorten- und Querschnittserhebung konzipiert. Im Sinne der Kohortenanalyse wurde ein Jahrgang von StudienanfängerInnen, jene des Studienjahres 2003/04, als zu untersuchende Gruppe ausgewählt. Auf Grundlage dieser Vorgehensweise sollte geprüft werden, ob sich StudienabbrecherInnen und „Weiterstudierende" in den relevanten Dimensionen

- Studienmotivation
- Einschätzungen während der Studienphase und
- Einschätzungen der Vereinbarkeit von Studium und Erwerbstätigkeit

unterscheiden. Des Weiteren wollte man herausfinden, welche unterschiedlichen Abbruchgründe aus Sicht der AbbrecherInnen relevant sind. Als Kriterium für den Studienabbruch wurde die Exmatrikulation nach dem 2. Studiensemester definiert, es handelte sich also um echte Studienabbrüche, die nach dem 2. Semester bzw. während des 3. Semesters eingetreten sind.

Die Erhebung erfolgte mittels eines standardisierten Fragebogens, wobei die StudienabbrecherInnen telefonisch, die Weiterstudierenden online befragt wurden. Der Fragebogen war für beide Gruppen in Form, Struktur und Frageformulierung identisch (siehe den Fragebogen für die Online-Befragung im Anhang). Die Organisation der Befragung erfolgte in Anlehnung an die Total-Design-Methode nach Dillman (2000) (➔ Kapitel 5.), um eine zufriedenstellende Rücklaufquote zu erreichen. Im Falle der Studienabbrecherlinnen war aufgrund nicht mehr existenter oder geänderter Telefonnummern die Erreichbarkeit der Zielpersonen mitunter sehr aufwändig. Dennoch war die Rücklaufquote sowohl bei den StudienabbrecherInnen mit 38,3% (n = 251) ebenso wie bei den Weiterstudierenden mit 28,4% (n = 429) zufrieden stellend.

Eine wesentliche Fragestellung bezog sich auf die Untersuchung der Gründe für den Studienabbruch. Zu diesem Zweck wurde im Fragebogen eine Batterie mit 21 Items eingebaut, die für die beiden Gruppen nur in der Einleitung unterschiedliche Formulierungen aufweisen: Die Weiterstudierenden wurden gefragt, ob sie schon einmal an die genannten Gründe für einen Studienabbruch gedacht; die StudienabbrecherInnen danach, welche davon tatsächlich Ausschlag gebend waren (vgl. V13 des Fragebogens im Anhang).

Bereits die unterschiedlichen Prozentsätze der Zustimmung zu den einzelnen Items zeigt, dass sich zwischen Weiterstudierenden und StudienabbrecherInnen deutliche und signifikante Unterschiede ergeben (Tab. 16).

Tab. 16: Prozentsätze für Zustimmung zu einzelnen Abbruchgründen, Odds Ratios und p-Werte für Odds-Ratios[185]

	Prozent Zustimmung				
Beweggründe	Dropouts	Weiter-studierende	Gesamt	Odds Ratios	p-Wert
Job auch ohne Abschluss	50	13	35	6,66	<0,001
keine Relevanz für Beruf	28	4	18	9,27	<0,001
Inhalte nicht interessiert	38	20	31	2,48	<0,001
Unvereinbarkeit mit Beruf	23	7	16	3,65	<0,001
zu theorielastig	46	33	41	1,70	<0,010
Studium nur zur Überbrückung	15	2	10	7,51	<0,001
Erwartungen nicht erfüllt	53	41	48	1,63	0,015
nicht bestandene Prüfungen	32	72	49	0,18	<0,001
Prüfungsangst	6	34	18	0,13	<0,001
willkürliche Benotungen	8	26	16	0,26	<0,001
Anonymität an WU	29	43	35	0,54	0,003
unzureichende Betreuung	19	33	25	0,49	0,002
n	238-250	173-176	413-425		

Quelle: Reiger 2010: 59

Die Odds Ratios sind ein Maß, das Auskunft über die Stärke des Unterschieds zwischen zwei Gruppen gibt. Dabei werden die Odds (Chancen) der beiden Gruppen zueinander ins Verhältnis gesetzt. Beispielsweise ist das Risiko, das Studium abzubrechen, für Dropouts 9,3 Mal höher, wenn jemand dem Studium keine Relevanz für das zukünftige Berufsleben attestiert (siehe Zeile 2 der Tab. 16). Eine Odds Ratio von genau 1 würde bedeuten, dass es keinen Unterschied zwischen den Gruppen gibt; ein Wert > 1 bedeutet, dass die Odds der ersten Gruppe größer sind; ein Wert < 1, dass die Odds der ersten Gruppe kleiner sind.

Um die Ursachen von Studienabbrüchen genauer zu untersuchen, wurde in weiterer Folge eine explorative Faktorenanalyse durchgeführt, die - im Unterschied zum vorangegangenen Beispiel - eine korrekte Vorgehensweise veranschaulicht.

Für die Faktoren- bzw. Hauptkomponentenanalyse wurden jene StudienabbrecherInnen und Weiterstudierenden (ausgenommen jene, die noch nie an einen Studienabbruch gedacht haben) herangezogen, die auf alle relevanten Items geantwortet haben.

Die Hauptkompoentenanalyse ergab fünf Dimensionen mit einem Eigenwert größer 1; die erklärte Gesamtvarianz beträgt 53%. Die einzelnen Abbruchgründe lassen sich, wie in der nachfolgenden Komponentenmatrix dargestellt, fünf spezifischen Dimensionen zuordnen:

[185] Ebenda, 59

- *Leistungsversagen:* repräsentiert durch die Indikatoren „Nicht bestandene Prüfungen", „Anforderungen im Studium zu hoch", „Prüfungsangst" und „Probleme, Studium selbst zu organisieren"
- *Studienbedingungen* (vgl. ensprechende Indikatoren in Tab. 17)
- *Erwartungshaltung* (detto)
- *Arbeitsmarktchancen und berufliche Verwertbarkeit des Studiums* (detto)
- *Gesundheit und Familie* (detto).

Tab. 17: Rotierte Komponentenmatrix (Werte kleiner als 0.5 werden nicht dargestellt)[186]

	Komponente				
	1	2	3	4	5
nicht bestandene Prüfungen	,771				
Anforderungen zu hoch	,753				
Prüfungsangst	,733				
Probleme, Studium selbst zu organisieren	,551				
willkürliche Benotungen					
mangelnde Servicequalität der Verwaltung		,782			
unzureichende Betreuung durch Lehrende		,768			
Rahmenbedingungen (Überfüllung...)		,742			
Anonymität der WU		,576			
Inhalte decken sich nicht mit Interessen			,824		
Erwartungen nicht erfüllt			,695		
zu theorielastig			,616		
zu wenig wissenschaftlich					
gute Jobchancen auch ohne Abschluss				,791	
unvereinbar mit Beruf				,634	
keine Relvanz f. (zukünftigen) Beruf				,580	
Studium war Überbrückung				,548	
Familiäre Gründe					,780
gesundheitliche Gründe					,514
Finanzielle Gründe					

Quelle: Reiger 2010: 63

Die Studie ist auch instruktiv für die Verwendung der Faktorwerte für weitere Berechnungen, die durchgeführt wurden, um genauere Erkenntnisse über die Unterschiede zwischen jenen Studierenden, die das Studium vorzeitig beendet haben, und jenen, die oft bzw. manchmal an einen Studienabbruch gedacht haben, zu gewinnen.

Zu diesem Zweck wurden die Items, die in die einzelnen Faktoren eingehen, für die Bildung eines gewichteten additiven Index verwendet. Es wurden also fünf Indices berechnet. Die zugrundeliegende Überlegung war, die Ausprägung der stärkeren Indikatoren (in diesem Fall: die auf einem Faktor hoch ladenden Items) durch Gewichtung auch stärker in den Index eingehen zu lassen als die Ausprä-

186 Ebenda, 63

gungen schwächerer Indikatoren.[187] Anders formuliert: Jedes Item geht - gemäß der Stärke seiner Korrelation mit einem Faktor - mit dem entsprechenden Gewicht in den Faktorwerten (engl. *factor score* genannt). Betrachten wir dazu Tab. 17, dann geht beispielsweise das Item "nicht bestandene Prüfungen" mit dem höchsten Gewicht in den Faktorwert als neue Indexvariable ein.

In der Folge konnte gezeigt werden, dass es speziell drei dieser Indexvariablen sind, die Unterschiede zwischen den drei Studierendengruppen (Abbruch/oft an Abbruch gedacht/manchmal an Abbruch gedacht) anzeigen, nämlich:

- Leistungsversagen
- Erwartungshaltung gegenüber dem Studium
- Arbeitsmarkt und Beruf.

Dropouts unterscheiden sich demnach gegenüber Studierenden, die oft oder manchmal an Abbruch gedacht haben, dadurch, dass für sie die berufliche Verwertbarkeit des Studiums wichtiger ist und dass sie bestimmtere Erwartungen an das Studium hatten. Umgekehrt unterscheiden sich die oft oder manchmal an Abbruch denkenden Studierenden von den Dropouts, dass Leistungsversagen (z.B. Prüfungen nicht zu bestehen) für sie wichtiger ist, während dies für die Dropouts weniger bedeutend ist.

Keine Relevanz für die Unterscheidung zwischen den Studierendengruppen haben hingegen die Indexvariablen „Gesundheitheitliche und familiäre Beweggründe" und die „Studienbedingungen". Für die Unterscheidung wurden die Mediane der Faktorwerte herangezogen; sind diese positiv, ist der jeweilige Index für die entsprechende Studierendengruppe relevant (Tab. 18). Die Studie zeigt, dass mittels korrekter Faktorenanalysen nicht nur Typen gebildet werden können; es kann auch durch eine den methodischen Ansprüchen der empirischen Sozialforschung entsprechende Weiterbearbeitung von Faktorwerten ein zusätzlicher Erkenntnisgewinn erzielt werden.

Tab. 18: Mediane der Faktorscores für die drei Studierendengruppen[188]

	Studierendengruppe		
	Dropouts	Oft an Abbruch gedacht	Manchmal an Abbruch gedacht
Leistungsversagen	-,32	,21	,36
Studienbedingungen	-,15	-,01	-,12
Erwartungen ans Stud.	,32	-,03	-,39
Arbeitsmarkt & Beruf	,41	-,67	-,73
Gesundheit & Familie	-,31	-,24	-,05
n	234	37	129

Quelle: Reiger 2010: 65

[187] Schnell/Hill/Esser 2008: 173f.
[188] Reiger 2010: 65

9.3. Umweltbewusstsein: Objektive Belastung und subjektive Wahrnehmung

Der deutsche Soziologe Ulrich Beck hat im Jahr 1986 mit dem Satz „Not ist hierarchisch, Smog ist demokratisch"[189] darauf hingewiesen, dass Phänomene wie soziale Ungleichheit ein Ausdruck gesellschaftlicher Machtverhältnisse sind, während von Umweltrisiken die unterschiedlichen Bevölkerungsgruppen gleichermaßen getroffen werden.

Es ist nun einerseits mittels moderner Umweltinformationssysteme möglich, die Belastung von Menschen durch Umweltprobleme wie das Ozonloch oder den Treibhauseffekt zu messen. Insoferne kann die prinzipiell gleiche Belastung aller durch Umweltrisiken objektiv erfasst werden. Allerdings könnte vermutet werden, dass die Wahrnehmung von objektiv gleichen Belastungen subjektiv unterschiedlich ausfallen kann. Auf dieser Überlegung baut der so genannte „Schweizer Umwelt-Survey"[190] auf, der in den Jahren 1994 und 2007 durchgeführt wurde. Die Verknüpfung von objektiven Belastungsfaktoren und subjektiver Wahrnehmung von Umweltbelastungen stellt eine besondere Herangehensweise an die Thematik dar, weil in vielen Studien zur Umweltbelastung ausschließlich die subjektive Wahrnehmung - zumeist in Abhängigkeit von soziodemographischen Variablen - erfasst wird.

Ausgegangen wurde von der Überlegung, dass mehrere Variable - die objektive Umweltbelastung, soziodemographische Merkmale und das Umweltbewusstsein - die subjektive Wahrnehmung von Umweltbelastungen beeinflussen. Die hypothetische Überlegung wird schematisch in Abb. 43 dargestellt:

Abb. 43: Hypothetisches Modell

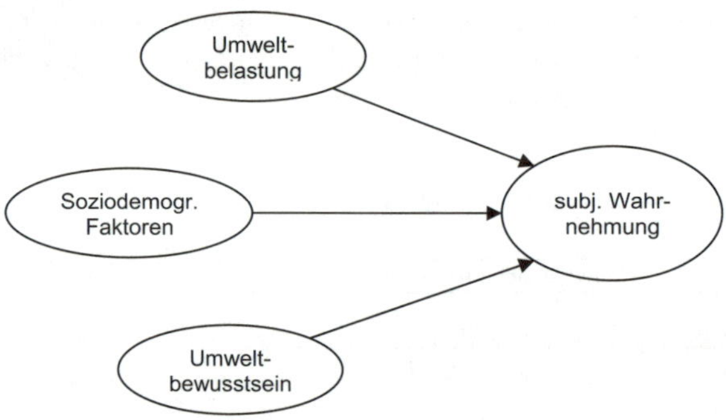

Quelle: Eigene Darstellung

Wie wurde bei der Untersuchung dieser Fragestellungen vorgegangen? Die Untersuchung war als Querschnittserhebung angelegt, um auch innerhalb der verschiedenen Regionen in der Schweiz Vergleiche durchführen zu können.[191]

---

189 Beck 1986: 48
190 Diekmann et al. 2009
191 Es handelt sich nicht um eine Panelstudie, obwohl der Survey zu zwei Zeitpunkten (1994 und 2006/07)

Nach der Operationalisierung der Fragestellungen wurde zunächst eine zweistufige Zufallsstichprobe aus der erwachsenen Wohnbevölkerung der Schweiz mit einem registrierten Telefonanschluss gezogen und eine Nettostichprobe von n = 3369 realisiert. Auf Stufe 1 wurden zunächst die zu erhebenden Haushalte ausgewählt. Innerhalb der zuvor schriftlich um Mitarbeit gebetenen Haushalte wurden dann auf Stufe 2 die zu befragenden Personen aus den über 18 Jahre alten Haushaltsmitgliedern rekrutiert. Die telefonische Befragung wurde in einem Zeitraum von fünf Monaten (November 2006 - März 2007) von einem externen Telefonbefragungsinstitut durchgeführt.[192]

Die Operationalisierung der subjektiv wahrgenommenen Umweltbelastung (als AV) erfolgte mit Einschätzungsfragen zu den Gefahren von unterschiedlichen Technologien und Umweltproblemen in Form von Frage- und Itembatterien wie z.B. Lärm (Flug-, Straßen-, Bahnlärm), Feinstaub, Ozon, Strah-lung von Handyantennen etc. Die Befragten wurden unter anderem gebeten, die Höhe der Gefahr, die mit jedem dieser Aspekte für sie verbunden ist, auf einer fünfstufigen Skala von 1 = ‚überhaupt keine Gefahr' bis 5 = ‚sehr hohe Gefahr' einzustufen. Darüber hinaus wurden soziodemographische Variable wie Alter, Geschlecht, Bildung etc. entsprechend operationalisiert und eine regionale Differenzierung (deutschsprachige, italienischsprachige und französischsprachige Schweizer Regionen) vorgenommen. Für die Erfassung der subjektiven Umweltbelastung wurde unter anderem ein additiver Summenindex aus Lärm, Luftverschmutzung sowie Handymastenstrahlung gebildet. Die Reliabilitätsprüfung der Skala fiel mit Cronbachs Alpha = 0.67 noch tolerierbar aus.

Die einzelnen Ergebnisse der multiplen Regressionsanalyse werden in Tabellenform dargestellt. Wie Tab. 19 zeigt, weisen die Gefahreneinschätzungen gewisse Muster auf, in Bezug auf einzelne Gefahrenschätzungen sind die Ergebnisse nicht eindeutig. Zunächst stellt sich die Frage, welche Bedeutung die in der Tabelle dargestellten Werte haben.

In den Zeilen sind die unabhängigen Variablen angeführt, deren Einfluss auf die als Summenindex operationalisierte abhängige Variable „Subjektive Wahrnehmung von Umweltbelastung" untersucht wurde. Es wurde also beispielsweise geprüft, ob der Status „Ausländer" bzw. „Wohnort Stadt/Land" einen Einfluss auf die subjektiv wahrgenommene Umweltbelastung ausübt (in der Tabelle fett hervorgehoben).

Diese Einflüsse wurden in weiterer Folge gesondert für die gesamte Schweiz sowie die einzelnen Sprachgebiete (deutschsprachige, französischsprachige und italienischsprachige Schweiz) geprüft, d.h. es sind unterschiedliche Stichproben gegeben. Man beachte dazu die Angabe der Fallzahlen für das jeweilige Sprachgebiet in der letzten Zeile der Beispieltabelle, die die Basis für die berechneten Prüfgrößen darstellen.

In den einzelnen Zellen (Kombination von unabhängigen Variablen und Sprachgebieten) sind zwei zentrale Prüfgrößen enthalten:

---

durchgeführt wurde, nicht, da keine identische Stichprobe verwendet wurde. Die Untersuchung stellt vielmehr eine Trendstudie dar.

192 Diekmann et al. 2009: 31

- der unstandardisierte Regressionskoeffizient[193]
- der t-Wert.

Tab. 19: Einflussfaktoren subjektiv wahrgenommener Luft- und Lärmbelastung

	Subjektiv wahrgenommene Lebensbelastung (Index)			
	CH	D-CH	F-CH	I-CH
Frauen	-0,13	0,02	-0,34	-0,20
	(-0,74)	(0.12)	(-0,84)	(-0,23)
Alter (geteilt durch 10)	-0,02	0,04	-0,13	-0,49
	(-0,34)	(0,57)	(-0,91)	(-1,24)
Bildungsjahre, in Zehnern /BFS 2007)	0,16	0,58	-0,42	0,24
	(0,40)	(1,33)	(-0,59)	(0,15)
Äquivalenzeinkommen (mon. in Tsd.)	-0,03	-0,03	-0,02	-0,16
	(-1,39)	(-1,43)	(-0,17)	(-0,85)
Ausländer	**1,05****	**1,02****	**0,94+**	**1,28**
	(3,36)	**(2,65)**	**(1,72)**	**(0,98)**
Kinder im Haushalt	-0,03	0,07	-0,51	1,26
	(-0,13)	(0,33)	(-1,18)	(1,02)
Französische Schweiz	-0,02			
	(-0,11)			
Italienische Schweiz	1,99			
	(3,95)			
Stadt	0,84**	0,68**	1,37**	-0,68
	(3,77)	(2,84)	(2,54)	(-0,61)
Agglomerationsgemeinde vs. ländliche Gemeinde	**-1,15****	**-1,01****	**-1,67****	**0,57**
	(-5,71)	**(-4,42)**	**(-3,90)**	**(0,42)**
Konstante	9,98**	8,97**	11.37**	14,07**
	(16,30)	(13,26)	(9,35)	(5,03)
R-Quadrat	0,077	0,050	0,135	0,083
Anzahl der Fälle	2320	2179	1067	196

Signifikanz
unstandardisierter Regressionskoeffizient
t-Wert
Maß der Güte des Regressionsmodell

Quelle: Diekmann et al. 2009: 190

Der (unstandardisierte) Regressionskoeffizient gibt an, um wie viele (absolute) Einheiten sich y ändert, wenn sich x um genau eine Einheit verändert. In unserem Beispiel wurde eine sog. OLS-Regression[194] gerechnet. Die Regressionskoeffizienten (1. Zeile in jeder Spalte) können positive oder negative Werte annehmen, wobei gilt, dass steigende x-Werte steigenden y-Werten entsprechen und

[193] Unstandardisierte Regressionskoeffizienten sind abhängig von den empirischen Messeinheiten unabhängiger Variablen, aber unabhängig von den Varianzen in den Populationen. Aus diesem Grund können sie „zum Vergleich der Einflussstärke einer einzelnen Variablen in *verschiedenen* (Hervorhebung d. A.) Stichproben benutzt werden, allerdings nur, wenn die betreffenden X-Variablen in gleicher Weise gemessen wurden". Allerdings können unstandardisierte Koeffizienten nicht als *Maß* für die Einflussstärke interpertiert werden. Urban/Mayerl 2008: 79. Im Unterschied dazu können standardisierte Regressionskoeffizienten nur Werte zwischen -1 und +1 annehmen.

[194] Ordinary Least Square-Regression als Standardverfahren für multiple Regressionsanalysen.

umgekehrt. In unserem Beispiel zeigen - Signifikanz vorausgesetzt - positive Koeffizienten einen Anstieg der subjektiv wahrgenommenen Umweltbelastung an, negative hingegen eine Abnahme.

In unserer Beispieltabelle ist ersichtlich, dass die Variablen „Ausländer", „Wohnort Stadt" und „Wohnort Ländliche Gemeinde" überwiegend signifikante Regressionskoeffizienten aufweisen, wobei dies für einzelne Sprachgebiete nicht zutrifft. So ergeben sich signifikante Zusammenhänge der Variablen „Ausländer" mit der gesamten Schweiz und der deutschsprachigen Schweiz, nicht jedoch mit anderen Sprachgebieten. Die Regressionskoeffizienten können folgendermaßen interpretiert werden: Bei einer Änderung der unabhängigen Variablen um eine Einheit ändert sich die abhängige Variable um b Einheiten. In der vorliegenden Studie üben die Variablen „ländliche Gemeinde" mit Ausnahme der italienisch-sprachigen Schweiz in allen Sprachgebieten einen hoch signifkanten Einfluss auf die subjektiv wahrgenommene Umweltbelastung aus, allerdings in Form einer negativen Beziehung: Angehörige ländlicher Gemeinden fühlen sich also subjektiv in zwei Sprachgebieten weniger von Umweltbelastung betroffen (Tab. 19).

Bevor man dies schon als endgültige Ergebnisse betrachten kann, muss im Zuge der Interpretation geprüft werden, wie „verläßlich" jeder einzelne Regressionskoeffizient ist. Dies ist anhand der t-Werte ablesbar, die in der Tabelle in Klammern unterhalb jedes Regressionskoeffizienten ausgewiesen sind. Der t-Wert misst anhand der Standardabweichung der Regressionskoeffizienten von 0, wie „verlässlich" der Regressionskoeffizient ist. Ein t-Wert von mehr als 1,96 Standardabweichungen zeigt an, dass der Regressionskoeffizient sich mit einer Wahrscheinlichkeit von 95% von 0 unterscheidet. Konkreter: Mit 95%-iger Wahrscheinlichkeit führt die UV zu einer Veränderung der AV. Zu beachten sind auch beim t-Wert die Vorzeichen, die entweder einen positiven oder negativen Zusammenhang anzeigen. Ein Blick auf die genannten Variablen (siehe die Markierungen in Tab. 19) zeigt, dass die Wahrscheinlichkeit bei den genannten Zusammenhängen durchwegs durch t-Werte > 2 abgesichert ist.

Eine dritte zentrale Größe ist das Bestimmtheitsmaß R^2, das Aufschluss über die Güte des Gesamtmodells gibt. Je näher dieses beim maximalen Wert von +1 liegt, desto besser ist das Modell, weil damit ein hoher Anteil der Gesamtvarianz der AV durch alle im Gesamtmodell berücksichtigten Variablen erklärt werden kann. Wie wir in unserer Beispieltabelle sehen, können - jeweils bezogen auf die unterschiedlichen Stichproben - eher geringe Gesamtvarianzen zwischen 7,7% und 13,5% erklärt werden. In einem solchen Fall sollten auch die Ergebnisse vorsichtig interpretiert werden.

Wie mit diesen Detailergebnissen wurde auch mittels anderer Befunde versucht, die These der „Environmental Justice"[195], die eine erhöhte Umweltbelastung benachteiligter Bevölkerungsschichten postuliert, zu prüfen. Um die eingangs bereits postulierte Hypothese zu prüfen, dass die subjektiv wahrgenommene Umweltbelastung auch mit der objektiven Belastung korreliert, wurden für die Untersuchung Daten des Geoinformationssystems (GIS) zur Luftbelastung mit den Befragungsdaten verknüpft. Auf diese Weise konnte jeder befragten Person die für sie objektiv nachweisbare Luftbelastung zugeordnet werden.

In manchen Teilen der Untersuchung wurde die Environmental Justice-Hypothese bestätigt. Es stellte sich heraus, dass Wohnort (Stadt vs. Land) und der Status InländerIn/AusländerIn in einem Zusam-

---

195 Zur Theorie der „Environmental Justive" siehe Schlossberg 2007.

menhang mit der subjektiv wahrgenommenen Umweltbelastung steht. Jedoch muss hier auf einen spezifischen Wert in der Regressionstabelle hingewiesen werden, das R^2, das als Wert für die Güte des Regressionsmodells 0,077 angibt (s. Tab. 19). Für die Interpretation des Gesamtmodells bedeutet dies, dass das Regressionsmodell zwar nicht ungültig ist, aber doch, dass nur ein kleiner Teil, nämlich 8% der Variation der zu erklärenden Variablen (AV) durch das Gesamtmodell erklärt werden. Somit muss auch die Reichweite der statistischen Befunde vorsichtig interpretiert werden.

9.4. Vergleichende Analysen: Gender Gap im Verhalten von Männern und Frauen

Demographische Analysen zum Bevölkerungswandel sowie zu den Regelmäßigkeiten und zur Struktur von Bevölkerungen bilden seit langer Zeit einen fixen Bestandteil der Sozialwissenschaften. Ein aktuelles Umfrageprogramm, das unterschiedliche Einflußfaktoren der Bevölkerungsentwicklung untersucht, wird von den Vereinten Nationen im Rahmen des „Generations and Gender Programme (GGP)" seit 2005 in mehreren Ländern durchgeführt. Zu den wichtigsten, im Generation and Gender Survey (GGS) berücksichtigten Variablen zählen beispielsweise sozioökonomische Variable wie Erwerbstätigkeit, Einkommen und materieller Wohlstand, weiters werte- und einstellungsbezogene Variable sowie Geschlechterbeziehungen, Haushaltsstrukturen, Mobilität, Bildung, Gesundheit, Verteilung von Sozialleistungen und andere Einflussgrößen.

Ein wesentliches Ziel des GGP besteht darin, politische Stellen mit Informationen zu beliefern, die eine systematische Beobachtung der Entwicklung der erwachsenen Bevölkerungsschichten im Hinblick auf Themen wie Bildung und Qualifizierung, Beschäftigung, Wohnsituation und Familienpolitik ermöglichen und - aufbauend auf den Ergebnissen der Analysen - die Entwicklung und Gestaltung entsprechender politischer Programme unterstützen.

Das GGS-Programm ist als Panelstudie konzipiert mit face-to-face-Interviews, die in dreijährigen Intervallen in den ausgewählten Ländern durchgeführt werden.[196] Für die erste Welle des GGS-Programms, die je nach Land 2004 oder 2005 durchgeführt wurde, konnte pro Land eine Zufallsstichprobe nach dem Random Route-Verfahren von rund 10.000 ProbandInnen realisiert werden.[197]

Die auf diese Weise erhobenen Daten werden von unterschiedlichen Forschungsteams für themenspezifische Analysen verwendet. So u. a. auch für die seit einigen Jahren bedeutender gewordenen Fragen der sozialen Ungleichheit und der Geschlechterforschung. Im Rahmen einer Konferenz der Vereinten Nationen zum Thema “How Generations and Gender Shape Demographic Change” im Mai 2008 in Genf wurde über unterschiedliche demographische Studien berichtet, die der Frage nachgingen, in welcher Weise das Ausmaß von Gleichheit bzw. Ungleichheit zwischen den Geschlechtern die Bevölkerungsentwicklung beeinflusst. [198]

---

[196] Vikat et al. 2007

[197] Zum Panel Design siehe auch Simard/Franklin 2005. Das Random-Route-Verfahren („Verfahren des Zufallswegs") ist ein spezielles Verfahren der Zufallsauswahl, bei dem InterviewerInnen präzise Begehungsvorschriften von räumlich abgegrenzten Gebieten für die Auswahl von Zielpersonen gegeben werden. Siehe dazu das detaillierte Beispiel in Häder 2006: 151ff.

[198] Die Konferenz wurde im Rahmen des „Generations and Gender Programme (GGP)" der Vereinten Nationen veranstaltet. Das GGP, an dem 16 Länder beteiligt sind (Belgien, Bulgarien, Tschechische Republik, Estland,

Eine dieser Analysen beschäftigte sich mit der Frage, wie sich die (Un-)Gleichheit zwischen Geschlechtern im Hinblick auf Erwerbstätigkeit, familiäre Betreuung und finanzielle Ressourcen die Stärke des Kinderwunsches und damit die Bevölkerungsentwicklung beeinflussen.

Für den Begriff „Geschlechterbeziehungen" wurden zwei Indikatoren gewählt: die Beteiligung von Männern und Frauen an der Kinderbetreuung sowie die Beteiligung der Geschlechter an Haushaltstätigkeiten. Im Zuge der Operationalisierung wurden die Indikatoren „Beteiligung an Kinderbetreuung" und „Beteiligung an Haushaltstätigkeiten" in Form von fünf bzw. sieben Items gemessen (Abb. 44).[199]

Abb. 44: Übersicht Indikatoren

Indikatoren	Beteiligung an Kinderbetreuung	Beteiligung an Haushaltsaktivitäten
Items	• Kinder ankleiden oder darauf achten, dass sie richtig angezogen sind • die Kinder zu Bett bringen und/oder dafür sorgen, dass sie zu Bett gehen • zu Hause bei den Kindern bleiben, wenn sie krank sind • mit den Kindern spielen und/oder die Freizeit mit ihnen verbringen • den Kindern bei den Hausaufgaben helfen	• Die täglichen Mahlzeiten zubereiten • Geschirr spülen • Essen einkaufen • Staubsaugen • Kleinere Reparaturen rund ums Haus • Rechnungen bezahlen und sich um finanzielle Angelegenheiten kümmern • Gemeinsame gesellige Aktivitäten organisieren

Quelle: Ruckdeschel et al. 2006: 39ff.

Die Befragten wurden dabei gebeten anzugeben, wer im Haushalt diese Tätigkeiten macht. Für die Itembatterien wurden die folgenden Antwortkategorien vorgegeben:

1 immer ich
2 überwiegend ich
3 mein Partner und ich gleich oft
4 überwiegend der Partner
5 immer der Partner

98 weiß nicht
99 Keine Angabe

Nicht in jedem Fall müssen komplexere statistische Verfahren angewendet werden, um zu aussagekräftigen Ergebnissen zu kommen. In der vorliegenden Untersuchung wurden einfache Verfahren zur Berechnung von Mittelwertsunterschieden verwendet, um informative Werte für die Beurteilung von

Frankreich, Georgien, Deutschland, Ungarn, Italien, Litauen, Niederlande, Norwegen, Rumänien, Russische Föderation, Australien, Japan) beruht auf zwei Säulen: dem „Generation and Gender Survey (GGS)" und der Entwicklung von Datenbanken zur Analyse des Einflusses von makroökonomischen Faktoren auf die Bevölkerungsentwicklung. Siehe UNECE - United Nations Economic Commission for Europe (o.J.) What UNESCE does for you. (http://www.unece.org/pau/_docs/ggp/GGP_2008_Brochure_e.pdf, 25.10.2009)

199 Siehe den deutschen Fragebogen des GGS-Programms in Ruckdeschel et al. 2006: 31ff.

Unterschieden zwischen den Geschlechtern in Bezug auf die unterschiedliche Beteiligung an Kinderbetreuung und Haushaltsaktivitäten zu gewinnen.

Dabei musste noch ein Problem gelöst werden. Um ungleiche Antworthäufigkeiten bei den einzelnen Items auszugleichen wurde ein Gesamtmittelwert berechnet: Zuerst wurde für jedes Item der arithmetische Mittelwert berechnet; im zweiten Schritt wurden diese Mittelwerte über alle Items für die beiden Gruppen der Männer und Frauen getrennt ermittelt. Auf diese Weise wird der Wert 3 - zwischen Männern und Frauen besteht in Bezug auf die Verrichtung einer Betreuungs- bzw. Haushaltstätigkeit Geleichheit – standardisiert, sodass Abweichungen von diesem Wert als Hinweis auf Ungleichheit betrachtet werden können.

Die errechneten Mittelwerte ergeben für Männer und Frauen sowie nach Ländern betrachtet folgendes Ergebnis (Tab. 20):

Tab. 20: Beteiligung an Kinderbetreuung und Haushalt

	Kinderbetreuung		Haushalt	
	Männer	Frauen	Männer	Frauen
Frankreich	3.49	2.26	3.36	2.42
Deutschland	3.41	2.31	3.19	2.60
Bulgarien	3.76	2.04	3.52	2.24
Georgien	4.09	1.70	3.52	2.24
Russische Föderation	3.61	2.05	3.43	2.24
Ungarn	3.57	2.12	3.54	2.18

Quelle: Hobcraft 2009: 101

Um eine bessere Vergleichbarkeit zu erzielen, wurde ein „Gender-Ungleichheitsindex“ ermittelt. Bei einer exakt gleichen Verteilung der Beteiligung von Männern und Frauen müsste die Differenz der jeweiligen Mittelwerte von Männern und Frauen 0.0 sein. Allerdings weichen, wie Tab. 21 zeigt, die Mittelwerte der Geschlechter in allen Fällen unterschiedlich stark davon ab. Wie groß die Ungleichheit („gender gap“) in einem Land ist, kann ermittelt werden, indem man die Abweichungen von Männern und Frauen vom Mittelwert, der völlige Gleichheit anzeigen würde (also 3.0), addiert und durch zwei dividiert. Für Frankreich würde dies bei der Kinderbetreuung bedeuten: „gender gap“ = (0.49+0,74)/2 = 0,62. Angewendet auf alle Gesamtmittelwerte in Tab. 21 ergeben sich folgende gender gaps in Bezug auf die Ungleichheit bei der Kinderbetreuung:

Tab. 21: Maßzahlen

	Kinderbetreuung		Gender gap
	Männer	Frauen	Männer
Frankreich	0.49	0.74	0.62
Deutschland	0.41	0.69	0.55
Bulgarien	0.76	0.96	0.86
Georgien	1.09	1.30	1.19
Russische Föderation	0.61	0.95	0.78
Ungarn	0.57	0.88	0.72

Quelle: Hobcraft 2009: 102

Für die Interpretation der *gender gap*-Werte ist es wichtig zu berücksichtigen, dass nur relationale Vergleiche des Ausmaßes der *gender gaps* in den einzelnen Ländern zulässig sind, nicht aber Aussagen über ihre Wahrscheinlichkeit oder Stärke. In diesem Sinne zeigt sich, dass im Vergleich der ausgewählten Länder *gender gaps* zutage treten, jedoch mit deutlichen Unterschieden: Sie sind in Deutschland am schwächsten, in Georgien am stärksten ausgeprägt.

10. Ergebnisdarstellung und Interpretation

10.1. Dokumentation empirischer Projekte

Wer ein empirisches Projekt durchführt, sollte bereits in der Projektplanung eine durchgängige und vollständige Dokumentation aller Arbeitsschritte vorsehen und diese dann auch bis zum Abschluss des Forschungsberichts durchhalten. Der Grund ist simpel: Auch die Beschreibung der Hypothesenentwicklung, der Überlegungen, die zur Entwicklung des Forschungsdesigns und der Erhebungsinstrumente ebenso wie der organisatorischen Aspekte von Erhebungen ermöglichen es LeserInnen, die Vorgehensweise eines Projekts angemessen nachzuvollziehen und sich ein Urteil zu bilden. Erst eine derartige Vorgehensweise sichert die Einhaltung der für das Prinzip der Intersubjektivität und für das Prinzip der Replikation erforderlichen Transparenz und Nachvollziehbarkeit wissenschaftlicher Forschungsprozesse.

Grundsätzlich gilt für die Dokumentationsanforderungen bei wissenschaftlichen Projekten, dass alle relevanten Informationen, die für den *Nachvollzug* der Ergebnisse erforderlich sind, so umfassend und detailliert dargestellt werden, dass aufgrund der Angaben auch eine Replikation des Projekts zwecks *Überprüfung* der Ergebnisse prinzipiell möglich ist.

Für diese Zwecke haben wissenschaftliche Vereinigungen und Verbände von Sozial- und Marktforschungsinstituten unterschiedliche Standards formuliert. Eine detaillierte Variante stellen die *Best Practices* der American Association für Public Opinion Research (AAPOR) dar, deren Einhaltung auch für die Durchführung von Sozialforschungsprojekten allgemein empfohlen werden kann. Diese Standards umfassen Angaben über Auftraggeber und Zielsetzungen über methodische Aspekte (z.B. Verfahren der Bildung spezieller Werte und Indices) bis zur Dokumentation erhebungsorganisatorischer und -technischer Aspekte (z.B. Zeit und Ort der Erhebung, genaue Stichprobenbeschreibung inkl. Ausfallsstatistik, InterviewerInnenschulung und -instruktionen).[200]

Die meisten dieser Dokumentationsbereiche werden, sofern für die Nachvollziehbarkeit nicht im Fließtext eines Berichts zu integrieren, in der Regel in gesonderten Anhängen von Forschungsberichten dargestellt.

10.2. Formen der Interpretation

Die Interpretation von Ergebnissen ist manchmal schwieriger durchzuführen als erwartet. Im Besonderen soll auf drei grundlegende Formen der Interpretation und die mit ihnen zusammenhängenden „Fallen" hingewiesen werden:

- Kausale Erklärung
- Funktionale Interpretation
- Vergleich.

---

200 http://www.aapor.org/Best_Practices.htm (05.03.2010)

Das Muster der *kausalen Erklärung* wird oft fälschlicherweise verwendet. Wie in Verbindung mit Zusammenhangsmaßen (➔ Abschnitt 8.4.) schon gezeigt wurde, sind korrelierende Zusammenhänge zwischen Variablen eben nicht mehr als statistische Korrelationen und dürfen nicht als kausale Erklärung interpretiert werden. Kausale Erklärungen im Sinne der Beeinflussung der AV durch die UV sind nur unter bestimmten Voraussetzungen möglich (➔ Abschnitt 8.4.2.). Die Unterschiede dieser Interpretationsformen werden oft verwischt, wodurch häufig auch falsche Interpretationen der Ergebnisse formuliert werden. Generell sind „kausale“ Interpretationen von bloßen Zusammenhängen als „empirische Befunde“ zu vermeiden, jedoch können sie für die Ableitung von hypothetischen Aussagen auf Basis der gewonnenen Ergebnisse verwendet werden, wenn sie als hypothetische Aussagen deklariert werden.

Die *funktionale Interpretation* bzw. funktionale Analyse berücksichtigt ein besonderes Problem in den Sozialwissenschaften: Bestimmte Phänomene können nicht einfach auf andere beobachtbare Tatsachen zurückgeführt bzw. durch diese erklärt werden. Denken wir etwa an den Regentanz der Pueblo-Indianer zur Erwirkung von Regen: Nachgewiesenermaßen bewirkt diese Handlung nur selten tatsächlich das Einsetzen von Regen. Für die Erklärung mancher sozialer Phänomene ist es daher ratsam, zwischen „manifesten“ und „latenten“ Funktionen von Handlungen zu unterscheiden. Dem Regentanz können, obwohl vordergründig auf Regenfall gerichtet, die latenten Funktionen zugrunde liegen, kollektiven Gefühlen zum Ausdruck zu verhelfen, sich gegenseitig des Beistands in dürren Zeiten zu versichern oder ähnliches. Das bedeutet, dass die Gründe des Handelns (Regentanz) eben nicht im Sinne der manifesten Funktion dieser Handlung, sondern im Sinne der latenten Funktion erklärt werden muss. Damit aber ändert sich der Inhalt der Erklärung ganz maßgeblich.

Dieses Problem ist keineswegs banal, weil die funktionale Interpretation von Zusammenhängen prinzipiell in vielen Bereichen der gesellschaftlichen Wirklichkeit erforderlich ist. In vielen Fällen ist es erforderlich, bestimmte Verhaltensweisen im Sinne ihrer Funktion für ein soziales System zu interpretieren. So haben Managementsitzungen in einem Unternehmen eben nicht immer die vorrangige Funktion, Lösungen für Probleme zu finden und zu beschließen, sondern zum Beispiel auch, ein Forum für die Allianzbildung von konkurrierenden Interessen bereit zu stellen. Kurz gesagt: oft ist das Handeln der beteiligten AkteurInnen also etwas anders zu interpretieren als es die Daten auf den ersten Blick nahelegen.

Vergleiche werden in den Sozial- und Wirtschaftswissenschaften zu unterschiedlichen Zwecken angestellt, etwa für historische Analysen, Querschnittsvergleiche (z.B. vergleichende Länderstudien) oder im Rahmen von Fallanalysen. Verfahren zum systematischen Vergleich von Untersuchungseinheiten und ihren Merkmalen werden sowohl für die Überprüfung als auch für die Formulierung von Hypothesen verwendet. Systematische Vergleiche werden u.a. für die folgenden Zwecke genutzt:

- die formale, rein deskriptive Gegenüberstellung der Merkmalsausprägungen von gleichen Untersuchungseinheiten
- die Bildung von trennscharfen Klassen von Untersuchungseinheiten nach bestimmten Merkmalen
- die Herausarbeitung der besonderen Merkmale von Extremtypen.

Bei der vergleichenden Interpretation ist allerdings zu prüfen, ob die Voraussetzungen für einen systematischen Vergleich gegeben sind. Mitunter müssen dazu quasi-experimentelle Bedingungen angenommen werden, die in der Realität nicht existieren. Vergleichende Interpretationen können und sollen jedoch im Sinne der Präzisierung der Ergebnisse beispielsweise für Stichproben derselben Population vorgenommen werden.

10.3. Der Aufbau von Forschungsberichten

Ein Forschungsbericht ist eine geordnete Darstellung von Informationen, die jedenfalls die in Abschnitt 10.1 genannten Anforderungen erfüllt. Des Weiteren sollte ein Forschungsbericht so gegliedert werden, dass der/die LeserIn den Ablauf des Forschungsprozesses gut nachvollziehen kann. Eine allgemeine Struktur von Forschungsberichten enthält die folgenden Elemente, die entsprechend auszuarbeiten sind.[201]

1. Einleitung:
In der Einleitung wird zunächst die Motivation des Projekts (z.B. Ziele, Forschungsanlaß) dargestellt und sodann das Forschungsproblem beschrieben und die Relevanz des Forschungsvorhabens begründet. Im nächsten Schritt sollten die spezifischen Aufgabenstellungen und die Forschungsziele definiert werden. Allgemein empfiehlt sich an dieser Stelle auch eine Gliederung der nachfolgenden Abschnitte im Sinne einer Kurzübersicht.

2. Theorie- und Hypothesenbildung:
Der zweite Teil sollte mit einer Diskussion des aktuellen Standes der Erkenntnisse zum Thema (state of the art) beginnen. Aufbauend auf einer Diskussion der theoretischen Erklärungsansätze folgt die Hypothesenbildung, in der die Ableitung der forschungsleitenden Hypothesen und die Hypothesen selbst in Form eines Hypothesenkatalogs dargestellt werden.

3. Forschungsdesign und Methodik:
Im dritten Teil wird die Vorgehensweise bei der Untersuchungsplanung und der Auswahl des Forschungsdesigns beschrieben. Darauf folgen die Dokumentation der Konzeptspezifizierung und der einzelnen Operationalisierungsschritte sowie eine Kurzbeschreibung des Erhebungsinstruments (die vollständige Darstellung von Fragebögen erfolgt im Anhang zum Forschungsbericht). Weiters sind die Beschreibung der Grundgesamtheit und der Stichprobenziehung sowie eine Kurzdarstellung des Pretests und seiner Ergebnisse Bestandteile dieses Abschnitts.

4. Datenerhebung:
Der Erhebungsprozess wird kurz beschrieben, wobei im Besonderen die Brutto- und Nettostrichprobe, die Ausfallsstatistik und eventuelle Einschränkungen der Repräsentativität im Detail darzustellen sind.

5. Datenanalyse:
In diesem Abschnitt wird am Beginn eine allgemeine Deskription der Daten vorgenommen und nur dort, wo dies notwendig ist, auf Besonderheiten eingegangen. Die Datenanalyse mitsamt Beschreibung der statistischen Verfahren erfolgt meist in der Reihenfolge der Hypothesen.

6. Darstellung und Diskussion der Ergebnisse
Im eigentlichen Ergebnisteil wird die empirische Beweisführung vorgenommen. Dabei werden - durch Untergliederung in entsprechende thematische Kapitel - die im Hypothesenkatalog angeführten Hypothesen anhand der statistischen Ergebnisse diskutiert. Hier sollten inhaltliche Entscheidungen getroffen werden. In Verbindung mit den Detailergebnissen erfolgt die Interpretation der Befunde. Der

---

[201] Für die Darstellung von Ergebnissen und ihre Interpretation vgl. Bortz/Döring 2006: 85-94 sowie zur Durchführung von Befragungsprojekten die Hinweise in Schnell/Hill/Esser 2008: 493ff.

Ergebnisteil schließt mit allgemeinen Schlussfolgerungen und Überlegungen, in welchem Zusammenhang die eigenen Ergebnisse mit dem aktuellen Erkenntnisstand im jeweiligen Themengebiet stehen.

7. Zusammenfassung
In der Regel werden die gesamten Ergebnisse unter kurzer Skizzierung auf die verwendeten Hypothesen, Methoden und Daten am Ende eines Forschungsberichts zusammengefasst.

Häufig werden die Punkte 5 und 6 auch in kombinierter Form dargestellt. In der Regel werden diese Bereiche den größten Raum eines Forschungsberichts einnehmen. Die Einhaltung dieser der Logik des Forschungsprozesses folgenden Form bietet für die LeserInnen eine gute Voraussetzung für ein adäquates Verständnis der inhaltlichen Ergebnisse.

10.4. Hinweise und Regeln für die Gestaltung wissenschaftlicher Arbeiten

Ein Forschungsbericht, der ausschließlich Informationen aneinanderreiht, ist für LeserInnen bald ermüdend. Wichtig sind auch die Aufbereitung und die Gestaltung dieser Informationen. Generell sollte ein Mittelweg zwischen der notwendigen Tiefe der Informationen und einer möglichst prägnanten Darstellungsweise gefunden werden.[202]

Eine überbordende, hauptsächlich zu dekorativen Zwecken dienende Beschreibung eines Erhebungsprozesses ist verzichtbar. Geschätzt wird *Prägnanz*. Prägnanz setzt voraus, dass angesichts großer Faktenmengen das Wichtige vom Unwichtigen unterschieden und das Letztere weggelassen wird. Wichtig sind die Darstellung der für die Prüfung der Hypothesen erforderlichen Informationen und die Nachvollziehbarkeit der Arbeitsschritte sowie der ihnen zugrunde liegenden Überlegungen. Dafür ist es hilfreich, sich regelmäßig die zentralen Fragestellungen und Zielsetzungen der Arbeit vor Augen zu führen und zu prüfen, welche Informationen (Forschungsprozess, Fragestellungen, Methoden, Auswertungsverfahren und Auswertungen, Interpretationen, Schlussfolgerungen) für die Darstellung der eigentlichen Thematik wichtig sind. Hintergrundinformationen bzw. Informationen, die für die Nachvollziehbarkeit von Überlegungen zwar wichtig sind, aber nicht der eigentlichen Beweisführung oder Argumentation dienen, sollten in Fußnoten dargestellt werden.

Ein Forschungsbericht, in dem Informationen wahllos und ungegliedert nebeneinander gestellt werden, ist LeserInnen nicht zumutbar. Entscheidend für die Nachvollziehbarkeit eines Projekts ist eine systematische Darstellung. *Systematik* bedeutet, dass die Darstellung von Informationen einer inhaltlich begründeten Gliederung folgt. Im Kern ist diese Systematik bereits in den einleitenden Kapiteln eines Forschungsberichts zu Hypothesenbildung und Methoden festgelegt. Die Systematik der Ergebnisdarstellung sollte den Hauptlinien der in diesen Kapiteln formulierten Fragen und Begründungen entsprechen.

---

202 In der Methodenliteratur sind Hinweise zur Gestaltung eines Forschungsberichts eher selten anzutreffen. Eine gute Übersicht über Regeln der Berichterstattung und Hinweise zur sprachlichen Gestaltung von Forschungsberichten bietet http://arbeitsblaetter.stangl-taller.at/PRAESENTATION/inhaltgestaltung.shtml.

Auch auf die Länge der Kapitel sollte geachtet werden. Eine weit ausholende Einleitung ist ebenso wenig sinnvoll wie lange definitorische Klärungen oder Schilderungen von Erhebungsprozessen. Im Zentrum stehen in der Regel die Ergebnisse und die Schlussfolgerungen und mit ihnen die Art und Weise, wie sie zustande gekommen sind. Diese Abschnitte werden in der Regel den meisten Raum einnehmen.

Ein Forschungsbericht, der eine geringe *Verarbeitungstiefe* aufweist, ist für LeserInnen ebenfalls wenig interessant. Anzeichen für eine geringe Verarbeitungstiefe sind etwa eine kollagenartige Aneinanderreihung von Informationen, fehlende oder mangelnde logische Herleitung von Schlussfolgerungen, die Ausgabe von Erkenntnissen anderer AutorInnen als eigene Befunde oder auch die Aneinanderreihung von Zitaten in der Interpretation.

Die gewonnenen Ergebnisse können unterschiedlich detailliert aufbereitet werden. Die Intensität der Aufbereitung und die Verarbeitungstiefe sind wesentliche Qualitätsmerkmale eines Forschungsberichts. An der Verarbeitungstiefe lässt sich ablesen, wie vertraut ein/e Autor/in mit dem Thema ist, wie gut er/sie den dargestellten Sachverhalt selbst verstanden hat und inwieweit er/sie ihn gedanklich durchdrungen und gestaltet hat.

Geringe Verarbeitungstiefe wäre dann der Fall, wenn die ermittelten Informationen nur referiert werden. Sie zeigt sich in einer vorwiegend darstellenden Beschreibung; auch eine Vielzahl von aneinandergereihten Zitaten oder gar mittels Copy&Paste aus fremden Quellen übernommenen Tabellen und Graphiken zeugt eher davon, dass die selbständige Bearbeitung von Daten und Inhalten nicht sehr weit gediehen ist.

Hingegen werden bei großer Verarbeitungstiefe die ermittelten Informationen nicht nur referiert, sondern auch interpretiert und in einen neuen Zusammenhang integriert. Eine fundierte Analyse zeigt sich häufig daran, dass Schlussfolgerungen oder Urteile aus einer vom/von der Autor/in selbständig entwickelten Argumentationslinie hergeleitet und Bewertungen und Kritik durch den/die Autor/in sorgfältig begründet werden. Nicht zuletzt ist es auch ein Qualitätsmerkmal von wissenschaftlichen Arbeiten, wenn die Reichweite der eigenen Ergebnisse im Lichte anderer Ergebnisse kritisch betrachtet wird und am Schluss neue, offene Fragestellungen für weitere empirische Untersuchungen aufgeworfen werden.

Literaturverzeichnis

Abel, J./Möller, R./Treumann, K. P. (1998) *Einführung in die empirische Pädagogik*, Stuttgart: Kohlhammer.

Abberger, K./ Becker, S. O./Hofmann, B./Wohlrabe, K. (2007) Mikrodaten im ifo Institut für Wirtschaftsforschung: Bestand, Verwendung, Zugang, Ifo Working Paper Nr. 44, http://www.cesifo-group.de/pls/guest/download/Ifo%20Working%20Papers%20%28seit%202005%29/IfoWorkingPaper-44.pdf (03.11.2009).

ADM - Arbeitsgemeinschaft deutscher Markt- und Sozialforschungsinstitute (2008a) Jahresbericht 2008, http://www.adm-ev.de/fileadmin/user_upload/PDFS/Jahresbericht_08.pdf (03.05.2010)

ADM - Arbeitsgemeinschaft deutscher Markt- und Sozialforschungsinstitute (2008b) Richtlinien für telefonische Befragungen, http://www.adm-ev.de/fileadmin/user_upload/PDFS/R04_D.pdf (03.05.2010)

Ahlert, D/Heidebur, S./Michaelis, M. (2008) Kaufverhaltensrelevante Effekte des Konsumentenvertrauens im Internet - eine vergleichende Analyse von Online-Händlern, Arbeitsbericht Nr. 48 des Kompetenzzentrums für Internetökonomie und Hybridität, Münster, http://www.wi.uni-muenster.de/aw/download/hybride-systeme/Hybrid%2048.pdf (03.11.2009).

Albers, S./Skiera, B. (1999), "Regressionsanalyse", in: Herrmann, A. & Homburg, C. (Hg.), *Marktforschung. Grundlagen - Methoden - Anwendungen*, Wiesbaden: Gabler, S. 205-236.

Backhaus, K./Erichson, B./Plinke, W./Weiber, R. (2008) Multivariate Analysemethoden, 12. vollständig überarb. Aufl., Springer: Berlin-Heidelberg.

Beck, U. (1986) *Risikogesellschaft. Auf dem Weg in eine andere Moderne*, Frankfurt: Suhrkamp.

Benninghaus, H. (2005) Einführung in die sozialwissenschaftliche Datenanalyse, Oldenbourg, 7. Aufl.

Berekoven, L./Eckert, W./Ellenrieder, P. (2006) *Marktforschung. Methodische Grundlagen und praktische Anwendung*, Gabler (10. überarb. Aufl.).

Berelson, B. (1952) *Content Analysis in Communication Research*, New York: Free Press.

Blossfeld, P. (1989) „Berufseinstieg und Segregationsprozess - Eine Kohortenanalyse über die Herausbildung von geschlechtsspezifischen Strukturen im Bildungs- und Berufsverlauf", in: Soziale Welt, Sonderheft 5, hg. von Ansgar Weymann, 1988, 281-314.

Bortz, J. (2005) *Statistik für Human- und Sozialwissenschaftler*, Heidelberg: Springer (6. Aufl.).

Bortz, J./Döring, N. (2006) *Forschungsmethoden und Evaluation für Human- und Sozialwissenschaftler*, 4. Aufl., Berlin: Springer.

Broda, S. (2006) *Marktforschungs-Praxis: Konzepte, Methoden, Erfahrungen*, Wiesbaden: Gabler.

Brosius, H.-B./Koschel, F. (2005) *Methoden der empirischen Kommunikationsforschung: eine Einführung*, Wiesbaden: Verlag für Sozialwissenschaften, 3. Aufl.

Bühner, M. (2004) *Einführung in die Test- und Fragebogenkonstruktion*, München: Pearson.

Campbell, D. T. (2006) „Factors relevant to the validity of experiments in social settings", in: Denzin, Norman K. (ed.) *Sociological Methods. A Sourcebook*, Transaction Publishers, 246 (erstmals publiziert 1957 in: Psychological Bulletin, 54, S. 297-312.

Campbell, D. T./Fiske, D. W. (1959) "Convergent and discriminant validation by the Multitrait-Multimethod-Matrix", in: Psychological Bulletin 56 (2), S. 81-105.

Diekmann, A. (2008) *Empirische Sozialforschung. Grundlagen, Methoden, Anwendungen*, Reinbek-Hamburg: Rowohlt (19. Aufl.).

Diekmann, A./Jann, B. (2001) „Anreizformen und Ausschöpfungsquoten bei postalischen Befragungen. Eine Prüfung der Reziprozitätshypothese", in: ZUMA-Nachrichten 48, S. 19-27.

Diekmann, A./Voss, T. (2004) „Die Theorie rationalen Handelns. Stand und Perspektiven“, in: dies. (Hgg.) *Rational-Choice-Theorie in den Sozialwissenschaften. Anwendungen und Probleme*, Oldenbourg: Scientia Nova.

Diekmann, A./Meyer, R./Diem, A./Mühlemann, C. (2009) Schweizer Umweltsurvey 2007. Bericht Kanton Basel-Stadt. Zürich: Professur für Soziologie, ETH Zürich.

Dillman, D. A. (1978) *Mail and telephone surveys: The Total Design Method*, New York.

Dillman, D. A. (2000) *Mail and Internet surveys: The Tailored Design Method*, New York.

Durkheim, E. (1973) Der Selbstmord, Berlin: Luchterhand (urspr. 1897)

Esser, H. (1986) „Können Befragte lügen? Zum Konzept des „wahren Wertes“ im Rahmen der handlungstheoretischen Erklärung von Situationseinflüssen bei der Befragung“, in: Kölner Zeitschrift für Soziologie und Sozialpsychologie, Jg. 38 (2), S. 314-336

Esser, H. (2002) „Was könnte man (heute) unter einer „Theorie mittlerer Reichweite“ verstehen?“, in: Renate Mayntz (Hgin.) *Akteure – Mechanismen – Modelle. Zur Theoriefähigkeit makrosozialer Analysen*, Frankfurt am Main und New York 2002, S. 128 - 150.

Festinger, L. (1957) *A Theory of Cognitive Dissonance,* Stanford, CA: Stanford University Press.

Fielding, N./Lee, Raymond M./Blank, G. (2008) *The Sage Handbook of Online Research Methods*, London: Sage

Friedrichs, J. (1990) *Methoden empirischer Sozialforschung*, Opladen: Westdeutscher Verlag (14. Aufl.).

Früh, W. (2007) *Inhaltsanalyse: Theorie und Praxis*, 6. überarb. Aufl., Konstanz: UVK Verlags Gesellschaft.

Glaser, B. G./Strauss, A. L. (1967) *The Discovery of Grounded Theory. Strategies for Qualitative Research*, Chicago: Alvine; deutsch als dies. (1998) *Grounded Theory. Strategien qualitativer Forschung* (1998), Bern: Huber.

Groves, R. M./Floyd, J./Fowler, J./Couper, M. P./Lepkowski, J.M./Singer, E./Tourangeau, R. (2004) *Survey Methodology*, Wiley & Sons.

Häder, M. (2006) *Empirische Sozialforschung. Eine Einführung*, Wiesbaden: Verlag für Sozialwissenschaften.

Hartmann, P. (1994) „Interviewing when the spouse is present“, in: International Journal of Public Opinion Research 6: 298-306.

Hathaway S. R./McKinley, J. C./Engel, R. R. (2000) *Minnesota Multiphasic Personality Inventory-2. Manual*; Bern, Göttingen: Hans Huber.

Hatzinger, R./Nagel, H. (2009) *PASW Statistics. Statistische Methoden und Fallbeispiele*, München: Pearson.

Hobcraft, J. (2009) „Circumstances of Young Adults: Results from the Generations and Gender Programm”, in: United Nations Economic Commission for Europe (ed.) How Generations and Gender Shape Dempographic Change. Toward Policies Based on Better Knowledge, Nwer York 2009, http://www.unece.org/pau/_docs/ggp/2008/GGP_2008_GGConf_Publ_1.pdf.

Holm, K. (1976) „Theorie der Frage“, in: Kölner Zeitschrift für Soziologie und Sozialpsychologie, Jg. 26 (1), S. 91-114.

Homann, H. (1989) *Gesetz und Wirklichkeit in den Sozialwissenschaften. Vom Methodenstreit zum Positivismusstreit*; Diss. Univ. Tübingen.

Hossiep, R./Paschen, M./Mühlhaus, O. (2000). *Persönlichkeitstests im Personalmanagement. Grundlagen, Instrumente und Anwendungen*, Hogrefe.

ILMES - Internet-Lexikon der Methoden der empirischen Sozialforschung, http://www.lrz-muenchen.de/~wlm/ilmes.htm (05.03.2010).

Jahoda, M./Lazarsfeld, P. F./Zeisel, H. (1975) *Die Arbeitslosen von Marien-thal. Ein soziographischer Versuch über die Wirkungen langandauernder Arbeitslosigkeit*, Frankfurt: Suhrkamp (urspr. 1933).

Jann, B. (2005) *Einführung in die Statistik*, München: Oldenbourg, 2. Aufl.

Janssen, J./Laatz, W. (2007) *Statistische Datenanalyse mit SPSS für Windows*, Berlin: Springer, 6. überarb. Aufl.

Jost, P.-J. (2008) *Organisation und Motivation: Eine ökonomisch-psychologische Einführung*, Wiesbaden: Gabler (2. Aufl.)

Kähler, W.-M. (2008) Statistische Datenanalyse. Verfahren verstehen und mit PASW gekonnt einsetzen, Vieweg & Teubner, 5. Aufl.

Kelle, U. (2007) *Die Integration qualitativer und quantitativer Methoden in der empirischen Sozialforschung. Theoretische Grundlagen und methodologische Konzepte*, Wiesbaden: VS Verlag für Sozialwissenschaften.

Kerschbaumer, A./Ithaler, D./Paier, D. (2006) *Berufliche Weiterbildung in Wien*. Studie im Auftrag des waff – Wiener ArbeitnehmerInnen Förderungsfonds, broschiert, 90 S.

Kirchhoff, S./Kuhnt, S./Lipp, P./Schlawin, S. (2008) *Der Fragebogen. Datenbasis, Konstruktion und Auswertung*, Wiesbaden: Verlag für Sozialwissenschaften, 4. überarb. Aufl.

Klein, T./Fischer-Kerli, D. (2000) „Die Zuverlässigkeit retrospektiv erhobener Lebensverlaufsdaten. Analysen zur Partnerschaftsbiographie des Familiensurveys“, Zeitschrift für Soziologie, Jg. 29 (4). S. 294-312.

Kleist, P. (2006) „Randomisiert. Kontrolliert. Doppelblind. Warum?“, in: Schweizer Medizinisches Forum, Vol. 6, S. 46-52.

Knesebeck, O./Hüfken, V./Dübbert, P. „Stichprobenrealisierung bei einer bundesweiten telefonischen Befragung alter Menschen“, in: ZUMA-Nachrichten Nr. 48, Mai 2001, S. 67-84., urspr. 1933.

Koll, C. (2002) „Methodeneffekte in telefonischen Interviews“, in: SFB-Mitteilungen 580 (4), S. 19-25.

Kroh, M./Spieß, M. (2008) Documentation of Sample Sizes and Panel Attrition in the German Socio-Economic Panel (SOEP) (1984 until 2007), http://www.diw.de/documents/publikationen/73/88913/diw_datadoc_2008-039.pdf (30.07.2009).

Kromrey, H. (2001), „Evaluation – ein vielschichtiges Konzept. Begriff und Methodik von Evaluierung und Evaluationsforschung. Empfehlungen für die Praxis“, Themenheft SuB – Sozialwissenschaften und Berufspraxis Nr. 24 (2), S. 105-131.

Kromrey, H. (2006) *Empirische Sozialforschung. Modelle und Methoden der standardisierten Datenerhebung und Datenauswertung*, Stuttgart: Lucius & Lucius (11. Aufl.).

Lamnek, S. (1995) *Qualitative Sozialforschung, Band 2: Methoden und Techniken*, 3. Aufl., Weinheim: Beltz.

Lienert, G./Raatz, U. (1994) *Testaufbau und Testanalyse*, 5. Aufl., Weinheim: Psychologie-VerlagsUnion.

Likert, R. (1932) "A Technique for the Measurement of Attitudes“, in: Archives of Psychology, Vol. 140: pp. 1-55.

Locke, E. A. (1976) Locke, E. A. (1976). „The nature and causes of job satisfaction”, in: M. D. Dunnette (ed.) *Handbook of Industrial and Organizational Psychology*, Chicago: Rand McNally, 1297-1349.

Loehlin, J. C. (1992) *Latent Variable Models. An Introduction to Factor, Path and Structural Analysis*. 2. Aufl., Hillsdale: Lawrence Erlbaum.

Mau, S./Verwiebe, R.(2009): *Die Sozialstruktur Europas*, Konstanz: UTB/ UVK.

Mayring, P. (2007) „Mixing qualitative and quantitative methods“, in: Philipp Mayring, Günter L. Huber, Leo Gürtler & Mechthild Kiegelmann (Hrsg.), *Mixed methodology in psychological research*, pp. 27-36, Rotterdam: Sense.

Melischek, G. / Seethaler, J./Wilke, J. (Hgg.) *Medien und Kommunikationsforschung im Vergleich: Grundlagen, Gegenstandsbereiche, Verfahrensweisen*, Wiesbaden: VS Verlag für Sozialwissenschaften, 2007.

Merton, R. K. (1995) *Soziologische Theorie und soziale Struktur*, Berlin: de Gruyter (engl. 1967).

Müller-Benedict, V. (2007) *Grundkurs Statistik in den Sozialwissenschaften*, 4. überarb. Aufl., Wiesbaden: VS Verlag für Sozialwissenschaften.

Milgram, S. (1974) *Obedience to Authority. An Experimental View*. New York: Harper.

Nerdinger, F. W./Blickle, G./ Schaper, N. (2008) *Arbeits- und Organisationspsychologie*, Berlin: Springer.

Noelle-Neumann, E./Petersen, T. (2000) *Alle, nicht jeder. Einführung in die Methoden der Demoskopie*, Berlin: Springer.

OECD (2003) The Sources of Economic Growth in OECD Countries, Paris, http://www.oecd.org/dac/ictcd/docs/otherdocs/OtherOECD_eco_growth.pdf (15.08.2009).

Oertel, J. (2007) *Generationenmanagement im Unternehmen*, Schriften des Centrum für Management, hg. von Alexander Dilger, Thomas Ehrmann, Jens Leker und Gerhard Schewe, Deutscher Universitäts-Verlag.

Paier, D. (2000) *Telearbeit in steirischen Unternehmen*, Studie im Auftrag des AMS Steiermark, unveröff. Forschungsbericht, Fohnsdorf.

Paier, D. (2008) *Mitarbeiter/innenbefragung Wiki GmbH*, unveröff. Forschungsbericht, Graz.

Paier, D./Beidernikl, G. (2005) Evaluierung des SfA - Service für Arbeitsuchende des AMS Steiermark, unveröff. Forschungsbericht im Auftrag des AMS Steiermark, Graz.

Paier, D./Beidernikl, G.(2005) *Evaluierung der Berater/innentätigkeit im Service für Arbeitsuchende*, Studie im Auftrag des Arbeitsmarktservice Steiermark, unveröff. Forschungsbericht, Graz.

Paier, D./Beidernikl., G. (2006) *Evaluierung der Initiative Lehrstellenakquisition in Wien*, im Auftrag des waff - Wiener ArbeitnehmerInnenförderungsfonds, Graz. http://www.waff.at/fileadmin/user_upload/evaluierungen/33_Kurz_Lehrstellenakquise.pdf

Petermann, S. (2005) Rücklauf und systematische Verzerrungen bei postalischen Befragungen. Eine Analyse der Bürgerumfrage Halle 2003, in: ZUMA-Nachrichten 57, Jg. 29, November 2005, S. 56-78.

Popper, K. (2005) *Logik der Forschung*, Siebeck: Mohr, 11. Aufl. (1. Aufl. 1934).

Porst, R. (2009) *Fragebogen. Ein Arbeitsbuch*, Wiesbaden: Verlag für Sozialwissenschaften, 2. Aufl.

Prein, G./Kluge, S./Kelle, U. (1994) *Strategien zur Sicherung von Repräsentativität und Stichprobenvalidität bei kleinen Samples*, Arbeitspapier Nr. 18 des deutschen Sonderforschungsbereichs „Statuspassagen und Risikolagen im Lebensverlauf“.

Rasch, B./Friese, M./Hofmann, W./Naumann, E. (2008) Quantitative Methoden, 2 Bde., Springer: Heidelberg.

Reiger, H. (2009) Marktforschung im Fundraising von *OneWorld*. Sind verlorengegangene SpenderInnen für immer verloren? In: Buber, R./Meyer, M. (Hrsg.) Fallstudien zum NPO-Management, 2., überarb. Aufl., Schäffer-Poeschel: Stuttgart, 407-425.

Reiger, H. (2010) Frühe StudienabbrecherInnen an der WU Wien. Ergebnisse einer empirischen Untersuchung über Motive und (Hinter-)Gründe des Studienabbruchs der Studienkohorte 2003/04, 2., überarb. Aufl., Forschungsbericht, Wien. http://www.wu.ac.at/sozio/lehre/master/masterlehre/abbruch_hr.pdf

Reuband, K.-H. (2001) „Möglichkeiten und Probleme des Einsatzes postalischer Befragungen“, in: Kölner Zeitschrift für Soziologie und Sozialpsychologie 53, S. 307-333.

Rossi, P. H./Lipsey, M. W./Freeman, H. L. (2007) Evaluation. A systematic approach, Sage Publications, 7. überarb. Aufl.

Rothschild, M./Stiglitz, J. E. (1976) "Equilibrium in competitive insurance markets: an essay on the economics of imperfect information", *Quarterly Journal of Economics* 95, S. 629 – 649.

Ruckdeschel, K./Ette, A./Hullen, G./Leven, I. (2006) Generations and Gender Survey. Dokumentation der ersten Welle der Hauptbefragung in Deutschland, in: Bundesinstitut für Bevölkerungswissenschaft (Hg.) Materialien zur Bevölkerungswissenschaft, Heft 121a, S. 31ff.

Scheuch, E. K. (1973) „Das Interview in der Sozialforschung", in: König, Rene. (ed.): Handbuch der empirischen Sozialforschung, Bd. 2: Grundlegende Methoden und Techniken der empirischen Sozialforschung. Erster Teil, Stuttgart: Enke, S. 66-190.

Schlossberg, D. (2007) *Defining Environmental Justice. Theories, Movements, and Nature*, Oxford: Oxford University Press.

Schnell, R./Hill, P./Esser, E. (2008) *Methoden der empirischen Sozialforschung*, 7. Aufl., München: Oldenbourg.

Selten, R. (1998), „Game Theory, Experience, Rationality", in: *Game Theory, Experience, Rationality*, pp. 9-34, ed. W. Leinfellner and E. Köhler, Yearbook of the Vienna Circle Institute, Dordrecht-Boston-London: Kluwer Academic Publishers.

Simard, M./Franklin, S. (2005) „Sample Design Guidelines", http://www.unece.org/pau/_docs/ggp/GGP_SampleDesignGuide.pdf (05.03.2010).

Statistik Austria (2004) Lebenslanges Lernen. Ergebnisse des Mikrozensus 2003, Wien.

Stevens, S. S. (1975) *Psychophysics*, New York: Wiley.

ter Hofte-Fankhauser, K./Wälty, H. F. (2009) Marktforschung: Grundlagen mit zahlreichen Beispie-len, Repetitionsfragen mit Lösungen und Glossar, Zürich: Compendio, 2. Aufl.

Udris, I./Alioth, A. (1980) „Fragebogen zur subjektiven Arbeitsanalyse (SAA)", in: E. Martin, I. Udris, U. Ackermann & K. Oegerli, *Monotonie in der Industrie*, S. 61-68, Schriften zur Arbeitspsychologie (hg. v. E. Ulich), Band 29, Bern: Huber.

Udris, I./Riemann, M. (1999) „SAA und SALSA: Zwei Fragebögen zur subjektiven Arbeitsanalyse", in: H. Dunckel (Hrsg.) *Handbuch psychologischer Arbeitsanalyseverfahren*, S. 397-420), Bern: Huber.

Ulich, E. (2005) *Arbeitspsychologie*, 6. überarb. u. erw. Aufl., Stuttgart: Schäffer-Pöschl.

Urban, D./Mayerl, J. (2008) Regressionsanalyse. Theorie, Technik und Anwendung, 3., überarb. u. erw. Aufl. VS: Wiesbaden.

Vikat, A./Spéder, S./Beets, G./Billari, F. C./Bühler, C./Désesquelles, A./Fokkema, T./Hoem, J.M./MacDonald, A./Neyer, G./Pailhé, A./Pinnelli, A./Solaz, A. (2007) Generations and Gender Survey (GGS): Towards a better understanding of relationships and processes in the life course, in: Demographich Research, vol. 17 (14), 389-440 (http://www.demographic-research.org/volumes/vol17/14/17-14.pdf, 03.11.2009).

Webb, E. J./Campbell, D. T./Schwartz, R./Sechrest, L. (1966) *Unobtrusive Measures: Nonreactive Research in the Social Sciences*, Chicago: Rand McNally.

Weinert, A. B. (2004) *Organisations- und Personalpsychologie*, Weinheim: Psychologie Verl. Union.

Zetterberg, H. L. (1973) *Theorie, Forschung und Praxis in der Soziologie*, in: Rene König (Hg.) Handbuch der empirischen Sozialforschung, 3. Aufl., Stuttgart, S. 103-160.

Zilian, H. G./Lassnigg, L./Wroblewski, A. (1999) *Arbeitslosenschulung in der flexibilisierten Wirtschaft. Am Beispiel der Evaluierung und Analyse eines Schulungssystems*, München: Hampp.

Zimmermann, E. (1972) *Das Experiment in den Sozialwissenschaften*, Stuttgart: Teubner.

Weiterführende Literatur/Informationen:

Zu Kapitel 3

Beobachtung:

Greve, W. / Wentura, D. (1997) *Wissenschaftliche Beobachtung. Eine Einführung*, Weinheim: PsychologieVerlagsUnion.
Kompakte Darstellung der quantitativ orientierten Beobachtung, mit Hinweisen zum Einsatz von Aufzeichnungstechniken sowie klaren Anleitungen und Regeln für die Durchführung von Beobachtungsstudien.

Inhaltsanalyse, quantitativ und qualitativ:

Krippendorff, K. (2004) *Content Analysis: An Introduction to Its Methodology*, (2nd edition). Thousand Oaks, CA: Sage Publications.
Klassische und umfassende Darstellung der methodologischen Grundlagen, des Designs, der Kategorisierung und Kodierung, der Auswertungsverfahren und der Gütekriterien der quantitativen und qualitativen Inhaltsanalyse.

Inhaltsanalyse, qualitativ:

Mayring, P. (2007) *Qualitative Inhaltsanalyse. Grundlagen und Techniken*, Stuttgart: UTB (9. überarb. Aufl.).
Praxisorientierte Darstellung der qualitativen Inhaltsanalyse mit Beispielen für Kategorisierung und Kodierung sowie Methoden der softwaregestützten Analyse für qualitative Daten.

Zu Kapitel 4:

Evaluationsforschung:

Wottawa, H. / Thierau, H. (2003) *Lehrbuch Evaluation*, Bern: Huber (3. Aufl.).

Eine kompakte und übersichtliche Einführung in die theoretischen Grundlagen, die Planung und Durchführung von Evaluationsprojekten.

Zu Kapitel 5:

Matching:

Bacher, J. (2002) *Statistisches Matching: Anwendungsmöglichkeiten, Verfahren und ihre praktische Umsetzung in PASW,* in: ZA-Informationen, 51. Jg., S. 38-66.
http://www.za.uni-koeln.de/publications/pdf/za_info/ZA-Info-51.pdf (30.07.2009).

Auswahlverfahren und Stichprobenziehung

Gesis – Leibniz-Institut für Sozialwissenschaften: www.gesis.org (letzter Zugriff 05.03.2010). Das führende deutsche Institut für alle Fragen in Verbindung mit sozialwissenschaftlichen Methoden bietet neben Beratung für konkrete Fragestellungen Methodenliteratur und Services für die Umsetzung von Befragungen und Forschungsprojekten.

SRM - Survey Research Methods: http://w4.ub.uni-konstanz.de/srm/ (letzter Zugriff 05.03.2010)
Das offizielle E-Journal der ESRA – European Survey Research Association bietet freien Zugriff auf Artikel zu speziellen Fragen des Designs, der Durchführung und der Analyse von sozialwissenschaftlichen Erhebungen.

Zu Kapitel 7:

Frageformulierung:

Bradburn, N./Sudman, S./Wansink, B. (2004) *Asking Questions. The Definitive Guide to Questionnaire Design - For Market Research, Political Polls, and Social and Health Questionnaires*, San Francisco: Jossey Bass.

Umfassende und detaillierte Darstellung von Fragekonstruktion und Frageformulierung mit umfangreichen Beispielen aus der angewandten Sozialforschung.

Zu Kapitel 8:

Telefonische Befragungen:

Sahner, H. (Hg.) „Zur Leistungsfähigkeit telefonischer Befragungen. Methodenprojekt des SFB 580",

Kompakte Darstellung der methodischen und technischen Anforderungen an telefonische Befragungsprojekte.

Methodologie und Organisation von Erhebungen:

DFG Schwerpunktprogramm 1292 "Survey Methodology". Ab 2010 sollten erste Ergebnisse des von der Deutschen Forschungsgemeinschaft finanzierten Projekts zu methodologischen Grundlagen der Surveyforschung verfügbar sein:

.

Anreize zur Steigerung der Befragungsteilnahme:

Becker, R./Imhof, R./Mehlkop, G. (2007) „Die Wirkung monetärer Anreize auf den Rücklauf bei einer postalischen Befragung und die Antworten auf Fragen zur Delinquenz. Empirische Befunde eines Methodenexperiments", in: Methoden - Daten - Analysen 2007, Jg. 1, Heft 2, S. 131-159.

Detaillierte Darstellung des aktuellen Forschungsstandes zur Effektivität von monetären Anreizen zur Steigerung der Befragungsteilnahme

Abbildungsverzeichnis

Tabellenverzeichnis

Anhang „Fragebogen für die telefonische Befragung (StudienabbrecherInnen)" Reiger 2010, 85-91

InterviewerIn (Matrikelnr.): ______________________
Datum: ______________________
Identifikationsnr. laut Adressliste (#): ______________________

Achtung: Alle Fragen beziehen sich auf das Wintersemester 2003/04 (nicht auf WS 2004/05) !

Angaben zum Studium

V1. Sie haben im WS 2003/04 an der WU zu studieren begonnen. War das Ihre erstmalige Zulassung an einer Hochschule oder waren Sie vorher schon an einer Fachhochschule oder im Ausland inskribiert?
InterviewerIn:
Bitte nur angeben, wo unmittelbar vor dem WU-Studium studiert wurde
Bitte nur eine Nennung

Erstmalige Inskription	1
War vorher an einer anderen Fachhochschule in Österreich inskribiert	2
Habe vorher im Ausland studiert	3

V2. Welche Studienrichtung haben Sie an der WU als *<u>Hauptstudium</u>* gewählt?
InterviewerIn:
Bitte nur das Hauptstudium, bzw. die zuerst gewählte Studienrichtung angeben
Bitte nur eine Nennung

Betriebswirtschaft	1
Internationale Betriebswirtschaft	2
Volkswirtschaft	3
Wirtschaftspädagogik	4
WIWI – Wirtschaft & Recht	5
WIWI – Management Science	6
WIWI – Sozioökonomie	7
Wirtschaftsinformatik	8

V3. Haben Sie parallel dazu noch andere Studien betrieben?
InterviewerIn: Mehrfachnennung möglich

		Trifft zu	Trifft nicht zu
V3a	An der WU noch eine oder mehrere Studienrichtungen	1	2
V3b	An einer anderen Universität / Fachhochschule	1	2
V3c	Ein Fernstudium	1	2

Motive für das Studium an der WU

V4. Wenn Sie sich an die Entscheidung für die Aufnahme Ihres Studiums an der WU erinnern, wie sehr treffen die folgenden Aussagen auf Sie zu?
Bitte bewerten Sie auf einer 5er-Skala, wobei 1= trifft sehr zu und 5 = trifft gar nicht zu.

	Ich habe mein Studium an der WU aufgenommen ...	Trifft sehr zu				Trifft gar nicht zu
V4a	um meinen persönlichen Horizont zu erweitern.	1	2	3	4	5
V4b	um das Studentenleben zu genießen.	1	2	3	4	5
V4c	aus Interesse am Fach.	1	2	3	4	5
V4d	um gute Chancen auf dem Arbeitsmarkt zu haben.	1	2	3	4	5
V4e	weil ein Abschluss Voraussetzung für meinen angestrebten Beruf ist.	1	2	3	4	5
V4f	weil es in meiner Familie üblich ist, zu studieren.	1	2	3	4	5
V4g	weil ein akademischer Titel für mich wichtig ist.	1	2	3	4	5
V4h	weil ich glaube, dass die WU international einen guten Ruf genießt.	1	2	3	4	5
V4i	weil mir ein WU- Abschluss eine Vielfalt an beruflichen Einsatzmöglichkeiten bietet.	1	2	3	4	5
V4j	weil meine Freunde an der WU studiert haben.	1	2	3	4	5
V4k	weil ich mir mit einem WU- Abschluss ein höheres Einkommen erwartet habe.	1	2	3	4	5
V4l	weil ich keine bessere Idee hatte.	1	2	3	4	5
V4m	um mich in meinem Beruf weiterzubilden.	1	2	3	4	5
V4n	weil ich keinen Job gefunden habe.	1	2	3	4	5
V4o	weil mich meine Eltern zu einem Studium an der WU gedrängt haben.	1	2	3	4	5
V4p	weil die WU ein vielfältiges Studien- und Spezialisierungsangebot hat.	1	2	3	4	5
V4q	um die Wartezeit für eine andere Ausbildung sinnvoll zu überbrücken.	1	2	3	4	5

Studiensituation an der WU

V5. Wenn Sie an Ihre Studieneingangsphase denken, inwieweit treffen die folgenden Aussagen auf Sie zu?
Bitte bewerten Sie auf einer 5er-Skala, wobei 1= trifft sehr zu und 5 = trifft gar nicht zu.

		Trifft sehr zu				Trifft gar nicht zu
V5a	Zu Beginn des Studiums hatte ich genaue Vorstellungen, was mich an der WU erwartet.	1	2	3	4	5
V5b	Ich war zu Beginn des Studiums ausreichend über die Studieninhalte informiert.	1	2	3	4	5
V5c	Ich konnte mich im 1. Studienjahr immer zu den gewünschten Lehrveranstaltungen anmelden.	1	2	3	4	5
V5d	Mir fehlten im 1. Studienjahr fachliche Vorkenntnisse.	1	2	3	4	5
V5e	Massenprüfungen im 1. Studienjahr haben mich demotiviert.	1	2	3	4	5
V5f	Zu Beginn des Studiums bin ich mir auf der WU verloren vorgekommen.	1	2	3	4	5
V5g	Mir fiel es schwer, das Studium selbst zu organisieren.	1	2	3	4	5
V5h	Es gab im 1. Studienjahr genügend Materialien zu den Lehrveranstaltungen (Skripten, Downloads, Handouts...).	1	2	3	4	5
V5i	Die Studieninhalte im 1. Studienjahr haben meinen Erwartungen entsprochen.	1	2	3	4	5
V5j	Ich war im 1. Studienjahr mit der Betreuung durch die Lehrenden zufrieden.	1	2	3	4	5
V5k	Die Öffnungszeiten der Institute bzw. der Verwaltung an der WU waren für mich ausreichend.	1	2	3	4	5
V5l	Viele der Lehrveranstaltungen, die ich im 1. Studienjahr besucht habe, waren überfüllt.	1	2	3	4	5

STUDIUM UND BERUF

V6. Waren Sie während Ihres ersten Semesters an der WU (WS 2003/04) erwerbstätig?

Ja, regelmäßig	1	Weiter mit Frage 7
Ja, gelegentlich	2	Weiter mit Frage 7
Nein	3	Weiter mit Frage 9

V7. In welcher Form – also z.B. angestellt, selbständig, als Beamter etc. – waren Sie <u>während Ihres ersten Semesters an der WU</u> (WS 2003/04) erwerbstätig? *InterviewerIn: Mehrfachnennung möglich*			
		Trifft zu	Trifft nicht zu
V7a	ArbeiterIn, AngestellteR	1	2
V7b	BeamteR	1	2
V7c	SelbständigeR	1	2
V7d	FreiberuflerIn	1	2
V7e	WerkvertragsnehmerIn	1	2
V7f	Geringfügig BeschäftigteR	1	2
V7g	PraktikantIn	1	2
V7h	LeiharbeiterIn	1	2
V7i	Aushilfskraft	1	2
V7j	Mithilfe im Familienbetrieb	1	2
V7k	Sonstige Erwerbstätigkeit (Nachhilfe, Babysitten, LandwirtIn o.ä.)	1	2

V8. Wie hat sich Ihrer Meinung nach Ihre Erwerbstätigkeit <u>während des ersten Semesters an der WU</u> auf Ihr Studium ausgewirkt? Bitte bewerten Sie auf einer 5er-Skala, wobei 1= trifft sehr zu und 5 = trifft gar nicht zu.						
		Trifft sehr zu				Trifft gar nicht zu
V8a	Meine Erwerbstätigkeit behinderte mich erheblich im Studium.	1	2	3	4	5
V8b	Meine Erwerbstätigkeit stand in inhaltlichem Zusammenhang mit dem Studium.	1	2	3	4	5
V8c	Das Studium stand eindeutig im Mittelpunkt meines Interesses.	1	2	3	4	5
V8d	Ich war vor allem aus finanziellen Gründen erwerbstätig.	1	2	3	4	5
V8e	Von Seiten der Lehrenden wurde ausreichend Rücksicht auf meine Erwerbstätigkeit genommen.	1	2	3	4	5

V9. Wie viele Stunden haben Sie <u>im ersten Semester</u> (WS 2003/04) in einer typischen Studienwoche für die nachfolgenden Tätigkeiten aufgewendet? *InterviewerIn:* **Bitte 0 eintragen, wenn keine Zeit aufgewendet wurde.**		Stunden pro Woche
V9a	Besuch von Lehrveranstaltungen	ca. ____
V9b	Selbststudium (Vor-/Nachbereitung von LV, Lernen für Prüfungen)	ca. ____
V9c	Engagement in der ÖH	ca. ____
V9d	Erwerbstätigkeit	ca. ____

V10. Sind Sie derzeit an einer anderen Universität oder Fachhochschule inskribiert?	
Ja, und zwar an der ________________________________	1
Nein	2 Weiter mit Frage 13

V11. Konnten Sie in Ihrem derzeitigen Studium Scheine von der WU anrechnen lassen?	
Ja, alle	1
Ja, teilweise	2
Ist noch nicht entschieden	3
Nein	4

V12. Haben Sie vor, ihr Studium an der WU zu einem späteren Zeitpunkt fortzusetzen?	
Ja, auf jeden Fall	1
Eventuell	2
Nein, auf keinen Fall	3
Habe ich mir noch nicht überlegt	4

V13. Wie wichtig waren die folgenden Faktoren für Ihre Entscheidung, das Studium an der WU aufzugeben?
Bitte bewerten Sie auf einer 5er-Skala, wobei 1= trifft sehr zu und 5 = trifft gar nicht zu.

		Trifft sehr zu				Trifft gar nicht zu
V13a	Rahmenbedingungen von Lehrveranstaltungen (überfüllte Hörsäle etc.)	1	2	3	4	5
V13b	Finanzielle Gründe	1	2	3	4	5
V13c	Familiäre Gründe	1	2	3	4	5
V13d	Die Anforderungen im Studium waren zu hoch.	1	2	3	4	5
V13e	Meine Erwartungen an das Studium wurden nicht erfüllt.	1	2	3	4	5
V13f	Das Studium war mir zu wenig wissenschaftlich.	1	2	3	4	5
V13g	Gesundheitliche Gründe	1	2	3	4	5
V13h	Das Studium an der WU war nur als Überbrückung gedacht.	1	2	3	4	5
V13i	Unzureichende Betreuung durch Lehrende	1	2	3	4	5
V13j	Mangelnde Servicequalität in der Verwaltung	1	2	3	4	5
V13k	Willkürliche Benotungen	1	2	3	4	5
V13l	Ich habe gute Jobchancen auch ohne Studienabschluss.	1	2	3	4	5
V13m	Unvereinbarkeit mit meiner Berufstätigkeit	1	2	3	4	5
V13n	Nicht bestandene Prüfungen	1	2	3	4	5
V13o	Prüfungsangst	1	2	3	4	5
V13p	Probleme, sich das Studium selbst organisieren zu müssen	1	2	3	4	5
V13q	Anonymität an der WU	1	2	3	4	5
V13r	Die Inhalte im Studium haben sich nicht mit meinen Interessen gedeckt.	1	2	3	4	5
V13s	Das Studium hat keine Relevanz für mein (zukünftiges) Berufsleben.	1	2	3	4	5
V13t	Das Studium war mir generell viel zu theorielastig.	1	2	3	4	5
V13u	Sonstiger Grund	1	2	3	4	5

Angaben zu Person

V14. Haben Sie nach Erwerb ihrer Studienberechtigung (Matura o.ä.) zum nächstmöglichen Zeitpunkt ihr Studium aufgenommen (ausgenommen Wehr- oder Zivildienst)?	
Ja	1
Nein	2

V15. Welche der folgenden Einnahmequellen standen Ihnen <u>während Ihres ersten Semesters</u> an der WU (WS 2003/04) zur Verfügung?			
InterviewerIn: Mehrfachnennung möglich		Trifft zu	Trifft nicht zu
V15a	Finanzielle Unterstützung durch die Eltern	1	2
V15b	Finanzielle Unterstützung durch PartnerIn	1	2
V15c	Erwerbstätigkeit	1	2
V15d	Studienbeihilfe oder anderes Stipendium	1	2
V15e	Familienbeihilfe	1	2
V15f	Wohnbeihilfe	1	2
V15g	Andere Transferzahlungen (z.B. Arbeitslosengeld, Waisenpension)	1	2
V15h	Sonstiges	1	2

V16. Über welche höchste abgeschlossene Ausbildung verfügen Ihre Eltern?		
Bitte nur die höchste Ausbildung angeben. Bei AusländerInnen entweder vergleichbare österreichische Ausbildung oder „Sonstige“	V16a **Vater**	V16b **Mutter**
Pflichtschule	1	1
Lehre	2	2
Berufsbildende mittlere Schule (ohne Matura)	3	3
Meisterprüfung	4	4
Matura	5	5
Akademie	6	6
Hochschulstudium	7	7
Sonstige	8	8

V17. Haben Sie Kinder?		
Ja	1	
Nein	2	Danke, keine weiteren Fragen mehr

V18. In welchem Jahr ist Ihr Kind bzw. sind Ihre Kinder geboren?
InterviewerIn: Geburtsjahr(e) bitte in die Spalte(n) einfüllen

V18a 1. Kind ______________________

V18b 2. Kind ______________________

V18c 3. Kind ______________________

V18d 4. Kind ______________________

Vielen Dank für Ihre Mitarbeit!